2024년

지방세
이렇게
달라진다

유상조 · 윤여문 · 최한슬

박영사

책을 내며 : 왜 그리고 어떻게

이 책은 제목이 말해 주듯이 2024년에 변경되는 지방세의 주요 내용을 담은 책이다. 독자분들이 책을 본격적으로 읽기 전에 읽어주었으면 하는 점들을 정리해 본다.

1. 왜? : 책을 세상에 내놓은 이유

하나, 주민들에게 지방세를 알리고 싶었다. 우리의 소득과 자산에서 어떤 기준으로 얼마만큼의 돈이 지방세로 나가는지를 알아야 지방정부의 주인 역할을 할 수 있을 것이다. 모르면서 주인이 되기를 바라는 것은 공부하지 않은 자가 시험 100점 맞게 해달라고 공평무사하신 신에게 비는 것과 같다. 모르면, 주인 행세를 한다고 착각하며 살아가야 하는 불쌍한 노예나 다름이 없다.

둘, 지방세에 관한 국회 논의과정을 생생하게 전달하고 싶었다. 국회의 법안심의 과정은 동태적이고 열정적이다. 국민의 대표자인 의원, 전문위원과 입법조사관 등 입법 관료, 장·차관 등 정부 관료, 그 밖의 이해관계자들이 공익을 만들어 내기 위해 치열하게 다투는 과정이다. 국민들은 본회의장에서 형식적으로 짧은 시간에 통과되는 법안들을 보면서 국회가 무엇을 하고 있는지 회의적인 시각으로 보는 분들도 많을 것이다. 하지만 실상은 전혀 그렇지 않다. 지방세도 예외가 아니다.

셋, 이 책은 지방세에 관한 의원안과 정부안에 관한 처절한 검토 및 논의 기록이다. 전문위원 검토보고서와 법안 소위 자료를 최상의 질로 만들어 내기 위해 몸을 한계 지점까지 몰고 갔다. 몸이 지쳐갈 때마다 힘들수록 억울한 사람이 줄어든다는 각오로 버텼다. 훗날 더 나은 지방세를 만들어 내는데 기여할 수 있다면 그 과정과 결과물을 세상에 알리는 것이 입법 관료의 책무 중 하나라고 여겼다. 또한 그냥 우리만 알고 있기에는 아까운 생각을 떨칠 수 없었던 것도 사실이다.

시대는 중앙집권이 아니라 지방분권을 요구하고 있다. 시대는 중앙정부에서 지방 정부로의 권한 이양을 요구하고 있다. 지방세를 모르면서 지방시대를 논한다는 것은 한 발로 물 위를 걷겠다고 하는 것과 같다. 지방세에 대한 관심을 제고하여 지방이 중앙에서 당당히 분가할 수 있도록 도와 시대의 요구를 실현하는데 작은 힘이나마 보탤 수 있었으면 한다.

2. 어떻게? : 책을 재미나게 읽는 방법

지방세 관계법은 「지방세기본법」, 「지방세징수법」, 「지방행정제재 · 부과금의 징수 등에 관한 법률」, 「지방세법」, 「지방세특례제한법」 등으로 이루어져 있다. 이 책은 지방세 관계법의 순서에 맞추어 2024년에 개정되는 내용을 다룬 것이다. 개별 지방세 관계법을 다루는 장에서는 개관에서 개별법의 중심 사항을 서술한 후 개정된 조문을 중심으로 분석하였다. 조문 분석의 목차는 다음과 같다.

1) 개정내용 2) 입법취지 3) 논의과정 3-1) 관련 법률안 3-2) 전문위원 검토의견 3-3) 정부의견 3-4) 의원의견 4) 선보생각 5) 조문대비표

책을 재미나게 읽기 위해서는 다음의 사항을 먼저 숙지하면 좋을 것 같다.

하나, 전문위원이라는 명칭이 생소한 분들이 많을 것이다. 법안, 예산 등 다양한 의안을 검토하여 **전문위원 검토보고서와 소위 자료**를 작성하고 회의에서는 정치적 중립성과 전문성을 바탕으로 검토의견 등을 설명한다. 판사가 판결문으로 말한다면 전문위원은 검토보고서와 소위 자료로 말한다고 하겠다. 중요하고 힘든 자리이지만 참으로 보람된 자리이기도 하다. 제대로 역할을 하고 있는지 내 자신을 꾸짖기도 하고 장하다고 칭찬하기도 한다. 이 책을 읽으면서 독자분들도 전문위원을 나무라기도 하고 잘했다고 격려도 해주면서 읽어주면 좋겠다.

둘, 입법권은 국회에 있다. 다시 말해 입법권은 국민의 대표인 국회의원에게 있다. 나는 바로 옆에서 국회의원의 언행을 보아 왔다. 국가를 생각하고 국민을 생각하지 않는 국회의원은 없었다. 다만, 그 길에 이르는 방법에 차이가 있을 뿐이었다. 내가 존경하는 의원들은 따뜻한 가슴을 가진 분들이었다. 여야를 초월하여 이 분들이 국정의 중

심에서 힘을 발휘하실 수 있기를 바래본다. **의원의견**을 다 실을 수는 없었으나 의원들의 따뜻한 고민을 읽을 수 있는데 부족하지는 않을 것이다. 의원의견이 없는 경우는 의견이 없었다는 의미가 아니라 전문의원 검토의견이나 정부의견과 다른 의견이 없었던 것으로 보면 된다. 내가 의원이라면 개정안에 대해서는 이렇게 말했을 텐데라며 의원의 입장이 되어 의원의견을 읽으면 좋겠다.

셋, 중간 중간에 잊혀질만하면 만나게 될 **선부생각**을 넓은 마음으로 읽어주기를 바란다. '선보(善普)'는 '착한 기운을 두루 미치게 하다'라는 뜻이다. 지방세를 검토하면서 들었던 이런저런 생각이 착한 기운이 되어 세상을 맑고 밝게 만드는 데 기여하기를 위한 바람을 담았다. 선보생각에는 간혹 섬광처럼 지나가는 무엇이 있을 수 있으니 놓치지 않도록 마음 준비를 단단히 하시고 읽어주기를 바란다. 선보생각이 더 엉뚱하고 더 미래지향적인 또 다른 선보의 생각을 낳는 발아점이 되기를 바래본다.

넷, 조문대비표를 통해 개정 내용을 명확하게 인지할 수 있을 것이다. 중요 내용 및 수정 내용은 음영처리하였고 비고란에는 독자들의 이해를 위해 개정 이유 등을 간략하게 설명해 두었다. 반드시 조문대비표를 통해 개정 내용을 확인해 보기 바란다. 조문대비표가 눈에 들어오면 개정 내용을 이해한 것으로 볼 수 있겠다.

여기에 **이 책을 재미나게 읽는 팁 하나를 더 말씀드리면, 국회회의록**을 같이 보면 더 실감나게 읽을 수 있다는 점이다. 국회회의록은 국민 모두에게 개방되어 있으니 검색창에 국회회의록을 치고 들어가시면 어렵지 않게 만날 수 있다. 대한민국 국회의 일거수 일투족은 공개되고 있다. 국민이 주인이기 때문이다.

지방세와 사랑을 시작한
유상조가 윤여문, 최한슬과 같이 씀

차 례

Part 7 논의 후 주요 미개정 사항 • 263

PART 1

지방세기본법

Part 1
/
지방세기본법

가. 「지방세기본법」의 개관

□ 목적

지방세에 관한 기본적·공통적인 사항과 납세자의 권리·의무 및 권리구제에 관한 사항 등을 규정하는 ① 지방세 **총칙법**, ② 지방세처분 **불복절차법**, ③ 지방세 범칙행위 **처벌법**의 성격을 지님

□ 연혁

2011년 지방세 분법을 통해 「지방세법」이 「지방세기본법」(총칙), 「지방세법」(세목), 「지방세특례제한법」(감면)으로 분할

❏ **지방세의 세율구조**

구 분	개 념	해당 세목
일정세율	법률에 의하여 정해진 세율, 조정 불가	담배소비세, 지방소비세, 주행분 자동차세, 레저세, 등록면허세(부동산등기 제외)
표준세율	통상적으로 적용되는 세율, 조례에 근거해 일정한 범위 내에서 조정 가능	취득세, 지방소득세, 재산세, 주민세(사업소분, 종업원분), 지역자원시설세, 소유분 자동차세 부동산등기 등록면허세
제한세율	법률로 초과할 수 없는 세율 범위만 정하고 조례로 세율을 규정	개인분 주민세

❏ **지방세의 분류**

○ **(과세성격에 따른 분류)** ① **보통세**는 조세의 사용용도를 정하지 않고 일반적인 재정수요에 충당하는 조세로 대부분의 지방세가 해당하고, ② **목적세**는 사용용도를 미리 정하여 해당 재정수요에 충당하는 조세로 지역자원시설세 및 지방교육세가 해당(「지방세기본법」 제7조)

○ **(과세권자에 의한 분류)** 과세권자에 따라 특별시세, 광역시세, 도세 또는 시·군세, 구세로 분류(「지방세기본법」 제8조)

구 분		도		특별시·광역시		특별자치도·시세 (제주·세종)
		도세	시·군세	특별시·광역시세	구세	
보통세	취득세	○			○	○
	등록면허세	○				○	○
	레저세	○			○	○
	지방소비세	○			○	○
	담배소비세			○	○	○
	주민세			○	○	○
	지방소득세			○	○	○
	재산세			○		○	○

구 분		도		특별시 · 광역시		특별자치도 · 시세 (제주 · 세종)
		도세	시 · 군세	특별시 · 광역시세	구세	
목적세	자동차세		○		○	○
	지역자원시설세	○			○	○
	지방교육세	○			○	○

❑ **지방세 세목별 규모 및 비중(2022 결산 기준)**

구 분	징수액(억원)	비중(%)
국세 합계	3,959,393	–
지방세 합계	1,185,707	100.0
취득세	277,159	23.4
지방소득세	243,394	20.5
지방소비세	239,305	20.2
재산세	162,769	13.7
지방교육세	75,204	6.3
자동차세	73,302	6.2
담배소비세	36,304	3.1
주민세	25,196	2.1
지역자원시설세	19,147	1.6
등록면허세	18,960	1.6
레저세	8,405	0.7
과년도수입	6,562	0.6

자료: 2022회계연도 지방세통계연감(결산) 자료를 바탕으로 재작성

❏ 지방세 시도별 · 세목별 규모(2022 결산 기준)

구분 (억원)	합계	취득세	주민세	재산세	자동차 세	레저세	담배 소비세	지방 소비세	등록 면허세	지방 소득세	지방 교육세	지역 자원 시설세	과년도 수입
합계	1,185,707	277,159	25,196	162,769	73,302	8,405	36,304	239,305	18,960	243,394	75,204	19,147	6,562
서울	287,821	58,712	7,278	58,135	10,258	1,051	5,886	29,892	4,756	88,354	17,898	3,254	2,348
부산	68,063	16,304	1,166	9,195	5,081	827	2,116	15,727	1,077	10,553	4,384	1,427	205
대구	43,631	10,416	652	5,662	3,681	85	1,556	11,154	616	6,200	2,788	615	206
인천	61,439	21,403	1,159	8,433	4,702	203	2,095	7,900	1,080	8,888	4,399	1,147	31
광주	26,353	5,853	499	2,529	2,232	153	1,006	6,903	410	4,651	1,632	359	126
대전	26,355	5,710	657	2,960	2,017	8	973	6,836	397	4,769	1,575	378	74
울산	24,559	4,277	854	2,927	1,835	6	820	5,345	312	6,172	1,365	674	−28
세종	8,605	2,263	130	1,247	519	2	176	2,332	140	1,135	517	144	0
경기	305,183	87,556	6,415	42,804	18,368	4,376	9,347	38,329	5,327	64,314	21,932	4,819	1,596
강원	32,221	7,288	427	2,829	2,112	8	1,358	11,692	415	3,477	1,910	542	163
충북	34,958	6,810	845	2,761	2,585	9	1,301	10,878	515	6,733	1,888	515	118
충남	51,308	10,626	1,253	4,500	3,314	211	1,846	15,347	753	9,105	2,910	1,095	348
전북	33,048	5,497	549	2,499	2,818	10	1,249	13,754	436	3,808	1,735	424	269
전남	42,527	7,975	740	2,944	3,255	10	1,425	16,032	618	6,418	2,039	931	138
경북	54,067	8,512	1,115	4,662	4,182	44	2,112	18,942	770	8,989	2,901	1,486	353
경남	65,859	12,461	1,322	6,589	5,212	756	2,415	22,906	1,022	7,795	3,953	1,122	307
제주	19,710	5,496	135	2,095	1,129	647	624	5,333	316	2,035	1,377	215	308

자료: 2022회계연도 지방세통계연감(결산) 자료를 바탕으로 재작성

❏ 지방세 부과 · 징수 일정(정기분 · 신고분)

구분	부과 · 징수 일정
1월	− 등록면허세(면허분) 납부　　(납기: 1.16 ~ 1.31.) − 자동차세 연세액 일시납부　(납기: 1.16 ~ 1.31.)
2월	−
3월	− 제1기분 자동차세 분할납부　(납기: 3.16 ~ 3.31.)
4월	− 12월말 결산법인 법인지방소득세 납부 (납기: ~ 4.30.)
5월	− 지방소득세(소득분) 신고납부 (납기: 5.1 ~ 5.31.)
6월	− 제1기분(1~6월) 자동차세 납부 (납기: 6.16 ~ 6.30.)

구분	부과·징수 일정
7월	– 건축물·주택(제1기분)·선박·항공기 재산세 납부 (납기: 7.16 ~ 7.31.) – 지역자원시설세(소방분) 납부 (납기: 7.16 ~ 7.31.)
8월	– 주민세(사업소분) 신고납부 (납기: 8.1 ~ 8.31.) – 주민세(개인분) 납부 (납기: 8.16 ~ 8.31.)
9월	– 제2기분 자동차세 분할납부 (납기: 9.16 ~ 9.30.) – 토지분·주택(제2기분) 재산세 납부 (납기: 9.16 ~ 9.30.) – 지역자원시설세(소방분, 주택의 건축물 부분에 한정) (납기: 9.16 ~ 9.30.)
10월	–
11월	–
12월	– 제2기분(7~12월) 자동차세 납부 (납기: 12.16 ~ 12.31.)
매월	– 취득세 신고납부: 취득일로부터 60일 이내 – 등록면허세(등록분) 신고납부: 등록하기 전까지 – 레저세·주민세(종업원분)·지방소득세(특별징수분): 매월 10일 한 – 담배소비세: 매월 20일 한 – 자동차세(주행분): 매월 말일 한 – 지역자원시설세(특정자원분·특정시설분): 조례로 정함

자료: 행정안전부, 「2023년도 지방세 개요」

[선보생각: 전통적 조세법률주의 vs. 현대적 조세법률주의]

전통적 조세법률주의는 헌법 제59조 '조세의 종목과 세율은 법률로 정한다'를 문리적으로 해석한다. 여기서 한 치의 후퇴도 용납하지 않는다. 현대적 조세법률주의는 조세의 종목과 세율을 법률이 아니라 조례를 통해서도 정할 수 있어야 한다고 본다. 해석의 범위를 넘는다면 헌법 개정을 해서라도 그 방향으로 가야 한다고 본다.

현재 우리는 어디 쯤 와 있는 것일까? 조세의 종목을 조례로 정하는 것은 허용되지 않지만 세율의 경우에는 취득세, 등록면허세, 재산세, 자동차세, 지역자원시설세, 지방소득세, 지방교육세 등의 경우 표준세율에서 100분의 50의 범위에서 조례로 가감조정이 가능하다. 전통적 조세법률주의와 현대적 조세법률주의의 중간쯤에 와 있다고 생각된다.

지방분권의 확대를 위해서는 지방자치단체별로 자기만의 자주재원을 가질 수 있도록 해 주어야 한다. 물론 법률의 통일성과 조례의 차별성의 조화·균형이 필요할 것이다. 지방세에서 법률의 통일성이 너무 커서 조례의 차별성은 설 자리가 없다면 획일성에 질식할 것이고, 조례의 차별성이 너무 커서 법률의 통일성은 설 자리가 없다면 혼돈으로 쓰러질 것이다. 그렇다면 지방자치단체별로 하나의 자주재원을 갖는 것에서부터 시작해보면 어떨까?

나. 주요 개정 사항

 법인의 제2차 납세의무 보완(제47조)

❏ 개정내용

무한책임사원·과점주주(이하 "출자자")에 대한 법인의 제2차 납세의무 요건으로 ① 기존 요건 "법률·정관에서 출자자 주식·지분의 양도를 제한하는 경우"에서 **"불복 진행에 따라 공매할 수 없는 경우"를 제외**하고 ② **"외국법인 출자자의 주식·지분이 외국재산에 해당하여 압류·처분이 제한되는 경우"를 추가**

구 분	현 행	개정내용
법인 제2차 납세의무 요건	- 출자자 주식·지분에 대한 매수희망자 가 없는 경우 - 법률·정관에서 출자자 주식·지분 양도 를 제한하는 경우〈일부 경우 제외〉 〈신 설〉	- 출자자 주식·지분에 대한 매수희망자 가 없는 경우 - 법률·정관에서 출자자 주식·지분 양도 를 제한하는 경우(불복 진행에 따라 공 매가 불가한 경우는 제외) - 외국법인 출자자의 주식·지분이 외국재 산에 해당하여 압류·처분이 제한되는 경우

※ **제2차 납세의무**: 납세의무자의 납세의무를 그와 일정한 관계에 있는 제3자가 보충적으로 부담하는 것

"무한책임사원"은 「상법」상 회사의 채무에 직접·연대·무한 책임을 부담하는 사원이고 **"과점주주"**는 「국세기본법」상 본인·특수관계인 지분이 50% 이상인 주주로서, 회사에 지배적인 영향력을 가지며 회사를 활용한 탈세가 가능하기 때문에, 이들과 회사(법인) 간에 제2차 납세의무를 부과

※ **외국법인**: 외국에서 설립절차를 거쳐 등기된 법인

※ **외국재산**: 물리적 본체 또는 법적 권한 등이 외국에 있는 재산

❏ 입법취지

○ (불복에 따라 공매가 불가능한 경우 제외) 「지방세징수법」은 납세자 권익 보호를 위해 불복 진행중인 경우 징수절차를 중단하므로, 제2차 납세의무 부과도 함께

유보하려는 것

○ (**외국법인 관련 요건 추가**) 과거 "법률·정관에서 출자자 주식·지분의 양도를 제한하는 경우"에 포섭되는 것으로 해석하여 제2차 납세의무를 부과*하였으나, 2020년 9월 대법원이 이에 포섭되지 않는다고 판시하면서 **외국법인을 활용한 탈세 통제에 사각지대 발생** ⇒ 이를 법률에 명시하여 사각지대를 보완하려는 것

* 국내 법인 출자자가 체납을 하는 경우 과세관청은 국내 증권회사(상장주식) 또는 해당 법인(비상장주식·지분) 등으로부터 출자자의 주식·지분을 직접 압류·처분함. 그러나 외국법인의 출자자가 체납을 하는 경우에는 외국 증권회사 또는 외국 법인에 대해 과세관청의 행정권이 미치지 않아 압류·처분을 할 수 없기 때문에 제2차 납세의무를 부과하는 것임

※ **국세와 일치:**「국세기본법」제40조 (2023.1.1. 시행)

제40조(법인의 제2차 납세의무)

① 국세(둘 이상의 국세의 경우에는 납부기한이 뒤에 오는 국세)의 납부기간 만료일 현재 법인의 무한책임사원 또는 과점주주(이하 "출자자"라 한다)의 재산(그 법인의 발행주식 또는 출자지분은 제외한다)으로 그 출자자가 납부할 국세 및 강제징수비에 충당하여도 부족한 경우에는 그 법인은 다음 각 호의 어느 하나에 해당하는 경우에만 그 부족한 금액에 대하여 제2차 납세의무를 진다.

1. (생 략)
2. 그 법인이 외국법인인 경우로서 출자자의 소유주식 또는 출자지분이 외국에 있는 재산에 해당하여 「국세징수법」에 따른 압류 등 강제징수가 제한되는 경우
3. 법률 또는 그 법인의 정관에 의하여 출자자의 소유주식 또는 출자지분의 양도가 제한된 경우(「국세징수법」 제66조제5항에 따라 공매할 수 없는 경우는 제외한다)

❑ **논의과정**

○ **관련 법률안:** 개정내용대로 정부안 제출(의안번호 2125186)

○ **전문위원 검토의견:** 입법미비 사항을 보완하는 것이며, 국세와 달리 규정할 성격의 사항이 아니라는 점에서 이를 「국세기본법」과 일치시키는 개정내용은 타당

⇒ **원안 의결** (정부안)

❏ **조문대비표**

현　　　행	개 정 내 용	비　　고
제47조(법인의 제2차 납세의무) ① 지방세(둘 이상의 지방세의 경우에는 납부기한이 뒤에 도래하는 지방세를 말한다)의 납부기간 종료일 현재 법인의 무한책임사원 또는 과점주주(이하 이 조에서 "출자자"라 한다)의 재산(그 법인의 발행주식 또는 출자지분은 제외한다)으로 그 출자자가 납부할 지방자치단체의 징수금에 충당하여도 부족한 경우에는 그 법인은 다음 각 호의 어느 하나에 해당하는 경우에만 그 출자자의 소유주식 또는 출자지분의 가액한도 내에서 그 부족한 금액에 대하여 제2차 납세의무를 진다.	제47조(법인의 제2차 납세의무) ① ―――――――――――― ―――――――――――― ―――――――――――― ―――――――――――― ―――――――――――― ―――――――――――― ―――――――――――― ―――――――――――― ―――――――――――― ―――――――――――― ―――――――――――― ―――――――――――― ―――――――――――― ―――――――――――.	
1. 지방자치단체의 장이 출자자의 소유주식 또는 출자지분을 재공매하거나　수의계약으로 매각하려 하여도 매수희망자가 <u>없을</u> **때**	1. ――――――――― ――――――――― ――――――――― ――――――――― － <u>없는</u> **경우**	
2. 법률 또는 법인의 정관에서 출자자의 소유주식 또는 출자지분의 양도를 제한하고 <u>있을</u> 때	2. ――――――――― ――――――――― ―――――<u>있는</u> 경우(「**지방세 징수법」 제71조제5항 본문에 따라 공매할 수 없는 경우는 제외**한다)	○ 불복에 따라 공매할 수 없는 경우 제외
〈신　설〉	3. **그 법인이 외국법인인 경우로 서 출자자의 소유주식 또는 출자지분이 외국에 있는 재산에 해당하여 「지방세징수법」에 따른 압류 등 체납처분이 제**	○ 외국법인 출자자 주식·지분이 외국에 있어 압류·처분이 제한되는 경우 추가

현 행	개정내용	비 고
	<u>한되는 경우</u>	

<table>
<tr><td colspan="3" align="center">**부 칙**</td></tr>
<tr><td colspan="3">제1조(시행일) 이 법은 2024년 1월 1일부터 시행한다.
제2조(법인의 제2차 납세의무에 관한 적용례) 제47조제1항제3호의 개정규
  정은 이 법 시행 이후 출자자의 납세의무가 성립하는 경우부터 적용한다.</td></tr>
</table>

② 사업 양수인의 제2차 납세의무 제한(제48조)

❑ 개정내용

사업의 양도인에 대하여 제2차 납세의무를 부담하는 양수인의 범위를 제한

구 분	현 행	개정내용
사업 양도인에 대해 제2차 납세의무 부담 양수인	사업의 포괄 양수인 전체	사업의 포괄 양수인 중 <u>- 양도인과 특수관계인 또는</u> <u>- 양도인의 조세회피 목적으로 사업</u> <u> 을 양수한 자</u>

※ **포괄 양도·양수**: 사업에 관한 일체의 권리·의무를 양도·양수하는 것

※ **제2차 납세의무**: 납세의무자의 납세의무를 그와 일정한 관계에 있는 제3자가
보충적으로 부담하는 것

※ **특수관계인**

「지방세기본법」

제2조(정의)
① 이 법에서 사용하는 용어의 뜻은 다음과 같다.
34. "특수관계인"이란 본인과 다음 각 목의 어느 하나에 해당하는 관계에 있는 자를 말한다.
    이 경우 이 법 및 지방세관계법을 적용할 때 본인도 그 특수관계인의 특수관계인으로 본다.
    가. 혈족·인척 등 대통령령으로 정하는 친족관계
    나. 임원·사용인 등 대통령령으로 정하는 경제적 연관관계
    다. 주주·출자자 등 대통령령으로 정하는 경영지배관계

「지방세기본법 시행령」

제2조(특수관계인의 범위)

① 「지방세기본법」(이하 "법"이라 한다) 제2조제1항제34호가목에서 "혈족·인척 등 대통령령으로 정하는 친족관계"란 다음 각 호의 어느 하나에 해당하는 관계(이하 "친족관계"라 한다)를 말한다.

1. 6촌 이내의 혈족

2. 4촌 이내의 인척

3. 배우자(사실상의 혼인관계에 있는 사람을 포함한다)

4. 친생자로서 다른 사람에게 친양자로 입양된 사람 및 그 배우자·직계비속

② 법 제2조제1항제34호나목에서 "임원·사용인 등 대통령령으로 정하는 경제적 연관관계"란 다음 각 호의 어느 하나에 해당하는 관계(이하 "경제적 연관관계"라 한다)를 말한다.

1. 임원과 그 밖의 사용인

2. 본인의 금전이나 그 밖의 재산으로 생계를 유지하는 사람

3. 제1호 또는 제2호의 사람과 생계를 함께하는 친족

③ 법 제2조제1항제34호다목에서 "주주·출자자 등 대통령령으로 정하는 경영지배관계"란 다음 각 호의 구분에 따른 관계(이하 "경영지배관계"라 한다)를 말한다.

1. 본인이 개인인 경우

　가. 본인이 직접 또는 그와 친족관계 또는 경제적 연관관계에 있는 자를 통하여 법인의 경영에 대하여 지배적인 영향력을 행사하고 있는 경우 그 법인

　나. 본인이 직접 또는 그와 친족관계, 경제적 연관관계 또는 가목의 관계에 있는 자를 통하여 법인의 경영에 대하여 지배적인 영향력을 행사하고 있는 경우 그 법인

2. 본인이 법인인 경우

　가. 개인 또는 법인이 직접 또는 그와 친족관계 또는 경제적 연관관계에 있는 자를 통하여 본인인 법인의 경영에 대하여 지배적인 영향력을 행사하고 있는 경우 그 개인 또는 법인

　나. 본인이 직접 또는 그와 경제적 연관관계 또는 가목의 관계에 있는 자를 통하여 어느 법인의 경영에 대하여 지배적인 영향력을 행사하고 있는 경우 그 법인

　다. 본인이 직접 또는 그와 경제적 연관관계, 가목 또는 나목의 관계에 있는 자를 통하여 어느 법인의 경영에 대하여 지배적인 영향력을 행사하고 있는 경우 그 법인

　라. 본인이 「독점규제 및 공정거래에 관한 법률」에 따른 기업집단에 속하는 경우 그 기업집단에 속하는 다른 계열회사 및 그 임원

④ 제3항제1호 각 목, 같은 항 제2호가목부터 다목까지의 규정을 적용할 때 다음 각 호의 구분에 따른 요건에 해당하는 경우 해당 법인의 경영에 대하여 지배적인 영향력을 행사하고 있는 것으로 본다.

1. 영리법인인 경우

　가. 법인의 발행주식 총수 또는 출자총액의 100분의 30 이상을 출자한 경우

　나. 임원의 임면권의 행사, 사업방침의 결정 등 법인의 경영에 대하여 사실상 영향력을

행사하고 있다고 인정되는 경우
2. 비영리법인인 경우
　　가. 법인의 이사의 과반수를 차지하는 경우
　　나. 법인의 출연재산(설립을 위한 출연재산만 해당한다)의 100분의 30 이상을 출연하고
　　　　그 중 1명이 설립자인 경우

❑ **입법취지**

현행 규정 하에서 사전에 양도인의 체납 및 재산 상태를 인지할 수 없었던 선의의
양수인이 불의의 제2차 납세의무를 부담하는 상황이 발생

⇒ 양도인의 체납 등을 인지할 수 있었던 자에게만 제2차 납세의무 부담

※ **국세와 일치:** 「국세기본법 시행령」 제22조 (2019.2.12. 시행)

제22조(사업의 양도·양수의 범위) 법 제41조제1항에서 "대통령령으로 정하는 사업의 양수인"
이란 사업장별로 그 사업에 관한 모든 권리(미수금에 관한 것은 제외한다)와 모든 의무(미지
급금에 관한 것은 제외한다)를 포괄적으로 승계한 자로서 다음 각 호의 어느 하나에 해당하는
자를 말한다.
1. 양도인과 특수관계인인 자
2. 양도인의 조세회피를 목적으로 사업을 양수한 자

❑ **논의과정**

○ **관련 법률안:** 개정내용대로 정부안 제출(의안번호 2125186)

○ **전문위원 검토의견:** 제2차 납세의무자를 당초 입법취지에 부합하는 자로 한정
　　하여 국민의 권익을 보호하려는 것이며, 국세와 달리 규정할 성격의 사항이 아
　　니라는 점에서 이를 「국세기본법」과 일치시키는 것은 타당
　　⇒ **원안 의결**(정부안)

[선보생각: "양도인과 특수관계인인 자" 구체화 필요]

현행 「국세기본법 시행령」 및 개정된 「지방세기본법」은 모든 "양도인과 특수관계
인인 자"가 양수인의 체납 및 재산상태를 알았거나 양수인과 탈세 의도를 공유하는
것으로 전제하고 특별한 제한 없이 제2차 납세의무를 부과함.

그러나 「지방세기본법 시행령」 제2조의 규정에 따른 특수관계인은 광범위하게 규
정되어 있고 그 중에는 경제적 의존자 등 양도인에 대해 상대적 약자인 경우도 있

어, 모두가 양수인의 재산상태 등을 인지할 수 있는 것은 아니라고 할 것임.

이에 국세·지방세 모두 사업 양수인의 제2차 납세의무 요건으로 "양도인의 조세회피를 목적으로 사업을 양수한 자"만을 규정하여, 양도인과의 관계와 상관 없이 악의적 목적이 있는 사람에게만 제2차 납세의무를 부과하거나 양도인의 조세회피 목적을 인지하지 못했음을 증명하는 특수관계인의 경우에는 제2차 납세의무를 배제하는 방안을 검토할 필요가 있겠음.

❏ **조문대비표**

현 행	개 정 내 용	비 고
제48조(사업양수인의 제2차 납세의무) ① 사업의 양도·양수가 있는 경우 그 사업에 관하여 양도일 이전에 양도인의 납세의무가 확정된 지방자치단체의 징수금을 양도인의 재산으로 충당하여도 부족할 때에는 양수인은 그 부족한 금액에 대하여 양수한 재산의 가액 한도 내에서 제2차 납세의무를 진다.	제48조(사업양수인의 제2차 납세의무) ① (현행과 같음)	
② 제1항에서 "양수인"이란 사업장별로 그 사업에 관한 모든 권리와 의무를 포괄승계(미수금에 관한 권리와 미지급금에 관한 의무의 경우에는 그 전부를 승계하지 아니하더라도 포괄승계로 본다)한 자로서 **양도인이 사업을 경영하던 장소에서 양도인이 경영하던 사업과 같거나 유사한 종목의 사업을 경영하는 자**를 말한다.	② 제1항에서 "양수인"이란 사업장별로 그 사업에 관한 모든 권리(미수금에 관한 것은 제외한다)와 의무(미지급금에 관한 것은 제외한다)를 포괄적으로 승계한 자로서 **다음 각 호의 어느 하나에 해당하는 자**를 말한다. 1. 양도인과 특수관계인인 자 2. 양도인의 조세회피를 목적으로 사업을 양수한 자	○ 국세와 문구 통일하며 일부 표현이 변경되었으나, 실질적 의미나 효과는 동일 ○ 추가 요건 각 호로 신설
③ 제1항에 따른 양수한 재산의 가액은 대통령령[1])으로 정한다.	③ (현행과 같음)	

현 행	개 정 내 용	비 고
부 칙 제1조(시행일) 이 법은 2024년 1월 1일부터 시행한다. 제3조(사업양수인의 제2차 납세의무에 관한 적용례) 제48조제2항의 개정 규정은 이 법 시행 전에 사업이 양도·양수된 경우로서 이 법 시행 당시 제2차 납세의무자로서 납부통지를 받지 않은 경우에 대해서도 적용한다.		○ 수익적 내용이므로 납세의무 성립 이후 납부통지 받지 않은 경우까지 소급

③ 납부지연가산세 면제 기준금액 상향(제55조·제56조)

❑ 개정내용

현행법 제55조제1항제4호[*]에 따른 납부지연가산세가 면제되는 기준금액 상향 조정

구 분	현 행	개정내용
납부지연가산세 면제 기준금액	고지서별·세목별 체납세액 <u>30만원</u> 이하	고지서별·세목별 체납세액 <u>45만원</u> 이하

※ **납부지연가산세:** 납세의무자가 지방세를 납부기한까지 미납부·과소납부하거나 환급세액을 초과환급받은 경우 의무이행을 강제하기 위해 추가로 납부하게 하는 금전

※ **고지서별·세목별 체납세액의 의미:** 1개 고지서에 여러 세목의 조세가 고지되는 경우, 각 세목별 체납세액이 기준금액 이하인지에 따라 면제 여부를 결정

---

1) 「지방세기본법 시행령」

　제27조(사업양수인에 대한 제2차 납세의무 범위) ① 법 제48조제3항에 따른 양수한 재산의 가액은 다음 각 호의 가액으로 한다.

　1. 사업의 양수인이 양도인에게 지급하였거나 지급하여야 할 금액이 있는 경우에는 그 금액

　2. 제1호에 따른 금액이 없거나 그 금액이 불분명한 경우에는 양수한 자산 및 부채를 「상속세 및 증여세법」 제60조부터 제66조까지의 규정을 준용하여 평가한 후 그 자산총액에서 부채총액을 뺀 가액

　② 제1항에도 불구하고 같은 항 제1호에 따른 금액과 시가의 차액이 3억원 이상이거나 시가의 100분의 30에 상당하는 금액 이상인 경우에는 같은 항 제1호의 금액과 제2호의 금액 중 큰 금액으로 한다.

「지방세기본법」

제55조(납부지연가산세) ① 납세의무자(연대납세의무자, 제2차 납세의무자 및 보증인을 포함한다. 이하 이 조에서 같다)가 납부기한까지 지방세를 납부하지 아니하거나 납부하여야 할 세액보다 적게 납부(이하 "과소납부"라 한다)하거나 환급받아야 할 세액보다 많이 환급(이하 "초과환급"이라 한다)받은 경우에는 다음 각 호의 계산식에 따라 산출한 금액을 합한 금액을 가산세로 부과한다. 이 경우 제1호 및 제2호의 가산세는 납부하지 아니한 세액, 과소납부분(납부하여야 할 금액에 미달하는 금액을 말한다. 이하 같다) 세액 또는 초과환급분(환급받아야 할 세액을 초과하는 금액을 말한다. 이하 같다) 세액의 100분의 75에 해당하는 금액을 한도로 하고, 제4호의 가산세를 부과하는 기간은 60개월(1개월 미만은 없는 것으로 본다)을 초과할 수 없다.

4. 다음 계산식에 따라 납세고지서에 따른 납부기한이 지난 날부터 1개월이 지날 때마다 계산한 금액

> 납부하지 아니한 세액 또는 과소납부분 세액(지방세관계법에 따라 가산하여 납부하여야 할 이자상당액이 있는 경우 그 금액을 더하고, 가산세를 제외한다) × 금융회사 등이 연체대출금에 대하여 적용하는 이자율 등을 고려하여 대통령령으로 정하는 이자율

❑ **입법취지**

○ **국세 납부지연가산세 면제 기준**은 30년 전인 1994년 50만원에서 시작하여 2008년 100만원, 2022년 150만원 등 지속 인상

○ **지방세**의 경우는 1994년 10만원에서 시작하여 2001년 30만원으로 인상된 후 23년간 미개정

⇒ 물가상승률 등을 고려하여 **일부 인상**

❑ **논의과정**

○ **관련 법률안**

의안번호	제안자	제안일	주요내용
2119983	위성곤의원 외 10인	2023.02.13.	면제 기준 30만원 → 50만원 이하로 상향
2121653	정우택의원 외 14인	2023.04.26.	면제 기준 30만원 → 60만원 이하로 상향
2125186	정부	2023.10.26.	면제 기준 30만원 → 40만원 이하로 상향

○ **전문위원 검토의견**

– **기준 상향 여부**: 물가상승률 등을 고려할 때, 일부 상향조정 필요성 인정

– **기준 금액 결정**: 2001년 마지막 면제 기준 인상 이후 물가 상승률이 47~64% 범위라는 점을 고려하여 **50% 인상**(30만원 → 45만원)

구 분	2001년	2022년	상승률
소비자물가지수	65.719	107.71	63.9%
GDP디플레이터	74.6	109.8	47.2%

주 1) **소비자물가지수**: 일반 도시 가계가 생활을 영위하기 위해 구입하는 재화·서비스의 가격변동을 나타내는 지수

   2) **GDP디플레이터**: 국내에서 생산되는 모든 재화와 서비스 가격을 반영하는 물가지수(명목GDP × 100 / 실질GDP)

○ **정부의견**

자동차세의 경우 납부지연가산세 50만원은 5,000cc 대형차에 해당하므로 보다 낮은 기준이 필요하다는 의견 제시

○ **의원의견**

– 면제기준별 총 면제금액을 고려할 필요가 있다는 의견 제시

※ 면제기준별 총 면제금액(행안부)

면제기준	40만원	50만원	60만원
총 면제금액	연간 약 40억원	연간 약 72억원	연간 약 99억원

– 정부안(40만원), 위성곤의원안(50만원), 정우택의원안(60만원)을 절충하여 50만원으로 하자는 의견 제시

⇒ **수정 의결**(의원의견·정부의견을 절충하여 45만원으로 조정)

[선보생각: 세목별 면제 기준 차등 필요]

현재 국세·지방세 모두 전체 세목에 대해 동일한 납부지연가산세 면제 기준을 적용하고 있는데, 이는 세액 대비 담세력이 세목별로 상이한 상황을 반영하지 못하는 문제가 있다. 예를 들어 2023년 기준 고지세액 45만원은 재산세의 경우 시가표준액 약 6.9억원 주택(1세대 1주택)에 해당하는 반면, 취득세(유상승계)의 경우 가액

4,500만원 주택(1세대 1주택)에 해당하고, 자동차세(소유분/비영업용 승용자동차)의 경우 2,250cc 자동차에 해당하는 등 세목별로 담세력에 차이가 있다. 이에 중장기적으로는 세목 유형별로 납부지연가산세 면제 기준을 달리 규정하는 방안도 검토해볼 여지가 있다.

또한 근본적으로는 조세행정의 전산화로 행정비용이 감소하는 추세를 고려하여 현행 납부지연가산세 자체의 적정성도 재검토할 필요가 있다.

❏ 조문대비표

현 행	개 정 내 용	비 고
법률 제17768호 지방세기본법 일부개정법률	법률 제17768호 지방세기본법 일부개정법률	
제55조(납부지연가산세) ① ～ ③ (생 략)2)	제55조(납부지연가산세) ① ～ ③ (현행과 같음)	
④ 제1항을 적용할 때 납세고지서별·세목별 세액이 **30만원** 미만인 경우에는 같은 항 제4호의 가산세를 적용하지 아니한다.	④ ─ ─ ─ ─ ─ ─ ─ ─ ─ ─ ─ ─ ─ **45만원** ─ ─ ─ ─ ─ ─ ─ ─ ─ ─ ─ ─ ─ ─ ─ ─ ─ ─.	○ 납부지연가산세 면제 기준 상향
⑤ (생 략)	⑤ (현행과 같음)	
제56조(특별징수 납부지연가산세) ① (생 략)3)	제56조(특별징수 납부지연가산세) ① (현행과 같음)	○ 납부지연 가산세와 연동된 특별징수 납부지연가산세 면제 기준도 함께 상향
② 제1항을 적용할 때 납세고지서별·세목별 세액이 **30만원** 미만인 경우에는 같은 항 제3호의 가산세를 적용하지 아니한다.	② ─ ─ ─ ─ ─ ─ ─ ─ ─ ─ ─ ─ ─ 연동된 **45만원** ─ ─ ─ ─ ─ ─ ─ ─ ─ ─ ─ ─ ─ ─ ─ ─.	

부   칙
제1조(시행일) 이 법은 2024년 1월 1일부터 시행한다.

---

2) 「법률 제17768호 지방세기본법 일부개정법률」
   제55조(납부지연가산세) ① 납세의무자(연대납세의무자, 제2차 납세의무자 및 보증인을 포함한다. 이하 이 조에서 같다)가 납부기한까지 지방세를 납부하지 아니하거나 납부하여야 할 세액보다 적게 납부(이하 "과소납부"라 한다)

하거나 환급받아야 할 세액보다 많이 환급(이하 "초과환급"이라 한다)받은 경우에는 다음 각 호의 계산식에 따라 산출한 금액을 합한 금액을 가산세로 부과한다. 이 경우 제1호 및 제2호의 가산세는 납부하지 아니한 세액, 과소납부분(납부하여야 할 금액에 미달하는 금액을 말한다. 이하 같다) 세액 또는 초과환급분(환급받아야 할 세액을 초과하는 금액을 말한다. 이하 같다) 세액의 100분의 75에 해당하는 금액을 한도로 하고, 제4호의 가산세를 부과하는 기간은 60개월(1개월 미만은 없는 것으로 본다)을 초과할 수 없다.

1. 과세표준과 세액을 지방자치단체에 신고납부하는 지방세의 법정납부기한까지 납부하지 아니한 세액 또는 과소납부분 세액(지방세관계법에 따라 가산하여 납부하여야 할 이자상당액이 있는 경우 그 금액을 더한다) × 법정납부기한의 다음 날부터 자진납부일 또는 납세고지일까지의 일수 × 금융회사 등이 연체대출금에 대하여 적용하는 이자율 등을 고려하여 대통령령으로 정하는 이자율
2. 초과환급분 세액(지방세관계법에 따라 가산하여 납부하여야 할 이자상당액이 있는 경우 그 금액을 더한다) × 환급받은 날의 다음 날부터 자진납부일 또는 납세고지일까지의 일수 × 금융회사 등이 연체대출금에 대하여 적용하는 이자율 등을 고려하여 대통령령으로 정하는 이자율
3. 납세고지서에 따른 납부기한까지 납부하지 아니한 세액 또는 과소납부분 세액(지방세관계법에 따라 가산하여 납부하여야 할 이자상당액이 있는 경우 그 금액을 더하고, 가산세는 제외한다) × 100분의 3
4. 다음 계산식에 따라 납세고지서에 따른 납부기한이 지난 날부터 1개월이 지날 때마다 계산한 금액

> 납부하지 아니한 세액 또는 과소납부분 세액(지방세관계법에 따라 가산하여 납부하여야 할 이자상당액이 있는 경우 그 금액을 더하고, 가산세를 제외한다) × 금융회사 등이 연체대출금에 대하여 적용하는 이자율 등을 고려하여 대통령령으로 정하는 이자율

② 제1항에도 불구하고 「법인세법」 제66조에 따라 법인세 과세표준 및 세액의 결정·경정으로 「상속세 및 증여세법」 제45조의3부터 제45조의5까지의 규정에 따른 증여의제이익이 변경되는 경우(부정행위로 인하여 법인세의 과세표준 및 세액을 결정·경정하는 경우는 제외한다)에 해당하여 「소득세법」 제88조제2호에 따른 주식등의 취득가액이 감소됨에 따라 양도소득에 대한 지방소득세를 과소납부하거나 초과환급받은 경우에는 제1항제1호 및 제2호의 가산세를 적용하지 아니한다.

③ 지방소득세를 과세기간을 잘못 적용하여 신고납부한 경우에는 제1항을 적용할 때 실제 신고납부한 날에 실제 신고납부한 금액의 범위에서 당초 신고납부하였어야 할 과세기간에 대한 지방소득세를 신고납부한 것으로 본다. 다만, 해당 지방소득세의 신고가 제53조에 따른 신고 중 부정행위로 무신고한 경우 또는 제54조에 따른 신고 중 부정행위로 과소신고·초과환급신고한 경우에는 그러하지 아니하다.

⑤ 제1항을 적용할 때 납세의무자가 지방자치단체 또는 지방자치단체조합인 경우에는 같은 항 제3호 및 제4호의 가산세를 적용하지 아니한다.

3) 「법률 제17768호 지방세기본법 일부개정법률」

제56조(특별징수 납부지연가산세) ① 특별징수의무자가 징수하여야 할 세액을 법정납부기한까지 납부하지 아니하거나 과소납부한 경우에는 납부하지 아니한 세액 또는 과소납부분 세액의 100분의 50(제1호 및 제2호에 따른 금액을 합한 금액은 100분의 10)을 한도로 하여 다음 각 호의 계산식에 따라 산출한 금액을 합한 금액을 가산세로 부과한다. 이 경우 제3호의 가산세를 부과하는 기간은 60개월(1개월 미만은 없는 것으로 본다)을 초과할 수 없다.

1. 납부하지 아니한 세액 또는 과소납부분 세액 × 100분의 3
2. 납부하지 아니한 세액 또는 과소납부분 세액 × 법정납부기한의 다음 날부터 자진납부일 또는 납세고지일까지의 일수 × 금융회사 등이 연체대출금에 대하여 적용하는 이자율 등을 고려하여 대통령령으로 정하는 이자율
3. 다음 계산식에 따라 납세고지서에 따른 납부기한이 지난 날부터 1개월이 지날 때마다 계산한 금액

> 납부하지 아니한 세액 또는 과소납부분 세액(가산세는 제외한다) × 금융회사 등이 연체대출금에 대하여 적용하는 이자율 등을 고려하여 대통령령으로 정하는 이자율

④ 지자체장의 지방세 쟁송자료 제출 근거 신설 등(제150조의2)

❏ **개정내용**

지자체 지방세 쟁송에 대한 행안부의 지원규정으로, ① 행안부가 지방세 관련 쟁송의 관리·지원에 관한 방안을 수립·시행할 수 있다는 근거를 신설하고, ② 지자체가 지원을 받기 위해 필요한 쟁송자료를 행정안전부에 제출할 수 있는 근거도 명시

구 분	현 행	개정내용
지자체의 지방세 쟁송에 대한 행안부 지원규정	〈신 설〉 〈신 설〉 - 지자체가 행안부 또는 상급지자체에 소송참가 요청 가능	- 행안부가 지방세 쟁송의 관리·지원에 관한 방안을 수립·시행할 수 있다는 근거 신설 - 지자체가 행안부 지원을 받기 위해 필요한 쟁송자료 행안부에 제출 가능 - (현행과 같음)

※ **소송참가**: 「행정소송법」 제17조제3항 및 「민사소송법」 제76조에 따라 소송에 관한 공격·방어·이의·상소, 그 밖의 모든 소송행위 가능

❏ **입법취지**

「국가를 당사자로 하는 소송에 관한 법률」[4]상 지자체는 지방세 소송 포함 모든 행정소송에서 법무부장관의 지휘를 받아야 하나, 소송내용이 복잡해지면서 지방세 관련 전문성을 가진 행안부 지원이 필요

⇒ 행안부 지원의 실효성을 제고하기 위해 필요한 쟁송자료 제출 등의 근거 마련

❏ **논의과정**

○ **관련 법률안**: 개정내용대로 정부안 제출(의안번호 2125186)

○ **전문위원 검토의견**

　- 현행법에서 이미 지방세 관련 쟁송 참가를 허용하고 있는 이상,[5] 해당 업무

---

4) 「국가를 당사자로 하는 소송에 관한 법률」
　제6조(행정청의 장에 대한 법무부장관의 지휘 등) ① 행정소송을 수행할 때 행정청의 장은 법무부장관의 지휘를 받아야 한다.
　제2조의2(행정청의 범위) 이 법의 적용을 받는 행정청에는 법령에 따라 행정권한의 위임 또는 위탁을 받은 행정기관, 공공단체, 그 기관 또는 사인(私人)이 포함된다.
5) 참고로, 「지방세기본법」 제150조의2와 별개로 「행정소송법」 제17조에 따라서도 법원은 행정소송에 다른 행정청을

에 관한 시책을 마련하고 관련 자료를 수집할 수 있도록 하는 것은 업무의
효율적 수행에 필요
- 다만, 지자체 자료 제출 및 행안부 소송참가를 재량사항으로 규정하고 있어
실효성이 있을지에 대해서는 의문

※ **지자체의 지방세 쟁송 참고요청 및 행안부 참가**현황

쟁송유형	요청자	요청 대상	2022		2023	
			요청건수	참가건수	요청건수	참가건수
행정심판	기초자치단체	행정안전부	9건	9건	3건	3건
		광역자치단체	-	-	-	-
	광역자치단체	행정안전부	-	-	-	-
행정소송	기초자치단체	행정안전부	14건	11건	32건	27건
		광역자치단체	-	-	1건	1건
	광역자치단체	행정안전부	-	-	-	-

○ **정부의견**

행안부도 정부안 입법예고 시점까지는 지자체 자료 제출을 의무규정으로 입안
하였으나, 일부 지자체에서 자치권 침해가 우려된다는 의견을 제시하여 이를
재량규정으로 수정

○ **의원의견**

자료제출을 임의규정으로 할 경우 서울시 등 자체 쟁송대응 역량이 있는 지자
체의 자료 수집이 어려울 수 있다는 우려가 제기됨

⇒ **원안 의결** (실효성에 대한 우려가 있으나, 지자체 의견 등을 고려)

참가시킬 수 있음.

[선보생각: 행정안전부의 역할]

지방시대에 행정안전부의 역할이 어떻게 변해야 할까? 행정안전부의 1차 고객이 지방정부임을 분명히 하고, 행정안전부의 존재 이유가 지방정부를 돕는 것임을 분명히 해야 할 것이다. 현재 상황은 행정안전부가 나서는 것을 지방정부가 마땅치 않게 보는 시각이 강하게 남아 있는 듯하다. 행정안전부가 적극적으로 나서는 것이 지방정부에 대한 간섭이 아니라 실질적 도움으로 받아들여지는 지점까지 나아갈 수 있어야 한다. 그것이 지방시대의 가치와 맞다.

❏ 조문대비표

현 행	개 정 내 용	비 고
제150조의2(지방세 소송 등의 지원) 지방자치단체의 장은 이 법 또는 지방세관계법에 따른 처분에 대한 심판청구 또는 행정소송에 대한 지원이 필요한 경우에는 행정안전부장관 또는 시·도지사에게 조세심판 또는 행정소송의 참가를 요청할 수 있다. → **제4항으로 이동**	제150조의2(지방세 **불복·쟁송**의 지원) ① **행정안전부장관**은 이 법 또는 지방세관계법에 따른 처분 등에 대한 **다음 각 호의 불복·쟁송 관련 업무를 체계적으로 관리하고 해당 업무를 수행하는 지방자치단체의 장을 효율적으로 지원하기 위한 방안을 마련하여 시행**할 수 있다. **1. 제7장에 따른 심판청구 2. 「감사원법」에 따른 심사청구 3. 행정소송 및 「민사소송법」에 따른 소송** ② **지방자치단체의 장은 제1항 각 호의 불복·쟁송의 청구서 또는 소장 등을 접수하거나 송달받은 경우로서 같은 항 각 호 외의 부분에 따른 지원을 받기 위하여 필요한 경우에는 청구번호 또는 사건번호 등 대통령령으로 정하는 사항을 행정안전부장관에게 제출**할 수 있다. ③ **지방자치단체의 장은 제1항 각 호의 불복·쟁송에 대한 결정**	○ 지방세 관련 쟁송 관리·지원에 관한 방안 수립·시행 근거 ○ 지자체에서 필요한 쟁송자료 제출 근거

현 행	개 정 내 용	비 고
	또는 **판결 등이 있는 경우로서** **같은 항 각 호 외의 부분에 따른** **지원을 받기 위하여 필요한 경우** **에는 그 결과를 행정안전부장관** **에게 제출**할 수 있다. ④ 지방자치단체의 장은 이 법 또는 지방세관계법에 따른 처분 에 대한 심판청구 또는 행정소송 에 대한 지원이 필요한 경우에는 행정안전부장관 또는 시·도지사 에게 조세심판 또는 행정소송의 참가를 요청할 수 있다.	
부 칙 제1조(시행일) 이 법은 2024년 1월 1일부터 시행한다. 다만, 제150조의2 제2항 및 제3항의 개정규정은 2024년 7월 1일부터 시행한다.		○ 쟁송자료 제출· 보관 시스템 마 련을 위해 7월 부터 시행

⑤ **지방세연구원 경영공시 의무 신설(제151조)**

❑ **개정내용**

한국지방세연구원이 각종 경영 사항을 인터넷 홈페이지에 공시하도록 의무 신설

구 분	현 행	개정내용
한국 지방세연구원 경영공시 의무	〈신 설〉	다음 사항 공시의무 신설 - 해당 연도의 경영목표, 예산 및 운영계획 - 전년도의 결산서 - 전년도의 임원 및 운영인력 현황 - 전년도의 인건비 예산 및 집행 현황 - 경영실적의 평가결과 - 외부기관의 감사결과, 조치요구사항 및 이행결과 - 기본재산 및 채무 변동 등 재무 현황 - 그 밖에 경영에 관한 중요한 사항으로서 대통령령으로 정하 는 사항

※ **한국지방세연구원:** 지방세 관련 연구·교육 및 지자체 사업 지원을 위해 전체 지자체 공동 출연금 및 행안부 출연금으로 운영 중인 기관(2011년 전체 지자체 공동 출연금으로 설립)

❑ **입법취지**

한국지방세연구원은 국가·지자체로부터 출연*을 받고 있으나, 「지방자치단체 출자·출연 기관의 운영에 관한 법률」상 지방자치단체 출자·출연기관이 아니기 때문에 ** 따른 법률상 경영공시 의무 미적용

⇒ 지방자치단체 출자·출연기관으로 지정되어 경영공시 의무를 적용받는 다른 지방자치단체출연 연구원을 참고하여 유사한 수준의 의무 부과

* 2023년 한국지방세연구원 지출예산 176.9억원 대비 국비·지방비 출연금 수입은 총 166.5억원(국비 123.8억원 + 지방비 42.7억원)으로 94.1%(국비 70.0% + 지방비24.1%)를 차지

** 전체 지자체 공동 출연으로 설립되어, 특정 지자체 소속 출자·출연기관으로 지정 곤란

❑ **논의과정**

○ **관련 법률안:** 개정내용대로 정부안 제출(의안번호 2125186)

○ **전문위원 검토의견**

－ 국비·지방비로 운영되는 연구원에 경영공시 의무를 부과하는 것은 재정운용의 효율성·투명성을 위해 타당

－ 다만, 「지방자치단체 출자·출연 기관의 운영에 관한 법률」[6])과 동일하게 대통령령으로 공시 사항을 **추가**할 수 있도록 위임할 필요

○ **정부의견**

한국지방세연구원의 투명성 강화를 위해 전문위원 검토의견에 동의

⇒ **수정 의결** (전문위원 검토의견 반영)

---

6) 「지방자치단체 출자·출연 기관의 운영에 관한 법률」
　제32조(경영공시) ① 출자·출연 기관은 다음 각 호의 사항에 관하여 인터넷 홈페이지에 공시(이하 "경영공시"라 한다)하여야 한다.
　8. 자본금, 채무 변동 등 재무 현황 및 그 밖에 경영에 관한 중요한 사항으로서 대통령령으로 정하는 사항
　「지방자치단체 출자·출연 기관의 운영에 관한 법률 시행령」
　제21조(경영공시 사항 및 시기 등) ① 법 제32조제1항제8호에서 "대통령령으로 정하는 사항"이란 다음 각 호의 사항을 말한다.
　1. 전년도의 재무상태표, 운영성과표 및 손익계산서 등 재무제표[주석(註釋)을 포함한다]
　2. 전년도의 출자기관의 자본금 또는 출연기관의 기본재산 현황
　3. 전년도의 법 제22조제1항에 따른 출자기관의 사채 발행 또는 금융회사 등으로부터의 자금 차입 현황
　4. 전년도의 출자·출연 기관의 채무 보증 및 담보 제공 현황

❑ 조문대비표

현 행	개 정 내 용	비 고
제151조(지방세연구기관의 설립·운영) ① ~ ③ (생 략)[7]	제151조(지방세연구기관의 설립·운영) ① ~ ③ (현행과 같음)	
〈신 설〉	④ 지방세연구원은 다음 각 호의 사항을 인터넷 홈페이지에 공시(이하 이 조에서 "경영공시"라 한다)하여야 한다. 1. 해당 연도의 경영목표, 예산 및 운영계획 2. 전년도의 결산서 3. 전년도의 임원 및 운영인력 현황 4. 전년도의 인건비 예산 및 집행 현황 5. 경영실적의 평가결과 6. 외부기관의 감사결과, 조치요구사항 및 이행결과 7. 기본재산 및 채무 변동 등 재무 현황 8. 그 밖에 경영에 관한 중요한 사항으로서 대통령령으로 정하는 사항	○ 경영공시 의무 신설 ○ 지방자치단체출연 연구원과 같이 공시사항 추가할 수 있도록 위임
〈신 설〉	⑤ 경영공시의 시기 및 주기 등에 관하여 필요한 사항은 대통령령으로 정한다.	
④·⑤ (생 략)	⑥·⑦ (현행 제4항 및 제5항과 같음)	
부 칙		
제1조(시행일) 이 법은 2024년 1월 1일부터 시행한다.		

---

7) 「지방세기본법」
　　제151조(지방세연구기관의 설립·운영) ① 지방세입 제도의 발전에 필요한 연구·조사·교육 및 이와 관계된 지방자치단체 사업을 위한 지원 등을 하기 위하여 지방자치단체가 출연·운영하는 법인으로 지방세연구기관(이하 "지방세연구원"이라 한다)을 설립한다.

② 지방세연구원의 이사회는 성별을 고려하여 이사장과 원장을 포함한 12명 이내의 이사로 구성하고, 감사 2명을 둔다. 이 경우 이사는 특별시장·광역시장·특별자치시장·도지사·특별자치도지사 및 시장·군수·구청장이 각각 협의하여 공무원, 교수 등 지방세에 대한 조예가 있는 사람을 각각 같은 수로 추천·선출하되, 이사장은 특별시장· 광역시장·특별자치시장·도지사·특별자치도지사가 협의하여 추천한 사람 중에서 이사회의 의결을 거쳐 선출한다.
③ 지방세연구원의 원장 및 감사는 이사회의 의결을 거쳐 이사장이 임명하며, 이사장과 감사는 비상근으로 한다.
④ 지방세연구원의 설립·운영에 관한 사항은 정관으로 정하되, 이 법에서 정하지 아니한 그 밖의 사항에 관하여는 「민법」 제32조와 「공익법인의 설립·운영에 관한 법률」(같은 법 제5조는 제외한다)을 준용한다.
⑤ 행정안전부장관은 지방세연구원에 지방세입과 관련한 연구·조사 등의 업무를 수행하게 할 수 있다. 이 경우 행정안전부장관은 해당 업무를 수행하는 데 필요한 비용을 지원하기 위하여 지방세연구원에 출연할 수 있다.

다. 용어 정비 등 경미한 개정 사항

① "지방세통합정보통신망" 명칭 정정(제2조)

❑ **개정내용**

지방세 부과·징수 등 관련 행정을 일괄 처리하는 전산시스템의 법률상 명칭을 "지방세정보통신망"에서 "지방세통합정보통신망"으로 변경

구 분	현 행	개정내용
지방세 행정 일괄처리 시스템 명칭	○ 지방세정보통신망	○ 지방세통합정보통신망

❑ **입법취지**

2019년 12월 31일 「지방세기본법」[8]이 개정(2023년 1월 25일 시행)되어 동 시스템의 명칭이 "지방세정보통신망"에서 "지방세통합정보통신망"으로 변경되었음에도 다른 조항에서 정비하지 못한 것을 사후 반영하려는 것

❑ **논의과정**

○ **관련 법률안**: 개정내용대로 정부안 제출(의안번호 2125186)

○ **전문위원 검토의견**: 입법미비 사항을 보완하는 것으로서 타당

⇒ **원안 의결** (정부안)

---

8) 「지방세기본법」

제2조(정의) ① 이 법에서 사용하는 용어의 뜻은 다음과 같다.

28. "지방세통합정보통신망"이란 「전자정부법」 제2조제10호에 따른 정보통신망으로서 행정안전부령으로 정하는 기준에 따라 행정안전부장관이 고시하는 지방세에 관한 정보통신망을 말한다.

❑ 조문대비표

현　　　행	개 정 내 용	비　고
제2조(정의) ① 이 법에서 사용하는 용어의 뜻은 다음과 같다. 1. ~ 28. (생 략) 28의2. "연계정보통신망"이란 「정부통신망 이용촉진 및 정보보호 등에 관한 법률」 제2조제1항제1호의 정보통신망으로서 이 법이나 지방세관계법에 따른 신고 또는 송달을 위하여 **지방세정보통신망**과 연계하여 사용하는 정보통신망을 말한다. 29. ~ 36. (생 략) ② (생 략)	제2조(정의) ① ― ― ― ― ― ― ― ― ― ― ― ― ― ― ― ― ―. 1. ~ 28. (현행과 같음) 28의2. ― **지방세통합정보통신망**― ― ― ― ― ― ― ― ― ― ― ―. 29. ~ 36. (현행과 같음) ② (현행과 같음)	○ 용어 통일
부　　　칙 제1조(시행일) 이 법은 2024년 1월 1일부터 시행한다.		

② "통신날짜도장" 용어 정정 등(제25조 · 제94조)

❑ 개정내용

현행법상 우편신고와 관련한 규정에서 ① "통신날짜도장"을 "우편날짜도장"으로 ② "신고"를 "신고 또는 청구"로 용어 변경

구 분	현 행	개정내용
우편신고 관련 용어	○ 통신날짜도장 ○ 신고	○ 우편날짜도장 ○ 신고 또는 청구

❏ **입법취지**

◦ (통신날짜도장 → 우편날짜도장) 「우편법 시행규칙」[9]에서 2014년 12월 4일 법률용어 순화 차원에서 "통신일부인"을 "우편날짜도장"으로 개정한 것을 반영하려는 것

◦ (신고 → 신고 또는 청구) 현행 조문이 과세표준신고·수정신고뿐 아니라 과세표준·세액 경정청구도 규정하고 있어 후자를 포괄하는 용어인 "신고 또는 청구"로 개정하려는 것

❏ **논의과정**

◦ **관련 법률안:** 개정내용대로 정부안 제출(의안번호 2125186)

◦ **전문위원 검토의견:** 입법미비 사항을 보완하는 것으로서 타당

⇒ **원안 의결** (정부안)

❏ **조문대비표**

현 행	개 정 내 용	비 고
제25조(우편신고 및 전자신고) ① 우편으로 과세표준 신고서, 과세표준 수정신고서, 제50조에 따른 경정청구에 필요한 사항을 기재한 경정청구서 또는 이와 관련된 서류를 제출한 경우 우편법령에 따른 **통신날짜도장**이 찍힌 날(**통신날짜도장**이 찍히지 아니하였거나 찍힌 날짜가 분명하지 아니할 때에는 통상 걸리는 우편 송달 일수를 기준으로 발송한 날에 해당한다고 인정되는 날)에 **신고된** 것으로 본다.	제25조(우편신고 및 전자신고) ① ─────────────── ─────────────── ─────────────── ─────────────── ─────────────── ── <u>우편날짜도장</u>─────우 <u>편날짜도장</u>───────── ─────────────── ─────────────── ─────────────── ──────────<u>신고되</u> <u>거나 청구</u>된 ──.	
② 제1항의 신고서 등을 지방세	② ───────────────	

---

9) 「우편법 시행규칙」
   제17조(우편날짜도장의 사용) ①우체국은 우편물의 접수확인 및 우표의 소인을 위하여 우편날짜도장을 찍는다. 다만, 영 제13조제1항에 따라 우정사업본부장이 발행하는 우편요금표시인영이 인쇄된 연하우편엽서와 연하우편봉투 및 이 규칙에서 따로 정한 경우에는 그러하지 아니하다.

현 행	개 정 내 용	비 고
통합정보통신망 또는 연계정보통신망을 이용하여 제출하는 경우에는 해당 신고서 등이 지방세통합정보통신망 또는 연계정보통신망에 저장된 때에 **신고된** 것으로 본다.	―― **신고되거나 청구된** ――.	
③ (생 략)	③ (현행과 같음)	
제94조(청구기한의 연장 등) ① (생 략)	제94조(청구기한의 연장 등) ① (현행과 같음)	
② 제90조 및 제91조에 따른 기한까지 우편으로 제출(**우편법령에 따른 통신날짜도장이 찍힌** 날을 기준으로 한다)한 이의신청서 또는 심판청구서가 신청기간 또는 청구기간이 지나서 도달한 경우에는 그 기간만료일에 적법한 신청 또는 청구를 한 것으로 본다.	② ――――――――――――――――――――**제25조제1항에서 정한** ――.	
③ (생 략)	③ (현행과 같음)	
부 칙		
제1조(시행일) 이 법은 2024년 1월 1일부터 시행한다.		

PART 2

지방세징수법

Part 2
/
지방세징수법

가. 「지방세징수법」의 개관

❑ 목적

「지방세징수법」은 지방세 징수에 필요한 사항을 규정함으로써 **지방세수입**의 확보를 목적으로 함

❑ 연혁

2017년 법 제정을 통해 종전 「지방세기본법」에서 지방세 징수에 관한 사항을 「지방세징수법」으로 분리하여 규정

❑ 지방세 징수의 간접적 강제제도

○ (의의) 납세자가 지방세 등을 체납하는 경우에 강제적 처분절차에 의하여 징수하는 방법 이외에도 체납자에게 여러 가지 불이익을 줌으로써 간접적으로 지방세 등의 납부를 강제하는 제도를 두고 있음

○ **(종류)** ① 납세증명서의 제출 및 발급(제5조), ② 미납지방세 등의 열람(제6조), ③ 관허사업의 제한(제7조), ④ 출국금지 요청 등(제8조), ⑤ 체납 또는 정리보류* 자료의 종합신용정보집중기관 등에 대한 제공(제9조), ⑥ 외국인 체납자료의 법무부장관에 대한 제공 등(제10조), ⑦ 고액·상습체납자의 명단공개(제11조), ⑧ 고액·상습체납자의 감치**(제11조의4)

* 정리보류: 체납정리를 보류(체납자에게 재산이 없거나 체납자가 행방불명 등)

** 감치: 의무위반 제제로 법원 결정에 따라 일정 기간 위반자를 가둬두는 제재

❏ **지방세 체납처분**

○ **(의의)** 조세채권을 실현하기 위해 체납자의 재산을 강제적으로 확보하는 행위로서 체납자 재산의 압류, 매각, 청산의 절차로 진행됨(법 제3장)

○ **(압류재산의 매각 방법)** 지자체장이 체납자의 체납지방세를 이유로 압류한 재산을 금전으로 환가하는 것으로서, 공매와 수의계약으로 구분

 - **(공매)** 지자체가 압류재산을 매수할 청약자에게 입찰서로 매수의 신청을 하게 하여 입찰자 중 최고가격입찰자를 낙찰자로 하여 매각결정을 하는 방식

 - **(수의계약)** 경쟁 계약에 의하지 않고 가장 적합하다고 인정을 하는 특정인을 선정해서 계약을 하는 방식

   * 지자체장은 공매, 수의계약 등의 업무에 전문지식이 필요하거나 그 밖에 직접 공매등을 하기에 적당하지 아니하다고 인정하는 경우 한국자산관리공사 또는 지방세조합으로 하여금 이를 대행하게 할 수 있음

나. 주요 개정 사항

① 공매 매수대금 차액납부 제도 도입(제92조의2 신설 등)

❑ **개정내용**

압류재산 공매시 해당 재산에 저당권 등을 가져 매각대금 등을 배분받게 되는 자가 이를 매수하는 경우, 매수대금에서 배분받을 금액을 차감하고 납부하는 **"공매 매수대금 차액납부"** 도입

[공매 압류재산을 그 매각대금 등 배분받을 자가 매수한 경우]

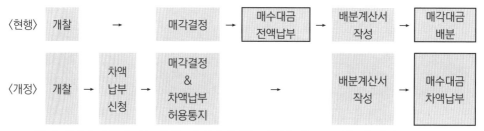

※ 현재 「민사집행법」상 법원 강제경매에는 동일 제도 도입·운영중

❑ **입법취지**

현재 압류재산에 권리[*]가 있어 매각대금 등을 배분받게 되는 자가 공매에서 이를 매수해도, 우선 매수대금 **전액**을 납부한 후 배분받을 금액은 나중에 **정산**받게 되어, 공매 참여시 일시적으로 목돈이 필요

⇒ 당초부터 차액(매수대금 – 배분받을 금액)만 납부할 수 있게 하여 압류재산 이해관계자의 공매 참여를 촉진

* 저당권, 대항력 있는 임차권 등

※ **국세 동반개정**: 「국세징수법」 제84조의2 (2024.7.1. 시행)

> **제84조의2(매수대금의 차액납부)** ① 공매재산에 대하여 저당권이나 대항력 있는 임차권 등을
> 가진 매수신청인으로서 대통령령으로 정하는 자는 매각결정기일 전까지 관할 세무서장에게 제
> 96조에 따라 자신에게 배분될 금액을 제외한 금액을 매수대금으로 납부(이하 "차액납부"라 한
> 다)하겠다는 신청을 할 수 있다.
> ② ~ ⑦ (생 략)

❏ **논의과정**

○ **관련 법률안**: 개정내용대로 정부안 제출(의안번호 2125176)

○ **전문위원 검토의견**: 이미 「민사집행법」상 법원 강제경매에서는 시행중인 제도*이
    며, 이해관계자의 공매 참여 활성화를 통해 낙찰가격 상승 및 체납액의 조속한
    충당이 기대된다는 점에서 타당

    * 1960년 해당 내용을 포함하여 「민사소송법」이 제정되었을 때부터 시행(참고로 2002년
    「민사집행법」이 제정되면서 해당 내용이 「민사집행법」으로 이관)

⇒ **원안 의결** (정부안)

❏ **조문대비표**

현 행	개 정 내 용	비 고
〈신 설〉	**제92조의2(매수대금의 차액납부)** ① 공매재산에 대하여 저당권이나 대항력 있는 임차권 등을 가진 매수신청인으로서 대통령령으로 정하는 자는 매각결정기일 전까지 지방자치단체의 장에게 제99조[10)]에 따라 자신에게 배분될 금액을 제외한 금액을 매수대금으로 납부(이하 "차액납부"라 한다)하겠다는 신청을 할 수 있다. ② 제1항에 따른 신청을 받은 지방자치단체의 장은 그 신청인을 매수인으로 정하여 매각결정을 할 때 차액납부 허용 여부를 함께 결정하여 통지하여야 한다.	○ 공매 매수대금 차액납부 제도 도입

현 행	개 정 내 용	비 고
	③ 지방자치단체의 장은 제2항에 따라 차액납부 허용 여부를 결정할 때 차액납부를 신청한 자가 다음 각 호의 어느 하나에 해당하는 경우에는 차액납부를 허용하지 아니할 수 있다. 1. 배분요구의 종기까지 배분요구를 하지 아니하여 배분받을 자격이 없는 경우 2. 배분받으려는 채권이 압류 또는 가압류되어 지급이 금지된 경우 3. 배분순위에 비추어 실제로 배분받을 금액이 없는 경우 4. 그 밖에 제1호부터 제3호까지에 준하는 사유가 있는 경우	○ 차액납부 불허 요건 규정
	④ 지방자치단체의 장은 차액납부를 허용하기로 결정한 경우에는 제92조제4항[11])에도 불구하고 대금납부기한을 정하지 아니하며, 이 조 제5항에 따른 배분기일에 매수인에게 차액납부를 하게 하여야 한다.	○ 차액납부 기한
	⑤ 지방자치단체의 장은 차액납부를 허용하기로 결정한 경우에는 제98조제1항[12])에도 불구하고 그 결정일부터 30일 이내의 범위에서 배분기일을 정하여 배분하여야 한다. 다만, 30일 이내에 배분계산서를 작성하기 곤란한 경우에는 배분기일을 30일 이내의 범위에서 연기할 수 있다.	
	⑥ 지방자치단체의 장으로부터 차액납부를 허용하는 결정을 받은	○ 차액납부시 이의제기

현 행	개 정 내 용	비 고
	매수인은 그가 배분받아야 할 금액에 대하여 제102조제1항 및 제2항13)에 따라 이의가 제기된 경우 이의가 제기된 금액을 이 조 제5항에 따른 배분기일에 납부하여야 한다. ⑦ 제1항부터 제6항까지에서 규정한 사항 외에 차액납부의 신청 절차 및 차액납부 금액의 계산 방법 등에 관하여 필요한 사항은 대통령령으로 정한다.	
제95조(매각결정의 취소) ① 지방자치단체의 장은 다음 각 호의 어느 하나에 해당하는 경우에는 압류재산의 매각결정을 취소하고 그 사실을 매수인에게 통지하여야 한다.	제95조(매각결정의 취소) ① ― ― ―――.	
1. 제92조에 따른 매각결정을 한 후 매수인이 매수대금을 납부하기 전에 체납자가 매수인의 동의를 받아 압류와 관련된 체납액을 납부하고 매각결정 취소를 신청하는 경우	1. (현행과 같음)	
〈신 설〉	2. 매수인이 제92조의2제4항에 따라 배분기일에 차액납부를 하지 아니하거나 같은 조 제6항에 따라 이의가 제기된 금액을 납부하지 아니한 경우	○ 매각결정 취소 요건에 차액 미납 추가
2. 제93조에 따라 최고하여도 매수인이 매수대금을 지정된 기한까지 납부하지 아니하는 경우	3. (현행 제2호와 같음)	
② 제1항제1호에 해당하여 압류재산의 매각결정을 취소하는 경우	② ――――――――――――――――――――――	

현　　　　행	개 정 내 용	비　고
공매보증금은 매수인에게 반환하고, 제1항제2호에 해당하여 압류재산의 매각결정을 취소하는 경우 공매보증금은 체납처분비, 압류와 관계되는 지방세의 순으로 충당하며, 남은 금액은 체납자에게 지급한다.	－－－－－－－－－－ － 제1항제2호 또는 제3호－－ －－－－－－－－－－－ －－－－－－－－－－－ －－－－－－－－－－－ －－－－－－－.	
제98조(배분기일의 지정) ① (생　략)	제98조(배분기일의 지정) ① (현행과 같음)	
② 지방자치단체의 장은 제1항에 따른 배분기일을 정하였을 때에는 체납자, 채권신고대상채권자 및 배분요구를 한 채권자(이하 "체납자등"이라 한다)에게 통지하여야 한다.	② －－－－－－－－－ 제1항 또는 제92조의2제5항에 따라 － －－－－－－－－－－－ －－－－－－－－－－－ －－－－－－－－－－－ －－－－.	
③ (생　략)	③ (현행과 같음)	
제90조(차순위 매수신고) ① 제88조[14]에 따라 낙찰자가 결정된 후에 그 낙찰자 외의 입찰자는 매각결정 기일 전까지 공매보증금을 제공하고 제95조제1항제2호에 해당하는 사유로 매각결정이 취소되는 경우에 최고입찰가격에서 공매보증금을 뺀 금액 이상의 가격으로 공매재산을 매수하겠다는 신고(이하 "차순위 매수신고"라 한다)를 할 수 있다.	제90조(차순위 매수신고) ① －－－ －－－－－－－－－－－ －－－－－－－－－－－ －－－－－－－－－－－ －－－－－ 제95조제1항제2호 또는 제3호－－－－－－－－－ －－－－－－－－－－－ －－－－－－－－－－－ －－－－－－－－－－－ －－－－－－－－.	
② (생　략)	② (현행과 같음)	
③ 지방자치단체의 장은 차순위 매수신고가 있는 경우에 제95조제1항제2호에 해당하는 사유로 매각결정을 취소한 날부터 3일	③ －－－－－－－－－－－ －－－－－－－－－－ 제95조 제1항제2호 또는 제3호－－－－ －－－－－－－－－－	

현 행	개 정 내 용	비 고
(토요일, 일요일, 「공휴일에 관한 법률」 제2조의 공휴일 및 같은 법 제3조의 대체공휴일은 제외한다) 이내에 차순위 매수신고자를 매수인으로 정하여 매각결정을 할 것인지를 결정하여야 한다. 다만, 다음 각 호의 어느 하나에 해당하는 사유가 있는 경우에는 차순위 매수신고자에게 매각한다는 결정을 할 수 없다.	------------ ------------ ------------ ------------ ----------- - ------------ ------------ ------------ -------.	
1.·2. (생 략)	1.·2. (현행과 같음)	
제91조(재공매) ① 재산을 공매하여도 매수 희망자가 없거나 입찰가격이 매각예정가격 미만일 때에는 재공매한다.	제91조(재공매) ① 지방자치단체의 장은 다음 각 호의 어느 하나에 해당하는 경우 재공매를 한다. 1. 재산을 공매하여도 매수 희망자가 없거나 입찰가격이 매각예정가격 미만인 경우 2. 제95조제1항제2호 또는 제3호에 해당하는 사유로 매각결정을 취소한 경우	○ 재공매 요건에 차액 미납에 따른 매각취소 추가
② 공매재산의 매수인이 매수대금의 납부기한까지 대금을 납부하지 아니하였을 때에는 그 매매를 해약하고 재공매한다.	〈삭 제〉	○ 안 제91조 제1항제2호에 통합
③ (생 략)	③ (현행과 같음)	
④ 제1항 및 제2항에 따른 재공매의 경우에는 제74조부터 제78조까지 및 제80조부터 제90조까지의 규정을 준용한다. 다만, 지방자치단체의 장은 제84조에도 불구하고 공매공고 기간을 5일까지 단축할 수 있다.	④ 제1항 ---------- ------------ ------------ ----------. ---- ------------ ------------ --------.	

현　　행	개 정 내 용	비　고
부　　칙 제1조(시행일) 이 법은 2024년 1월 1일부터 시행한다. 다만, 제90조, 제91조, 제92조의2, 제95조 및 제98조제2항의 개정규정은 2024년 7월 1일부터 시행한다. 제2조(매수대금의 차액납부에 관한 적용례) 제92조의2의 개정규정은 2024년 7월 1일 이후 공매공고를 하는 경우부터 적용한다.		○ 전산시스템 개편을 위해 6개월 뒤 시행 ○ 신규 공매공고부터 적용

---

10) 「지방세징수법」
　　제99조(배분 방법) ① 제97조제1항제2호 및 제3호의 금전은 다음 각 호의 체납액과 채권에 배분한다. 다만, 제81조제1항 및 제2항에 따라 배분요구의 종기까지 배분요구를 하여야 하는 채권의 경우에는 배분요구를 한 채권에 대해서만 배분한다.
　　1. 압류재산에 관계되는 체납액
　　2. 교부청구를 받은 체납액·국세 또는 공과금
　　3. 압류재산에 관계되는 전세권·질권 또는 저당권에 의하여 담보된 채권
　　4. 「주택임대차보호법」 또는 「상가건물 임대차보호법」에 따라 우선변제권이 있는 임차보증금 반환채권
　　5. 「근로기준법」 또는 「근로자퇴직급여 보장법」에 따라 우선변제권이 있는 임금, 퇴직금, 재해보상금 및 그 밖에 근로관계로 인한 채권
　　6. 압류재산에 관계되는 가압류채권
　　7. 집행력 있는 정본에 의한 채권
11) 「지방세징수법」
　　제92조(매각결정 및 매수대금의 납부기한 등) ④ 제3항에 따른 납부기한은 매각결정을 한 날부터 7일 내로 한다. 다만, 지방자치단체의 장이 필요하다고 인정할 때에는 그 납부기한을 30일을 한도로 연장할 수 있다.
12) 「지방세징수법」
　　제98조(배분기일의 지정) ① 지방자치단체의 장은 제97조제1항제2호 및 제3호의 금전을 배분하려면 체납자, 제3채무자 또는 매수인으로부터 해당 금전을 받은 날부터 30일 이내에서 배분기일을 정하여 배분하여야 한다. 다만, 30일 이내에 배분계산서를 작성하기 곤란한 경우에는 배분기일을 30일 이내에서 연기할 수 있다.
13) 「지방세징수법」
　　제102조(배분계산서에 대한 이의) ① 배분기일에 출석한 체납자등은 배분기일이 끝나기 전까지 자기의 채권에 관계되는 범위에서 제101조제1항에 따른 배분계산서 원안에 기재된 다른 채권자의 채권 또는 채권의 순위에 대하여 이의를 제기할 수 있다.
　　② 제1항에도 불구하고 체납자는 배분기일에 출석하지 아니하였더라도 배분계산서 원안이 갖추어진 이후부터 배분기일이 끝나기 전까지 서면으로 이의를 제기할 수 있다.
14) 「지방세징수법」
　　제88조(입찰과 개찰) ① 입찰하려는 자는 주소 또는 거소, 성명, 매수하려는 재산의 명칭, 입찰가격, 공매보증금, 그 밖에 필요한 사항을 적어 개찰이 시작되기 전에 공매를 집행하는 공무원에게 제출하여야 한다.
　　② 개찰은 공매를 집행하는 공무원이 공개하여야 하고 각각 적힌 입찰가격을 불러 입찰조서에 기록하여야 한다.
　　③ 매각예정가격 이상의 최고액 입찰자를 낙찰자로 한다.
　　④ 낙찰이 될 가격의 입찰을 한 자가 둘 이상일 때에는 즉시 추첨으로 낙찰자를 정한다.

② 공매 매각대금 배분계산서 이의제기 관련 제도 보완(제102조 · 제102조의2)

❏ 개정내용

공매 매각대금 배분계산서에 대한 이의제기를 지자체장이 인용하지 않은 경우, 현재는 배분계산서 "전체를 즉시 확정"하고 있으나 개정안은 "이의제기된 부분을 제외하고 확정"

[개정내용에 따른 배분계산서 확정시기 변동]

구 분		현 행	개정내용
이의제기 有	지자체장 인용	이의제기 내용대로 수정확정 → 배분실시	
	채권자등 간 합의	합의 내용대로 수정확정 → 배분실시	
	지자체장 미인용	원안확정 → 배분실시	– 이의제기 부분: 확정유보 → 배분유보 – 나머지 부분: 원안확정 → 배분실시
이의제기 無		원안확정 → 배분실시	

※ **공매 매각대금 배분계산서:** 공매 매각대금이 납부되면 지자체장은 채권자별 매각대금 배분순위 · 금액 등을 작성하여 1주일 이상 공람

※ **공매 매각대금 배분계산서에 대한 이의제기:** 체납자 · 채권자는 상기 공람기간(1주일) 중 배분계산서에 대해 지자체장에게 서면 등으로 이의제기 가능

[공매 주요 절차(개찰 이후)]

❏ 입법취지

이의제기가 있는 배분계산서 전체를 즉시 확정하고 배분을 실시하여도, 이의제기자는 통상 행정심판 · 행정소송 등 추가적인 불복을 제기하며 배분액을 미수령
⇒ 이의제기된 부분은 제외하고 배분계산서 확정 및 배분을 실시

※ **국세와 일치**:「국세징수법」제99조제3항 (2021.1.1. 시행)

제99조(배분계산서에 대한 이의 등) ③ 관할 세무서장은 다음 각 호의 구분에 따라 배분계산서를 확정하여 배분을 실시하고, 확정되지 아니한 부분에 대해서는 배분을 유보한다.
1. 제1항 및 제2항에 따른 이의제기가 있는 경우
    가. 관할 세무서장이 이의제기가 정당하다고 인정하거나 배분계산서 원안과 다른 내용으로 체납자등이 한 합의가 있는 경우: 정당하다고 인정된 이의제기의 내용 또는 합의에 따라 배분계산서를 수정하여 확정
    나. 관할 세무서장이 이의제기가 정당하다고 인정하지 아니하고 배분계산서 원안과 다른 내용으로 체납자등이 한 합의도 없는 경우: 배분계산서 중 이의제기가 없는 부분에 한정하여 확정
2. 제1항 및 제2항에 따른 이의제기가 없는 경우: 배분계산서 원안대로 확정

❑ **논의과정**
○ **관련 법률안**: 개정내용대로 정부안 제출(의안번호 2125176)
○ **전문위원 검토의견**: 입법미비 사항을 보완하는 것이며, 국세와 달리 규정할 성격의 사항이 아니라는 점에서 이를 「국세징수법」과 일치시키는 것은 타당
⇒ **원안 의결** (정부안)

❑ **조문대비표**

현 행	개 정 내 용	비 고
제102조(배분계산서에 대한 이의) ① 배분기일에 출석한 체납자등은 배분기일이 끝나기 전까지 자기의 채권에 관계되는 범위에서 제101조제1항에 따른 배분계산서 원안에 기재된 다른 채권자의 채권 또는 채권의 순위에 대하여 이의를 제기할 수 있다. ② 제1항에도 불구하고 체납자는 배분기일에 출석하지 아니하였더라도 배분계산서 원안이 갖추어진 이후부터 배분기일이 끝나기 전까지 서면으로 이의를 제기할 수 있다.	제102조(배분계산서에 대한 이의 등) ①·② (현행과 같음)	

현 행	개 정 내 용	비 고
③ 지방자치단체의 장은 제1항 및 제2항에 따른 이의제기가 없거나 이의의 내용이 정당하다고 인정하지 아니할 때에는 배분계산서를 원안대로 즉시 확정한다.	③ 지방자치단체의 장은 다음 각 호의 구분에 따라 배분계산서를 확정하여 배분을 실시하고, 확정되지 아니한 부분에 대해서는 배분을 유보한다. 1. 제1항 및 제2항에 따른 이의제기가 있는 경우 　가. 지방자치단체의 장이 이의제기가 정당하다고 인정하거나 배분계산서 원안과 다른 내용으로 체납자등이 한 합의가 있는 경우: 정당하다고 인정된 이의제기의 내용 또는 합의에 따라 배분계산서를 수정하여 확정 　나. 지방자치단체의 장이 이의제기가 정당하다고 인정하지 아니하고 배분계산서 원안과 다른 내용으로 체납자등이 한 합의도 없는 경우: 배분계산서 중 이의제기가 없는 부분에 한정하여 확정 2. 제1항 및 제2항에 따른 이의제기가 없는 경우: 배분계산서 원안대로 확정	○ 이의제기 미인용시도 해당 부분 제외하고 계산서 확정 및 배분 실시
〈신 설〉	제102조의2(배분계산서에 대한 이의의 취하간주) 제102조제3항제1호나목에 따라 배분계산서 중 이의제기가 있어 확정되지 아니한 부분이 있는 경우 이의를 제기한 체납자등이 지방자치단체의 장의 배분계산서 작성에 관하여 심판청구등을 한 사실을 증명하는 서류를 배분기일부터 1주일 이내에	○ 배분계산서 확정 후 1주일 이내 심판청구등 미제기시 나머지 부분도 확정

현 행	개 정 내 용	비 고
	제출하지 아니하면 이의제기가 취하된 것으로 본다.	
부 칙 제1조(시행일) 이 법은 2024년 1월 1일부터 시행한다.		

③ 공매 매각대금 중 미배분금전의 예탁사유 및 예탁금 배분근거 명시 (제103조 · 103조의2)

❏ 개정내용

공매 매각대금 미배분시 해당 금액의 예탁사유 및 예탁금 배분근거 명시

구 분	현 행	개정내용

미배분 금전 예탁사유	미배분금전은 지자체 금고은행에 예탁할 것 (의무)
	 - 예탁사유 미규정
	   *「국세징수법」 준용
		미배분금전은 지자체 금고은행에 예탁할 것 (의무)
		 - 예탁사유 명시
		  1. 채권에 정지조건 · 불확정기한 부기
		  2. 가압류채권자의 채권
		  3. 배분계산서에 불복중
		  4. 그 밖의 사유 미배분

예탁금 배분근거	규정 없음
	   *「국세징수법」 준용
		규정 신설: 다음 사유 발생시 배분 실시할 것
		  1. 배분계산서에 대한 불복쟁송이 확정
		  2. 그 밖에 예탁 사유 소멸

※ **지자체 금고은행**: 해당 지자체의 세입예산을 예치받고 세출예산의 출납을 수행하는 은행

❏ 입법취지

현행법도 「국세징수법」 관련 규정을 **준용**[15]하고 있으나, 법률간 체계를 통일하고 관계자의 규정 인식을 돕기 위해 개정

※ **국세와 일치**: 「국세징수법」 제101조 · 제102조 (2021.1.1. 시행)

---

15) 「지방세징수법」
    제107조(체납처분에 관한 「국세징수법」의 준용) 지방자치단체의 징수금의 체납처분에 관하여는 「지방세기본법」, 이 법이나 지방세관계법에서 규정하고 있는 사항을 제외하고는 국세 체납처분의 예를 준용한다.

제101조(배분금전의 예탁) ① 관할 세무서장은 다음 각 호의 어느 하나에 해당하는 사유가 있
는 경우 그 채권에 관계되는 배분금전을 「한국은행법」에 따른 한국은행(국고대리점을 포함한
다)에 예탁(預託)하여야 한다.
1. 채권에 정지조건 또는 불확정기한이 붙어 있는 경우
2. 가압류채권자의 채권인 경우
3. 체납자등이 제100조에 따라 배분계산서 작성에 대하여 심판청구등을 한 사실을 증명하는
   서류를 제출한 경우
4. 그 밖의 사유로 배분금전을 체납자등에게 지급하지 못한 경우
제102조(예탁금에 대한 배분의 실시) ① 관할 세무서장은 제101조에 따라 배분금전을 예탁한
후 다음 각 호의 어느 하나에 해당하는 사유가 있는 경우 예탁금을 당초 배분받을 체납자등
에게 지급하거나 배분계산서 원안을 변경하여 예탁금에 대한 추가 배분을 실시하여야 한다.
1. 배분계산서 작성에 관한 심판청구등의 결정·판결이 확정된 경우
2. 그 밖에 예탁의 사유가 소멸한 경우

❏ **논의과정**

○ **관련 법률안:** 개정내용대로 정부안 제출(의안번호 2125176)

○ **전문위원 검토의견**

   입법미비 사항을 보완하는 것이며, 국세와 달리 규정할 성격의 사항이 아니라는
   점에서 이를 「국세징수법」과 일치시키는 것은 타당

○ **의원의견**

   국세와 일치시키는 개정내용 다수가 국세 관계법 개정 이후 수년이 지나 정부안
   으로 제출되는 상황의 적절성에 대한 의문 제기

⇒ **원안 의결** (정부안)

□ 조문대비표

현 행	개 정 내 용	비 고
제103조(배분금전의 예탁) ① 지방자치단체장은 배분한 금전 중 채권자 또는 체납자에게 지급하지 못한 것은 「지방회계법」 제38조16)에 따라 지정된 금고에 예탁하여야 한다. ② 지방자치단체장은 제1항에 따라 예탁하였을 때에는 그 사실을 채권자 또는 체납자에게 통지하여야 한다.	제103조(배분금전의 예탁) ① 지방자치단체의 장은 다음 각 호의 어느 하나에 해당하는 사유가 있는 경우 그 채권에 관계되는 배분금전을 「지방회계법」 제38조에 따라 지정된 금고에 예탁하여야 한다. 1. 채권에 정지조건 또는 불확정 기한이 붙어 있는 경우 2. 가압류채권자의 채권인 경우 3. 체납자등이 제102조의2에 따라 배분계산서 작성에 대하여 심판청구등을 한 사실을 증명하는 서류를 제출한 경우 4. 그 밖의 사유로 배분금전을 체납자등에게 지급하지 못한 경우 ② 지방자치단체의 장은 제1항에 따라 예탁한 경우에는 그 사실을 체납자등에게 통지하여야 한다.	○ 미배분금전 예탁 사유 명시
〈신 설〉	제103조의2(예탁금에 대한 배분의 실시) ① 지방자치단체의 장은 제103조에 따라 배분금전을 예탁한 후 다음 각 호의 어느 하나에 해당하는 사유가 있는 경우 예탁금을 당초 배분받을 체납자등에게 지급하거나 배분계산서 원안을 변경하여 예탁금에 대한 추가 배분을 실시하여야 한다. 1. 배분계산서 작성에 관한 심판청구등의 결정·판결이 확정된 경우 2. 그 밖에 예탁의 사유가 소멸	

현　　　행	개 정 내 용	비 　고
	한 경우 ② 지방자치단체의 장은 제1항에 따라 예탁금의 추가 배분을 실시하려는 경우 당초의 배분계산서에 대하여 이의를 제기하지 아니한 체납자등을 위해서도 배분계산서를 변경하여야 한다. ③ 체납자등은 제1항에 따른 추가 배분기일에 제102조에 따라 이의를 제기할 경우 종전의 배분기일에서 주장할 수 없었던 사유만을 주장할 수 있다.	
제103조의2 · 제103조의3 (생 략)	제103조의3 · 제103조의4 (현행 제103조의2 및 제103조의3과 같음)	○ 제103조의2 신설에 따른 조번호 조정
제24조의3(가족관계등록　전산정보자료의 공동이용) 「한국자산관리공사 설립 등에 관한 법률」에 따른 한국자산관리공사 또는 지방세조합은 제103조의2제1항 각 호의 업무를 대행하기 위하여 필요한 경우 「전자정부법」 제36조제1항에 따라 전산정보자료를 공동이용(「개인정보 보호법」 제2조제2호에 따른 처리를 포함한다)할 수 있다.	제24조의3(가족관계등록　전산정보자료의 공동이용) ――――― ―――――――――― ―――――――――― ――――― 제103조의3제1항 ―――――――――― ―――――――――― ―――――――――― ―――――――――― ―――――.	○ 제103조의2 신설에 따른 인용조문 조정
제68조(참가압류의 효력 등) ① ~ ④ (생 략) ⑤ 매각처분을 최고한 지방자치단체의 장은 제4항에 따라 매각처분을 최고받은 기압류기관이 최고받은 날부터 3개월 이내에 다음 각 호의 어느 하나에 해당	제68조(참가압류의 효력 등) ① ~ ④ (현행과 같음) ⑤ ―――――――――― ―――――――――― ―――――――――― ――――――.	

현　　　행	개 정 내 용	비　고
하는 행위를 하지 아니하면 그 압류재산을 매각할 수 있다. 1. <u>제103조의2제1항제1호</u> 및 제2호에 따라 공매 또는 수의계약의 대행을 의뢰하는 서면 송부 2.·3. (생　략) ⑥·⑦ (생　략)	─ ─. 1.　<u>제103조의3제1항제1호</u> ─ 2.·. (현행과 같음) ⑥·⑦ (현행과 같음)	○ 제103조의2 신설에 따른 인용 조문 조정
<div align="center">부　　　칙</div>제1조(시행일) 이 법은 2024년 1월 1일부터 시행한다.		

---

16) 「지방회계법」

　　제38조(금고의 설치) ① 지방자치단체의 장은 소관 현금과 그가 소유하거나 보관하는 유가증권의 출납, 보관 및 그 밖의 금고 업무를 취급하게 하기 위하여 「은행법」에 따른 은행을 금고로 지정하여야 한다. 다만, 다음 각 호의 어느 하나에 해당하는 금융기관이 대통령령으로 정하는 안정성 기준을 충족할 경우에는 특별회계 및 기금 업무만을 취급하는 금고로 지정할 수 있다.

　　1. 「농업협동조합법」 제2조제1호에 따른 조합 중 신용사업을 하는 조합
　　2. 「수산업협동조합법」 제2조제4호에 따른 조합 중 신용사업을 하는 조합
　　3. 「산림조합법」 제2조제1호에 따른 조합 중 신용사업을 하는 조합
　　4. 「새마을금고법」 제2조제1항에 따른 새마을금고
　　5. 「신용협동조합법」 제2조제1호에 따른 신용협동조합

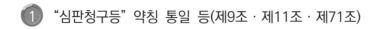

다. 용어 정비 등 경미한 개정 사항

① "심판청구등" 약칭 통일 등(제9조 · 제11조 · 제71조)

❑ **개정내용**
- ○ "「지방세기본법」에 따른 이의신청, 심판청구, 「감사원법」에 따른 심사청구 또는 행정소송"을 **"심판청구등"**으로 약칭
- ○ "계류"라는 용어를 **"계속"**으로 수정

구 분	현 행	개정내용
심판청구등 약칭	「지방세기본법」에 따른 이의신청, 심판청구, 「감사원법」에 따른 심사청구 또는 행정소송	심판청구등
계류 용어 정비	계류	계속

❑ **입법취지**
- ○ **"심판청구등"** 약칭은 동일 법률(「지방세징수법」) 내에서 반복되는 문구를 약칭하는 것이고, 「국세징수법」과도 용어를 통일시키려는 것
- ○ **"계류"**는 국민이 일반적으로 사용하는 용어가 아니라는 점에서 **"계속"**으로 개정

❑ **논의과정**
- ○ **관련 법률안:** 개정내용대로 정부안 제출(의안번호 2125176)
- ○ **전문위원 검토의견:** 법률 용어를 통일하고 국민의 이해를 쉽게 하는 것으로서 타당
- ⇒ **원안 의결** (정부안)

❏ **조문대비표**

현　　행	개 정 내 용	비　고
제9조(체납 또는 정리보류 자료의 제공) ① 지방자치단체의 장 또는 지방세조합장은 지방세 징수 또는 공익 목적을 위하여 필요한 경우로서 「신용정보의 이용 및 보호에 관한 법률」 제25조제2항제1호에 따른 종합신용정보집중기관, 그 밖에 대통령령으로 정하는 자가 다음 각 호의 어느 하나에 해당하는 체납자 또는 정리보류자의 인적사항, 체납액 또는 정리보류액에 관한 자료를 요구한 경우에는 자료를 제공할 수 있다. 다만, 체납된 지방세와 관련하여 <u>「지방세기본법」에 따른 이의신청, 심판청구, 「감사원법」에 따른 심사청구 또는 행정소송이 계류 중인 경우</u>, 그 밖에 대통령령으로 정하는 경우에는 그러하지 아니하다.	제9조(체납 또는 정리보류 자료의 제공) ① ─────────── ──────────── ──────────── ──────────── ──────────── ──────────── ──────────── ──────────── ──────────── ──────────── ───────────. ─ ──────────── <u>「지방세기본법」에 따른 이의신청·심판청구, 「감사원법」에 따른 심사청구 또는 행정소송</u>(**이하 "심판청구등"이라 한다**)이 계속 ── ──────────── ──.	○ 심판청구등 약칭
1.·2. (생　략)	1.·2. (현행과 같음)	
②·③ (생　략)	②·③ (현행과 같음)	
제11조(고액·상습체납자의 명단공개) ① 지방자치단체의 장 또는 지방세조합장은 「지방세기본법」 제86조에도 불구하고 체납 발생일부터 1년이 지난 지방세(정리보류액을 포함한다)가 1천만원 이상(지방세조합장의 경우에는 각 지방자치단체의 장으로부터 징수를 위탁받은 체납 지방세를 합산한 금액이 1천만원 이상인 경우	제11조(고액·상습체납자의 명단공개) ① ────────── ──────────── ──────────── ──────────── ──────────── ──────────── ──────────── ──────────── ────────────	

현 행	개 정 내 용	비 고
를 말한다)인 체납자에 대해서는 「지방세기본법」 제147조제1항에 따른 지방세심의위원회(지방세조합장의 경우에는 같은 조 제2항에 따른 지방세징수심의위원회를 말한다. 이하 이 조에서 "지방세심의위원회"라 한다)의 심의를 거쳐 그 인적사항 및 체납액 등(이하 "체납정보"라 한다)을 공개할 수 있다. 다만, 체납된 지방세와 관련하여 「지방세기본법」에 따른 <u>이의신청, 심판청구, 「감사원법」에 따른 심사청구 또는 행정소송이 **계류**</u> 중이거나 그 밖에 대통령령으로 정하는 사유가 있는 경우에는 체납정보를 공개할 수 없다.	─ ─. ─ ─ ─ ─ ─ ─ ─ ─ ─ ─ <u>심판청구등이 **계속**</u> ─.	○ 심판청구등 약칭 ○ "계류" 용어 정비
② ～ ⑥ (생 략)	② ～ ⑥ (현행과 같음)	
제71조(공매) ① ～ ④ (생 략)	제71조(공매) ① ～ ④ (현행과 같음)	
<u>⑤ 「지방세기본법」에 따른 이의신청 · 심판청구 또는 「감사원법」에 따른 심사청구 절차가 진행 중이거나 행정소송이 계속 중인</u> 지방세의 체납으로 압류한 재산은 그 신청 또는 청구에 대한 결정이나 소(訴)에 대한 판결이 확정되기 전에는 공매할 수 없다. 다만, 그 재산이 제72조제1항제2호에 해당하는 경우는 그 신청 또는 청구에 대한 결정이나 소에 대한 판결이 확정되기 전이라도 공매할 수 있다.	<u>⑤ 심판청구등</u> ─. ─.	○ 심판청구등 약칭

부　　칙

제1조(시행일) 이 법은 2024년 1월 1일부터 시행한다.

② "지방세통합정보통신망" 명칭 정정(제81조)

❑ 개정내용

지방세 부과·징수 등 관련 행정을 일괄 처리하는 전산시스템의 법률상 명칭을 "지방세정보통신망"에서 "지방세통합정보통신망"으로 변경

구 분	현 행	개정내용
지방세 행정 일괄처리 시스템 명칭	○지방세정보통신망	○지방세통합정보통신망

❑ 입법취지

2019년 12월 31일 「지방세기본법」[17]이 개정(2023년 1월 25일 시행)되어 동 시스템의 명칭이 "지방세정보통신망"에서 "지방세통합정보통신망"으로 변경되었음에도 관련 법률에서 정비하지 못한 것을 사후 반영하려는 것

❑ 논의과정

○ **관련 법률안**: 개정내용대로 정부안 제출(의안번호 2125176)
○ **전문위원 검토의견**
  – 입법미비 사항을 보완하는 것으로서 타당
  – 다만, "지방세통합정보통신망"의 의미를 명확하게 하기 위하여 근거 조문을 인용하여 "「지방세기본법」 제2조제1항제28호에 따른 지방세통합정보통신망"으로 수정 필요
  ⇒ **수정 의결** (전문위원 검토의견 반영)

❑ 조문대비표

현 행	개 정 내 용	비 고
제81조(배분요구 등) ① ~ ⑦ (생략)[18]	제81조(배분요구 등) ① ~ ⑦ (현행과 같음)	

---

17) 「지방세기본법」
   제2조(정의) ① 이 법에서 사용하는 용어의 뜻은 다음과 같다.
      28. "지방세통합정보통신망"이란 「전자정부법」 제2조제10호에 따른 정보통신망으로서 행정안전부령으로 정하는 기준에 따라 행정안전부장관이 고시하는 지방세에 관한 정보통신망을 말한다.
18) 「지방세징수법」

현 행	개 정 내 용	비 고
⑧ 제6항에 따른 안내는 **지방세정보통신망**을 통하여 할 수 있다. ⑨ (생 략)[19]	⑧ ─────────「지방세기본법」 제2조제1항제28호에 따른 지방세통합정보통신망 ───────. ⑨ (현행과 같음)	
부 칙		
제1조(시행일) 이 법은 2024년 1월 1일부터 시행한다.		

제81조(배분요구 등) ① 제79조에 따른 공매공고의 등기 또는 등록 전까지 등기되지 아니하거나 등록되지 아니한 다음 각 호의 채권을 가진 자는 제99조제1항에 따라 배분을 받으려면 배분요구의 종기까지 지방자치단체의 장에게 배분을 요구하여야 한다.
1. 압류재산에 관계되는 체납액
2. 교부청구와 관계되는 체납액·국세 또는 공과금
3. 압류재산에 관계되는 전세권·질권 또는 저당권에 의하여 담보된 채권
4. 「주택임대차보호법」 또는 「상가건물 임대차보호법」에 따라 우선변제권이 있는 임차보증금 반환채권
5. 「근로기준법」 또는 「근로자퇴직급여 보장법」에 따라 우선변제권이 있는 임금, 퇴직금, 재해보상금 및 그 밖에 근로관계로 인한 채권
6. 압류재산에 관계되는 가압류채권
7. 집행력 있는 정본에 의한 채권
② 매각으로 소멸되지 아니하는 전세권을 가진 자가 배분을 받으려면 배분요구의 종기까지 배분을 요구하여야 한다.
③ 제1항 및 제2항에 따른 배분요구에 따라 매수인이 인수하여야 할 부담이 달라지는 경우 배분요구를 한 자는 배분요구의 종기가 지난 뒤에는 요구를 철회할 수 없다.
④ 지방자치단체의 장은 공매공고의 등기 또는 등록 전에 등기되거나 등록된 제1항 각 호의 채권을 가진 자(이하 "채권신고대상채권자"라 한다)로 하여금 채권의 유무, 그 원인 및 액수(원금, 이자, 비용, 그 밖의 부대채권을 포함한다)를 배분요구의 종기까지 지방자치단체의 장에게 신고하도록 최고하여야 한다.
⑤ 지방자치단체의 장은 채권신고대상채권자가 제4항에 따른 신고를 하지 아니할 때에는 등기사항증명서 등 공매 집행기록에 있는 증명자료에 따라 해당 채권신고대상채권자의 채권액을 계산한다. 이 경우 해당 채권신고대상채권자는 채권액을 추가할 수 없다.
⑥ 지방자치단체의 장은 제1항 및 제2항에 해당하는 자와 다음 각 호의 기관의 장에게 배분요구의 종기까지 배분요구를 하여야 한다는 사실을 안내하여야 한다. 〈개정 2017. 7. 26.〉
1. 행정안전부
2. 국세청
3. 관세청
4. 「국민건강보험법」에 따른 국민건강보험공단
5. 「국민연금법」에 따른 국민연금공단
6. 「산업재해보상보험법」에 따른 근로복지공단
⑦ 지방자치단체의 장은 제80조에 따라 공매 통지를 할 때 제4항에 따른 채권 신고의 최고 또는 제6항에 따른 배분요구의 안내에 관한 사항을 포함한 경우에는 각 해당 항에 따른 최고 또는 안내를 한 것으로 본다.
19) 「지방세징수법」
제81조(배분요구 등) ⑨ 체납자의 배우자는 공매재산이 제48조제2항에 따라 압류한 부부공유의 동산 또는 유가증권에 해당하는 경우 배분요구의 종기까지 매각대금 중 공유지분에 상응하는 대금을 지급하여 줄 것을 지방자치단체의 장에게 요구할 수 있다.

PART 3

지방행정제재 · 부과금의 징수 등에 관한 법률

Part 3
/
지방행정제재 · 부과금의 징수 등에 관한 법률

가. 「지방행정제재 · 부과금의 징수 등에 관한 법률」의 개관

❏ 목적
「지방행정제재 · 부과금의 징수 등에 관한 법률」(이하 "「지방행정제재부과금법」")은 지방행정제재 · 부과금의 효율적 징수 및 관리 등에 필요한 사항을 규정함으로써 지자체 **재정 확충**이 목적

❏ 연혁
2020년 법 개정을 통해 종전 「지방세외수입금의 징수 등에 관한 법률」에서 「지방행정제재 · 부과금의 징수 등에 관한 법률」로 제명 변경

❏ 지방행정제재 · 부과금의 의의
○ **(개념)** 지방행정제재 · 부과금이란 지방자치단체의 장 및 그 소속 행정기관의 장이 행정목적을 달성하기 위하여 법률에 따라 부과 · 징수하여 지방자치단체의

수입으로 하는 **조세 외의 금전**

○ **(종류)** ① 다른 법률에서 이 법에 따라 징수하기로 한 **과징금, 이행강제금, 부담금** 및 **변상금**과 ② 그 밖의 조세 외의 금전으로서 다른 법률에서 이 법에 따라 징수하기로 한 금전[*]

　　[*] 배출부과금(「물환경보전법」§41), 반환금(「보조금 관리에 관한 법률」§33의3), 통행료(「유료도로법」§21) 등

❏ **지방행정제재 · 부과금의 종류**

구 분	내 용
과징금	행정법규를 위반한 자에 대하여 법규위반으로 얻은 **경제적 이익**을 환수하기 위하여 부과하거나 의무불이행에 대한 **행정처분**(영업취소, 영업정지 등)에 갈음하여 부과하는 금전적 행정제재
이행강제금	법률상 일정한 의무를 지는 자가 해당 법률에서 정한 작위의무나 부작위의무를 이행하지 아니한 경우에 그 **이행을 강제**하기 위하여 부과하는 금전부담
부담금	**특정 공익사업**과 관련하여 법률이 정하는 바에 따라 부과하는 조세 외의 **금전 지급 의무**(「부담금관리 기본법」제2조)이며, 「부담금관리 기본법」별표에 부담금의 종류 열거
변상금	**발생한 손해**를 보전하여 가능한 한 손가가 없었던 것과 같은 상태로 회복하기 위하여 법규에서 정하는 바에 의하여 **변상**하거나 변상명령에 의하여 변상되는 수입

나. 주요 개정 사항

1 지방행정제재 · 부과금 납부증명서 제출제도 시행 연기(법률 제17091호 부칙 제1조부터 제3조까지 등)

❑ 개정내용

납부증명서 **제출제도 시행일 1년 연기**

현 행	개정내용
2024.1.1.부터 – 대금지급 정지 제도 폐지 – 납부증명서 제출 제도 시행	2025.1.1.부터 – 대금지급 정지 제도 폐지 – 납부증명서 제출 제도 시행

※ **지방행정제재 · 부과금:** 지자체장이 행정목적 달성을 위해 법률에 따라 부과 · 징수하는 과징금 · 이행강제금 · 부담금 · 변상금 등 조세 이외의 금전

※ **대금지급 정지 제도:** 지방행정제재 · 부과금을 100만원 이상 체납한 자에게 지자체가 지급해야 할 대금의 지급을 정지할 수 있도록 하는 제도

※ **납부증명서 제출 제도:** 국가 · 지자체 등으로부터 대금을 지급받으려면 지방행정제재 · 부과금 납부증명서를 제출하도록 하는 제도

구 분	대금지급 정지 제도	납부증명서 제출 제도
대상기관	지자체	국가 · 지자체 · 공공기관
연체금액기준	100만원 이상	금액 무관
납부확인(증명)주체	지자체	납부의무자
효과	대금 지급 정지	

❑ 입법취지

납부증명서 제출 제도 시행에 필요한 전산시스템* 개통이 지연되어 제도 시행일 1년 연기

* 차세대지방세입정보시스템

❏ **논의과정**

○ **관련 법률안:** 개정내용대로 정부안 제출 (의안번호 2125174)

○ **전문위원 검토의견**

- 전산시스템 개통이 지연된다면 시행일 연기 불가피

- 다만, 당초 동 제도는 2022년 2월 3일 시행될 예정이었으나, 시스템 구축 순연 등을 이유로 2021년 12월 28일 법률을 개정하여 시행일을 2024년 1월 1일로 연기하였는데, 정부는 이를 또 1년 연기하려는 것으로서, 법률에 근거하여 시행하는 제도가 정부의 사업관리 미비로 반복적으로 지연되는 상황에 대한 주의를 촉구할 필요

○ **의원의견**

시행일은 연기하되, 동일한 상황이 반복되지 않도록 사업관리를 철저히 할 필요가 있다는 주의 의견 제시

⇒ **원안 의결** (정부안)

❏ **조문대비표**

현 행	개 정 내 용	비 고
법률 제17091호 지방세외수입금의 징수 등에 관한 법률[20] 일부개정법률 부칙(법률 제18658호 지방행정제재 · 부과금의 징수 등에 관한 법률 일부개정법률에 따라 개정된 내용을 포함한다)	법률 제17091호 지방세외수입금의 징수 등에 관한 법률 일부개정법률 부칙(법률 제18658호 지방행정제재 · 부과금의 징수 등에 관한 법률 일부개정법률에 따라 개정된 내용을 포함한다)	
제1조(시행일) 이 법은 공포한 날부터 시행한다. 다만, 다음 각 호의 개정규정은 각 호의 구분에 따른 날부터 시행한다.	제1조(시행일) ─ ─ ─ ─ ─ ─ ─ ─ ─ ─ ─ ─. ─.	
1. ~ 4. (생 략)	1. ~ 4. (현행과 같음)	
5. 제7조의6[21]의 개정규정: <u>2024년 1월 1일</u>	5. ─ ─ ─ ─ ─ ─ ─ ─ ─ ─<u>2025년 1월 1일</u>	○ 납부증명서 제출제도 시행 연기
제2조(대금지급 정지에 대한 유효기간) 제7조[22]의 개정규정은 <u>2023년</u>	제2조(대금지급 ─정지에 대한 유효기간) ─ ─ ─ ─ ─ ─ ─ <u>2024년</u>	○ 대금지급정지 제도 유효

현 행	개 정 내 용	비 고
<u>12월 31일</u>까지 효력을 가진다.	<u>12월 31일</u> －－－－－－.	기간 연장
제3조(납부증명서 제출에 관한 적용례) 제7조의6의 개정규정은 <u>2024년 1월 1일</u> 이후 대금을 지급받으려는 자부터 적용한다.	제3조(납부증명서 제출에 관한 적용례) －－－－－－－－ <u>2025년 1월 1일</u> －－－－－－－－ －－－－－－－－－.	○ 연계 조문 함께 개정
법률 제19233호 지방행정제재·부과금의 징수 등에 관한 법률 일부개정법률 부칙	법률 제19233호 지방행정제재·부과금의 징수 등에 관한 법률 일부개정법률 부칙	○ 시행전 법률 함께 개정
제1조(시행일) 이 법은 공포한 날부터 시행한다. 다만, 법률 제17091호 지방세외수입금의 징수 등에 관한 법률 일부개정법률 제7조의6 본문의 개정규정은 <u>2024년 1월 1일</u>부터 시행한다.	제1조(시행일) －－－－－－－－ －－－－－. －－－－－－－ －－－－－－－－－－－－ －－－－－－－－ <u>2025년 1월 1일</u>－－－－－－.	

부 칙	
이 법은 공포한 날부터 시행한다.	

---

20) 2020년 3월 24일 법률 제17091호에 따라 개정되기 전의 법률 제명
21) 「지방행정제재·부과금의 징수 등에 관한 법률」
　　제7조의6(납부증명서 제출) 국가·지방자치단체 또는 대통령령으로 정하는 공공기관으로부터 대금을 지급받으려는 자는 대통령령으로 정하는 바에 따라 지방행정제재·부과금(해당 지방자치단체의 장 외의 지방자치단체의 장이 부과한 지방행정제재·부과금을 포함한다)을 납부하였다는 사실을 확인할 수 있는 증명서를 제출하여야 한다. 다만, 「전자정부법」 제36조제1항에 따른 행정정보 공동이용을 통하여 납부사실을 확인할 수 있는 경우에는 그러하지 아니하다.
　　→ 2024.1.1. 시행 예정
22) 「지방행정제재·부과금의 징수 등에 관한 법률」
　　제7조(대금지급 정지) 지방자치단체의 장은 100만원 이상의 지방행정제재·부과금을 체납한 체납자에 대해서는 그 체납액을 완납할 때까지 해당 지방자치단체가 체납자에게 지급하여야 하는 대금 중 체납액에 상당하는 금액의 지급을 정지할 수 있다. → 2024.1.1. 삭제 예정

PART 4

지방세법
(지역자원시설세 제외)

Part 4

지방세법(지역자원시설세 제외)

가. 취득세 관련 사항

(1) 취득세의 의의

❏ 개념

○ 취득세는 부동산, 차량, 기계장비, 항공기, 선박, 입목, 광업권, 어업권, 양식업권, 골프회원권, 승마회원권, 콘도미니엄 회원권, 종합체육시설 이용회원권, 요트회원권을 취득한 자에게 **재산의 이전**이라는 사실 자체에 대한 담세력을 인정하여 부과하는 **특별시세·광역시세** 및 **도세**로서 광역지자체의 주요 세입원임

❏ 취득의 유형

○ (원시취득) 원시취득이란 최초의 **소유권**을 **생성**하는 것으로서 ① 토지의 경우 공유수면매립, 간척 ② 건축물의 경우 신축, 증축 ③ 선박·차량 의 경우 건조,

제조, 조립 ④ 광업권·어업권의 경우 출원이 있음

○ **(승계취득)** 승계취득이란 타인의 **소유권**을 **이전**하는 것으로서 ① 매매, 교환 등의 유상취득 ② 상속, 증여 등의 무상취득 ③ 수용재결로 인한 취득 ④「민법」에 따른 시효취득 등이 있음

○ **(간주취득)** 간주취득이란 **취득**으로 **의제**하는 것으로 ① 선박·차량 등의 종류를 변경하거나 토지의 지목을 사실상 변경[*]하여 가액이 증가한 경우 ② 법인의 주식 또는 지분을 취득하여 과점주주^{**}가 된 경우 그 과점주주는 해당 법인 부동산을 취득한 것으로 봄

　* 토지 지목의 사실상 변경은 공부상 지목변경은 되지 않았으나, 토지의 이용상황이 변경된 경우를 의미

　** 발행주식 총수 또는 출자총액의 100분의 50을 초과해 소유하고 있는 자(들)

❏ 근거규정

「지방세법」 제7조(납세의무자 등) ① 취득세는 부동산, 차량, 기계장비, 항공기, 선박, 입목, 광업권, 어업권, 양식업권, 골프회원권, 승마회원권, 콘도미니엄 회원권, 종합체육시설 이용회원권 또는 요트회원권(이하 이 장에서 "부동산등"이라 한다)을 취득한 자에게 부과한다

「지방세기본법」 제8조(지방자치단체의 세목) ① 특별시세와 광역시세는 다음 각 호와 같다. 다만, 광역시의 군(郡) 지역에서는 제2항에 따른 도세를 광역시세로 한다.
1. 보통세　가. 취득세
② 도세는 다음 각 호와 같다.
1. 보통세　가. 취득세

❏ 취득세의 주요 내용

구 분	내 용
세목분류	① 성격: 보통세　② 과세권자: 특별시·광역시세, 도세
납세의무 성립	취득세 과세대상을 사실상 취득하는 때
납세의무자	① 원칙: 취득세 과세대상을 사실상 취득한 자 ② 예외: 간주취득자(종류·지목 변경한 자, 과점주주) 등
징수방법	신고·납부
과세대상	부동산, 차량, 기계장비, 항공기, 선박, 입목, 광업권, 어업권, 양식업권, 골프회원권, 승마회원권, 콘도미니엄 회원권, 종합체육시설 이용회원권, 요트회원권

구 분	내 용
비과세	국가 등에 대한 비과세
과세표준	① 원칙: 취득 당시의 가액(취득자가 신고한 가액) ② 무상취득 또는 사실상 취득가격 확인 불가: 시가표준액
세율	자산별·취득원인별로 다양한 세율*
신고납부기한	① 원칙: 취득한 날부터 60일 이내 ② 취득 후 중과세 해당: 사유발생일부터 60일 이내

* 취득세 표준세율

구 분			표준세율
부동산	상속취득	농지	2.3%
		기타	2.8%
	상속 외의 무상취득	비영리 공익사업자	2.8%
		기타	3.5%
	원시취득		2.8%
	공유물의 분할 또는 부동산의 공유권 해소를 위한 지분 이전으로 인한 취득(등기부등본상 본인 지분 초과 부분 제외)		2.3%
	합유물 및 총유물의 분할로 인한 취득		2.3%
	유상거래로 인한 주택의 취득	6억원 이하	1%
		6억원 초과 9억원 이하	1~3%
		9억원 초과	3%
	그 밖의 원인으로 인한 취득	농지	3%
		기타	4%
선박	등기·등록 대상 선박(소형선박 제외)	상속 취득	2.5%
		상속 외의 무상취득	3%
		원시취득	2.02%
		수입에 의한 취득 및 주문 건조에 의한 취득	2.02%
		그 밖의 원인으로 인한 취득	3%

구 분			표준세율
	소형 선박 및 동력수상레저기구		2.02%
	그 밖의 선박		2%
차량	비영업용 승용자동차(경자동차)		7%(4%)
	그 밖의 자동차	비영업용(경자동차)	5%(4%)
		영업용	4%
		총배기량 125cc 이하의 이륜자동차	2%
		그 밖의 자동차	2%
기계장비	「건설기계관리법」에 따른 등록대상 기계장비		3%
	「건설기계관리법」에 따른 등록대상이 아닌 기계장비		2%
항공기	「항공법」 제7조 단서에 따른 항공기		2%
	그 밖의 항공기(최대이륙중량이 5,700kg 이상인 항공기)		2.02%(2.01%)
입목, 광업권, 어업권, 골프회원권, 승마회원권, 콘도미니엄회원권, 종합체육시설 이용회원권, 요트회원권			2%

[선보생각: 부동산 경기 변동성과 지방세의 관련성]

　지방세 세목에 구체적으로 들어가기 전에 한 가지 언급하고 싶은 점은 취득세, 재산세 등 지방세의 세목을 보면 부동산의 경기 변동성에 지방정부의 재정이 영향을 받을 수밖에 없는 구조라는 것이다. 부동산 경기가 좋을 때 지방재정을 확충하면 부동산 경기가 위축될 때 고통을 받게 되는 구조인 것이다. 수입이 많을 때 수입이 적을 때를 대비하는 것은 현 세대의 당연한 책무이다. 책무를 소홀히 하지 않을 수 있도록 제도적 장치가 필요한 것으로 보인다.

　주택은 자본주의가 마지막으로 풀어야 할 난제 중 하나이다. 우리나라를 비롯한 다수의 국가들에서 자가 소유를 장려하는 방향으로 조세·금융 등 지원제도가 짜여져 있다. 거기에 주변에서 주택으로 떼돈을 번 사람을 어렵지 않게 만날 수 있다. 누군들 영끌해서라도 주택을 사야한다는 유혹을 뿌리칠 수 있겠는가!

　하지만 서브 프라임 모기지 사태와 같은 주택 급락의 사태가 벌어진다면 자가 소유자들은 한 순간에 빈털터리가 되고 만다. 주택을 사라고 은근히 권유한 세력들은 자취를 감추고 누구도 책임을 지지 않는다. 그저 상투를 잡은 개인이 자신의 미련함을 탓하고 감당해야 한다. 이제 자가 소유가 주택의 유토피아를 보장할 수 있겠는가라는 근본적 의문을 가져야 할 때이다. 아래의 글은 이러한 상황에서 시사하는 바가 크다.

> *"자가 소유의 긍정적인 효과 대부분이 장기적인 주거 안정으로 인한 결과라면, 적어도 단기적으로는 정치적으로 실현 가능하지 않더라도 임차인의 점유 안정성을 높이는 정책을 통해서 비슷한 효과를 얻을 수 있을 것이다."*
>
> *(미국의 주거정책, 알렉스 F. 슈워츠, p.457, 로에 & 린드블래드 인용, 국토연구원 번역)*

(2) 주요 개정 사항

① 리스 방식 수입시 취득세 과세기준 명확화(제7조 등)

❑ 개정내용

차량·기계장비·항공기·선박을 리스(Lease) 방식으로 수입하는 경우, 리스 유형 중 **"금융리스"** 로 수입하는 경우만 취득세를 부과하고 **"운용리스"** 로 수입하는 경우는 비과세함을 **법률에 명시**

구 분	현 행	개정내용
리스 방식 수입시 취득세	○ <u>모든 리스에 과세</u> ※ 실무상으로는 "금융리스"만 과세	○ <u>"금융리스(소유권을 이전받는 조건으로 임차)"</u>만 과세

※ 금융리스·운용리스 비교

구 분	금융리스	운용리스
임대(리스)기간 종료시 소유자	임차인 ※ 임대기간에는 임대인	임대인(리스회사)
유지보수비 부담	통상 임차인 부담	통상 임대인 부담

❑ 입법취지

재산을 리스 방식으로 수입하는 경우, 과세관청은 리스 유형 중 **"금융리스"**는 임대기간 종료 후 소유권이 임차인에게 이전되기 때문에 취득행위로 보아 취득세를 부과하고, **"운용리스"**는 소유권 변동이 없으므로 취득세 비과세 중

⇒ 현행법 문구는 재산을 "임차하여 수입"하는 경우 취득세를 부과하도록 하고 있어 모든 리스 유형에 취득세를 부과한다고 해석될 여지가 있으므로, **"소유권을 이전받는 조건으로 임차하여 수입"하는 경우에만 취득세를 부과하도록 문구** 수정

❑ 논의과정

○ **관련 법률안:** 개정내용대로 정부안 제출(의안번호 2125185)

○ **전문위원 검토의견:** 입법미비 사항을 보완하는 것으로서 타당

⇒ **원안 의결** (정부안)

> [선보생각]
> 금융리스는 임차계약 만료시에 소유권이 이전되는 방식인데, 계약기간 중간에 계약이 해지되어 소유권이 최종적으로 이전되지 않는 경우 기 납부한 취득세의 환급 여부 등에 대한 명확한 규정이 없는바, 이를 보완할 필요가 있겠음.

❑ 조문대비표

현 행	개 정 내 용	비 고
제7조(납세의무자 등) ① ~ ⑤ (생략)23)	제7조(납세의무자 등) ① ~ ⑤ (현행과 같음)	
⑥ 외국인 소유의 취득세 과세대상 물건(차량, 기계장비, 항공기 및 선박만 해당한다)을 직접 사용하거나 국내의 대여시설 이용자에게 대여하기 위하여 **임차**하여 수입하는 경우에는 수입하는 자가 취득한 것으로 본다.	⑥ ─────────────────────────── **소유권을 이전 받는 조건으로 임차**하여 ──────────.	○ 금융리스(임대기간 종료 후 소유권을 이전 받는 리스)에만 취득세 부과함 명시
⑦ ~ ⑯ (생 략)	⑦ ~ ⑯ (현행과 같음)	

현 행	개 정 내 용	비 고
제15조(세율의 특례) ① (생 략)24)	제15조(세율의 특례) ① (현행과 같음)	
② 다음 각 호의 어느 하나에 해당하는 취득에 대한 취득세는 중과기준세율을 적용하여 계산한 금액을 그 세액으로 한다. 다만, 취득물건이 제13조제1항에 해당하는 경우에는 중과기준세율의 100분의 300을, 같은 조 제5항에 해당하는 경우에는 중과기준세율의 100분의 500을 각각 적용한다.	② ――――――――――― ――――――――――― ――――――――――― ――――――――――・ ――――――――――― ――――――――――― ――――――――――・	
1. ~ 3. (생 략)	1. ~ 3. (현행과 같음)	
4. 제7조제6항에 따라 외국인 소유의 취득세 과세대상 물건(차량, 기계장비, 항공기 및 선박만 해당한다)을 **임차**하여 수입하는 경우의 취득(연부로 취득하는 경우로 한정한다)	4. ――――――――― ――――――――― ――――――――― ―――――― **소유권을 이전 받는 조건으로 임차**하여 ―――――――――	ㅇ 인용조문 연동 개정
5. ~ 8. (생 략)	5. ~ 8. (생 략)	

부   칙

제1조(시행일) 이 법은 2024년 1월 1일부터 시행한다.

---

23) 「지방세법」

　제7조(납세의무자 등) ① 취득세는 부동산, 차량, 기계장비, 항공기, 선박, 입목, 광업권, 어업권, 양식업권, 골프회원권, 승마회원권, 콘도미니엄 회원권, 종합체육시설 이용회원권 또는 요트회원권(이하 이 장에서 "부동산등"이라 한다)을 취득한 자에게 부과한다.

　② 부동산등의 취득은 「민법」, 「자동차관리법」, 「건설기계관리법」, 「항공안전법」, 「선박법」, 「입목에 관한 법률」, 「광업법」, 「수산업법」 또는 「양식산업발전법」 등 관계 법령에 따른 등기등록 등을 하지 아니한 경우라도 사실상 취득하면 각각 취득한 것으로 보고 해당 취득물건의 소유자 또는 양수인을 각각 취득자로 한다. 다만, 차량, 기계장비, 항공기 및 주문을 받아 건조하는 선박은 승계취득인 경우에만 해당한다.

　③ 건축물 중 조작(造作) 설비, 그 밖의 부대설비에 속하는 부분으로서 그 주체구조부(主體構造部)와 하나가 되어 건축물로서의 효용가치를 이루고 있는 것에 대하여는 주체구조부 취득자 외의 자가 가설(加設)한 경우에도 주체구조부의 취득자가 함께 취득한 것으로 본다.

　④ 선박, 차량과 기계장비의 종류를 변경하거나 토지의 지목을 사실상 변경함으로써 그 가액이 증가한 경우에는 취득으로 본다. 이 경우 「도시개발법」에 따른 도시개발사업(환지방식만 해당한다)의 시행으로 토지의 지목이 사실상 변경된 때에는 그 환지계획에 따라 공급되는 환지는 조합원이, 체비지 또는 보류지는 사업시행자가 각각 취득한 것으로 본다.

　⑤ 법인의 주식 또는 지분을 취득함으로써 「지방세기본법」 제46조제2호에 따른 과점주주 중 대통령령으로 정하는 과점주주(이하 "과점주주"라 한다)가 되었을 때에는 그 과점주주가 해당 법인의 부동산등(법인이 「신탁법」에

따라 신탁한 재산으로서 수탁자 명의로 등기·등록이 되어 있는 부동산등을 포함한다)을 취득(법인설립 시에 발행하는 주식 또는 지분을 취득함으로써 과점주주가 된 경우에는 취득으로 보지 아니한다)한 것으로 본다. 이 경우 과점주주의 연대납세의무에 관하여는 「지방세기본법」 제44조를 준용한다.

⑦ 상속(피상속인이 상속인에게 한 유증 및 포괄유증과 신탁재산의 상속을 포함한다. 이하 이 장과 제3장에서 같다)으로 인하여 취득하는 경우에는 상속인 각자가 상속받는 취득물건(지분을 취득하는 경우에는 그 지분에 해당하는 취득물건을 말한다)을 취득한 것으로 본다. 이 경우 상속인의 납부의무에 관하여는 「지방세기본법」 제44조제1항 및 제5항을 준용한다.

⑧ 「주택법」 제11조에 따른 주택조합과 「도시 및 주거환경정비법」 제35조제3항 및 「빈집 및 소규모주택 정비에 관한 특례법」 제23조에 따른 재건축조합 및 소규모재건축조합(이하 이 장에서 "주택조합등"이라 한다)이 해당 주택용으로 취득하는 조합주택용 부동산(공동주택과 부대시설·복리시설 및 그 부속토지를 말한다)은 그 조합원이 취득한 것으로 본다. 다만, 조합원에게 귀속되지 아니하는 부동산(이하 이 장에서 "비조합원용 부동산"이라 한다)은 제외한다.

⑨ 「여신전문금융업법」에 따른 시설대여업자가 건설기계나 차량의 시설대여를 하는 경우로서 같은 법 제33조제1항에 따라 대여시설이용자의 명의로 등록하는 경우라도 그 건설기계나 차량은 시설대여업자가 취득한 것으로 본다.

⑩ 기계장비나 차량을 기계장비대여업체 또는 운수업체의 명의로 등록하는 경우(영업용으로 등록하는 경우로 한정한다)라도 해당 기계장비나 차량의 구매계약서, 세금계산서, 차주대장(車主臺帳) 등에 비추어 기계장비나 차량의 취득대금을 지급한 자가 따로 있음이 입증되는 경우 그 기계장비나 차량은 취득대금을 지급한 자가 취득한 것으로 본다.

⑪ 배우자 또는 직계존비속의 부동산등을 취득하는 경우에는 증여로 취득한 것으로 본다. 다만, 다음 각 호의 어느 하나에 해당하는 경우에는 유상으로 취득한 것으로 본다.
1. 공매(경매를 포함한다. 이하 같다)를 통하여 부동산등을 취득한 경우
2. 파산선고로 인하여 처분되는 부동산등을 취득한 경우
3. 권리의 이전이나 행사에 등기 또는 등록이 필요한 부동산등을 서로 교환한 경우
4. 해당 부동산등의 취득을 위하여 그 대가를 지급한 사실이 다음 각 목의 어느 하나에 의하여 증명되는 경우
   가. 그 대가를 지급하기 위한 취득자의 소득이 증명되는 경우
   나. 소유재산을 처분 또는 담보한 금액으로 해당 부동산을 취득한 경우
   다. 이미 상속세 또는 증여세를 과세(비과세 또는 감면받은 경우를 포함한다) 받았거나 신고한 경우로서 그 상속 또는 수증 재산의 가액으로 그 대가를 지급한 경우
   라. 가목부터 다목까지에 준하는 것으로서 취득자의 재산으로 그 대가를 지급한 사실이 입증되는 경우

⑫ 증여자의 채무를 인수하는 부담부(負擔附) 증여의 경우에는 그 채무액에 상당하는 부분은 부동산등을 유상으로 취득하는 것으로 본다. 다만, 배우자 또는 직계존비속으로부터의 부동산등의 부담부 증여의 경우에는 제11항을 적용한다.

⑬ 상속개시 후 상속재산에 대하여 등기·등록·명의개서(名義改書) 등(이하 "등기등"이라 한다)에 의하여 각 상속인의 상속분이 확정되어 등기등이 된 후, 그 상속재산에 대하여 공동상속인이 협의하여 재분할한 결과 특정 상속인이 당초 상속분을 초과하여 취득하게 되는 재산가액은 그 재분할에 의하여 상속분이 감소한 상속인으로부터 증여받아 취득한 것으로 본다. 다만, 다음 각 호의 어느 하나에 해당하는 경우에는 그러하지 아니하다.
1. 제20조제1항에 따른 신고·납부기한 내에 재분할에 의한 취득과 등기등을 모두 마친 경우
2. 상속회복청구의 소에 의한 법원의 확정판결에 의하여 상속인 및 상속재산에 변동이 있는 경우
3. 「민법」 제404조에 따른 채권자대위권의 행사에 의하여 공동상속인들의 법정상속분대로 등기등이 된 상속재산을 상속인사이의 협의분할에 의하여 재분할하는 경우

⑭ 「공간정보의 구축 및 관리 등에 관한 법률」 제67조에 따른 대(垈) 중 「국토의 계획 및 이용에 관한 법률」 등 관계 법령에 따른 택지공사가 준공된 토지에 정원 또는 부속시설물 등을 조성·설치하는 경우에는 그 정원 또는 부속시설물 등은 토지에 포함되는 것으로서 토지의 지목을 사실상 변경하는 것으로 보아 토지의 소유자가 취득한 것으로 본다. 다만, 건축물을 건축하면서 그 건축물에 부수되는 정원 또는 부속시설물 등을 조성·설치하는 경우에는 그 정원 또는 부속시설물 등은 건축물에 포함되는 것으로 보아 건축물을 취득하는 자가 취득한 것으로 본다.

⑮ 「신탁법」 제10조에 따라 신탁재산의 위탁자 지위의 이전이 있는 경우에는 새로운 위탁자가 해당 신탁재산을 취득한 것으로 본다. 다만, 위탁자 지위의 이전에도 불구하고 신탁재산에 대한 실질적인 소유권 변동이 있다고 보기 어려운 경우로서 대통령령으로 정하는 경우에는 그러하지 아니하다.

⑯ 「도시개발법」에 따른 도시개발사업과 「도시 및 주거환경정비법」에 따른 정비사업의 시행으로 해당 사업의 대상이 되는 부동산의 소유자(상속인을 포함한다)가 환지계획 또는 관리처분계획에 따라 공급받거나 토지상환채권으로 상환받는 건축물은 그 소유자가 원시취득한 것으로 보며, 토지의 경우에는 그 소유자가 승계취득한 것으로 본

다. 이 경우 토지는 당초 소유한 토지 면적을 초과하는 경우로서 그 초과한 면적에 해당하는 부분에 한정하여 취
득한 것으로 본다.

24) 「지방세법」

제15조(세율의 특례) ① 다음 각 호의 어느 하나에 해당하는 취득에 대한 취득세는 제11조 및 제12조에 따른 세
율에서 중과기준세율을 뺀 세율로 산출한 금액을 그 세액으로 하되, 제11조제1항제8호에 따른 주택의 취득에 대
한 취득세는 해당 세율에 100분의 50을 곱한 세율을 적용하여 산출한 금액을 그 세액으로 한다. 다만, 취득물건
이 제13조제2항에 해당하는 경우에는 이 항 각 호 외의 부분 본문의 계산방법으로 산출한 세율의 100분의 300
을 적용한다.
1. 환매등기를 병행하는 부동산의 매매로서 환매기간 내에 매도자가 환매한 경우의 그 매도자와 매수자의 취득
2. 상속으로 인한 취득 중 다음 각 목의 어느 하나에 해당하는 취득
   가. 대통령령으로 정하는 1가구 1주택의 취득
   나. 「지방세특례제한법」 제6조제1항에 따라 취득세의 감면대상이 되는 농지의 취득
3. 「법인세법」 제44조제2항 또는 제3항에 해당하는 법인의 합병으로 인한 취득. 다만, 법인의 합병으로 인하여
   취득한 과세물건이 합병 후에 제16조에 따른 과세물건에 해당하게 되는 경우 또는 합병등기일부터 3년 이내
   에 「법인세법」 제44조의3제3항 각 호의 어느 하나에 해당하는 사유가 발생하는 경우(같은 항 각 호 외의 부
   분 단서에 해당하는 경우는 제외한다)에는 그러하지 아니하다.
4. 공유물·합유물의 분할 또는 「부동산 실권리자명의 등기에 관한 법률」 제2조제1호나목에서 규정하고 있는 부
   동산의 공유권 해소를 위한 지분이전으로 인한 취득(등기부등본상 본인 지분을 초과하는 부분의 경우에는 제
   외한다)
5. 건축물의 이전으로 인한 취득. 다만, 이전한 건축물의 가액이 종전 건축물의 가액을 초과하는 경우에 그 초과
   하는 가액에 대하여는 그러하지 아니하다.
6. 「민법」 제834조, 제839조의2 및 제840조에 따른 재산분할로 인한 취득
7. 그 밖의 형식적인 취득 등 대통령령으로 정하는 취득
② 다음 각 호의 어느 하나에 해당하는 취득에 대한 취득세는 중과기준세율을 적용하여 계산한 금액을 그 세액
으로 한다. 다만, 취득물건이 제13조제1항에 해당하는 경우에는 중과기준세율의 100분의 300을, 같은 조 제5항
에 해당하는 경우에는 중과기준세율의 100분의 500을 각각 적용한다.
1. 개수로 인한 취득(제11조제3항에 해당하는 경우는 제외한다). 이 경우 과세표준은 제10조의6제3항에 따른다.
2. 제7조제4항에 따른 선박·차량과 기계장비 및 토지의 가액 증가. 이 경우 과세표준은 제10조의6제1항에 따
   른다.
3. 제7조제5항에 따른 과점주주의 취득. 이 경우 과세표준은 제10조의6제4항에 따른다.
4. 제7조제6항에 따라 외국인 소유의 취득세 과세대상 물건(차량, 기계장비, 항공기 및 선박만 해당한다)을 임차
   하여 수입하는 경우의 취득(연부로 취득하는 경우로 한정한다)
5. 제7조제9항에 따른 시설대여업자의 건설기계 또는 차량 취득
6. 제7조제10항에 따른 취득대금을 지급한 자의 기계장비 또는 차량 취득. 다만, 기계장비 또는 차량을 취득하
   면서 기계장비대여업체 또는 운수업체의 명의로 등록하는 경우로 한정한다.
7. 제7조제14항 본문에 따른 토지의 소유자의 취득
8. 그 밖에 레저시설의 취득 등 대통령령으로 정하는 취득

② 유상승계취득 · 원시취득 등의 과세표준인 "사실상취득가격" 개념 보완 등
　(제10조의3 신설)

❑ 개정내용

○ 유상승계취득 · 원시취득 등의 과세표준인 해당 물건을 취득하기 위해 "거래 상
대방이나 제3자에게 지급하였거나 지급하여야 할 일체의 비용"의 주체를 명확화

○ 과세관청이 과세표준을 산정하는데 필요한 자료에 대한 납세의무자의 **보존 의**
무를 시행령으로 구체화하는 **위임 근거**를 신설

구 분	현 행	개정내용
유상승계취득 원시취득 과세표준	○ 취득당시가액: 해당 물건을 취득하기 위해 "거래 상대방이나 제3자에게 지급하였거나 지급하여야 할 일체의 비용"으로 산정	○ 취득당시가액: 해당 물건을 취득하기 위해 "<u>다음 각 호의 자가</u> 거래 상대방이나 제3자에게 지급하였거나 지급하여야 할 일체의 비용"으로 산정 <u>1. 납세의무자</u> <u>2. 「신탁법」에 따른 신탁 방식으로 물건 취득시 같은 법에 따른 위탁자</u> <u>3. 그 밖에 물건 취득에 비용을 지급한 자로서 대통령령으로 정하는 자</u>
과세표준 산정에 필요한 자료 보존 의무	○ 취득당시가액을 증명할 수 있는 장부와 관련 증거서류 보존 의무	○ 취득당시가액을 증명할 수 있는 장부와 관련 증거서류 보존 의무 → <u>대통령령으로 보존대상 서류 구체화</u>

❑ 입법취지

○ **(과세표준 주어 명확화)** 현행 규정하에서 부동산 신탁개발과 같이 자산취득시 비
용 지급 주체가 여러명인 경우 누가 지급한 비용까지 과세표준에 포함해야 하
는지에 대한 쟁송* 발생

　* 토지소유자(위탁자)가 토지를 신탁개발사(수탁자)에 신탁하여 개발사업을 하면, 개발된 신
규 부동산은 일시적으로 수탁자의 소유가 되어 취득세 납세의무자도 수탁자가 됨.

　이 경우 과세관청은 "수탁자가 개발사업 과정에서 사용한 비용"뿐 아니라 신탁
계약 전후 "위탁자가 사용한 사전절차(타당성조사 · 자문 등) 비용 및 신탁수수료
등"도 과세표준에 포함하고 있는데, 이에 대해 납세의무자는 현행 규정상 과세
표준은 "납세의무자(수탁자)가 지급한 비용"으로만 산정해야 한다며 불복을 제기

⇒ 과세표준상 비용 지급 주체에 납세의무자 외에 「신탁법」에 따른 위탁자 등도 포함됨을 명확히 함

○ **(자료보존 의무 구체화 위임)** 자산취득을 위해 위탁자가 지급한 비용 중 **신탁수수료**는 ① 건축·인허가비용 등 실비 성격으로서 수탁자가 개발사업 과정에서 다시 지출하게 되는 금전과 ② 수탁자 이윤 등 수탁자에게 귀속되고 끝나는 금전으로 구분되며, 과세관청은 후자만 위탁자가 지급한 비용으로 간주하여 과세중인데, 통상 수수료는 세부내역 및 성격을 세밀하게 구분하지 않고 산정·계약되기 때문에 후자만 구분하여 과세하는 것이 곤란

⇒ **신탁수수료** 등을 종류·목적·용도별로 구분한 장부 및 증거서류를 수탁자가 작성·보존하도록 **시행령으로 의무 부과**

❑ **논의과정**

○ **관련 법률안:** 입법취지는 위와 동일하나 자구가 다음 표와 같이 상이한 정부안 제출(의안번호 2125185)

현　　행	개 정 내 용
제10조의3(유상승계취득의 경우 과세표준) ① 부동산등을 유상거래(매매 또는 교환 등 취득에 대한 대가를 지급하는 거래를 말한다. 이하 이 장에서 같다)로 승계취득하는 경우 취득당시가액은 취득시기 이전에 해당 물건을 취득하기 위하여 <u>거래상대방이나 제3자에게 지급하였거나 지급하여야 할</u> 일체의 비용으로서 대통령령으로 정하는 사실상의 취득가격(이하 "사실상취득가격"이라 한다)으로 한다.	제10조의3(유상승계취득의 경우 과세표준) ① ---------------- ------------------ ------------------ ------------------ ------------------ <u>소요되는</u> ------------- ------------------ -------------.
제22조의2(장부 등의 작성과 보존) ① 취득세 납세의무가 있는 <u>법인</u>은 취득당시가액을 증명할 수 있는 장부와 관련 증거서류를 작성하여 갖춰 두어야 한다.	제22조의2(장부 등의 작성과 보존) ① -- --------- <u>법인은 대통령령으로 정하는 바에 따라</u> -------- -------------.

○ **전문위원 검토의견**

－ **(과세표준 주어 명확화)** 취득세 과세대상인 자산의 가치를 현행 규정처럼 투입비용으로 산정한다면, 지급 주체에 관계 없이 이를 취득하기 위해 투입된 모

든 비용으로 산정하는 것이 타당하다는 점에서 개정안의 **취지는 긍정적**

⇒ **(수정의견) 다만,** 현행법상 해석 논란은 투입된 비용의 "지급 주체"를 명시하지 않아서 발생한 것임에도 개정안은 "지급"이라는 용어를 "소요"로만 변경할 뿐 여전히 "주체"를 명시하지 않아 같은 논란 반복 우려 → 현행 문구를 유지하면서 **"지급 주체"를 명시**

– **(자료보존 의무 구체화 위임)** 신탁수수료 세부내역을 작성·보존하도록 하면 과세표준의 정확한 산정 가능

⇒ **(수정의견)** 국민에게 의무를 부과하는 규정이므로 의무의 핵심 사항인 **보관 대상 문서는 법률에 구체적으로 명시**하면서 보관 방법 등 세부 사항만 위임

○ **정부의견**

향후 추가적인 해석상 논란을 방지할 수 있다는 점에서, 전문위원 검토의견에 동의

⇒ **수정 의결** (전문위원 검토의견 반영)

❏ **조문대비표**

현 행	개 정 내 용	비 고
제10조의3(유상승계취득의 경우 과세표준) ① 부동산등을 유상거래(매매 또는 교환 등 취득에 대한 대가를 지급하는 거래를 말한다. 이하 이 장에서 같다)로 승계취득하는 경우 취득당시가액은 취득시기 이전에 해당 물건을 취득하기 위하여 <u>거래 상대방이나 제3자에게 지급하였거나 지급하여야 할 일체의 비용으로서 대통령령으로 정하는 사실상의 취득가격</u>(이하 "사실상취득가격"이라 한다)으로 한다.	제10조의3(유상승계취득의 경우 과세표준) ① ─ **다음 각 호의 자가** 거래 상대방이나 제3자에게 지급하였거나 지급하여야 할 ─. 1. 납세의무자 2. 「신탁법」에 따른 신탁의 방식으로 해당 물건을 취득하는 경우에는 같은 법에 따른 위탁자	○ 지급주체 명시. 나머지 문구는 보다 상세한 현행 규정 유지(과세요건이므로 가급적 상세한 표현이 바람직)

현 행	개 정 내 용	비 고
	3. 그 밖에 해당 물건을 취득하기 위하여 비용을 지급하였거나 지급하여야 할 자로서 대통령령으로 정하는 자	
② · ③ (생 략)25)	② · ③ (개정안과 같음)	
제22조의2(장부 등의 작성과 보존) ① 취득세 납세의무가 있는 법인은 취득당시가액을 증명할 수 있는 장부와 관련 증거서류를 작성하여 갖춰 두어야 한다.	제22조의2(장부 등의 작성과 보존) ① ――――――――― 법인은 대통령령으로 정하는 바에 따라 ――――――――――― ―――――――. **이 경우 다음 각 호의 장부 및 증거서류를 포함하여야 한다.** **1. 사업의 재산 상태와 그 거래 내용의 변동을 기록한 장부 및 증거서류** **2. 「신탁법」에 따른 수탁자가 위탁자로부터 취득세 과세대상 물건의 취득과 관련하여 지급받은 신탁수수료와 그 밖의 대가가 있는 경우 이를 종류·목적·용도별로 구분하여 기록한 장부 및 증거서류**	○ 정부가 시행령으로 규정하려던 내용 중 보존대상 서류는 법률에 직접 명시 1. 재무상태표 의미 → 변동된 자산의 가액 확인용 2. 신탁수수료 등에 대한 계산내역 → 자산 취득을 위해 지급된 비용 확인용
② (생 략)26)	② (개정안과 같음)	
부 칙 제1조(시행일) 이 법은 2024년 1월 1일부터 시행한다. 다만, 제10조의3 및 제22조의2의 개정규정은 2024년 4월 1일부터 시행한다.		○ 제10조의3 및 제22조의2는 시행령 마련을 위해 2024. 4.1. 시행

---

25) 「지방세법」
　　제10조의3(유상승계취득의 경우 과세표준) ② 지방자치단체의 장은 특수관계인 간의 거래로 그 취득에 대한 조세부담을 부당하게 감소시키는 행위 또는 계산을 한 것으로 인정되는 경우(이하 이 장에서 "부당행위계산"이라 한다)에는 제1항에도 불구하고 시가인정액을 취득당시가액으로 결정할 수 있다.
　　③ 부당행위계산의 유형은 대통령령으로 정한다.
26) 「지방세법」
　　제22조의2(장부 등의 작성과 보존) ② 지방자치단체의 장은 취득세 납세의무가 있는 법인이 제1항에 따른 의무

③ 부담부 증여에 따른 취득세 신고·납부 기한 명확화(제20조제1항)

❏ **개정내용**

부담부 증여에 따른 취득세 신고·납부 기한을 취득일이 속하는 달의 말일로부터 "3개월 이내"로 명시

구 분	현 행	개정내용
부담부 증여 취득세 신고·납부기한	○ 규정 없음 ※ 실무상 3개월 이내로 운용	○ 3개월 이내로 명시

※ **부담부 증여**: 재산과 그에 부가된 채무를 함께 증여하는 것으로서, 현행법[27]은 증여되는 재산 가액 중 채무액에 상당하는 가액은 "유상승계취득"으로, 채무액을 제외한 가액은 "무상승계취득"으로 보아 취득세 부과중

❏ **입법취지**

○ 기존에는 무상승계취득·유상승계취득 모두 취득세 신고·납부기한이 취득일이 속한 달 말일로부터 "**60일**"이었기에 부담부 증여도 같은 기한 적용

⇒ 2021년 1월 1일 무상승계취득시 신고·납부기한이 "**3개월**"로 연장되면서 부담부 증여의 기한을 명확히 규정할 필요 발생

❏ **논의과정**

○ **관련 법률안**: 개정내용대로 정부안 제출(의안번호 2125185)

○ **전문위원 검토의견**: ① 실무상 혼란을 방지할 수 있고, ② "60일"과 "3개월"의 2가지 선택지 중 보다 긴 기간을 선택하여 국민의 권리를 침해할 여지도 크지 않다는 점에서 **타당**

⇒ **원안 의결** (정부안)

를 이행하지 아니하는 경우에는 산출된 세액 또는 부족세액의 100분의 10에 상당하는 금액을 징수하여야 할 세액에 가산한다.

27) 「지방세법」
　제7조(납세의무자 등) ⑫ 증여자의 채무를 인수하는 부담부(負擔附) 증여의 경우에는 그 채무액에 상당하는 부분은 부동산등을 유상으로 취득하는 것으로 본다. 다만, 배우자 또는 직계존비속으로부터의 부동산등의 부담부 증여의 경우에는 제11항을 적용한다.

❏ **조문대비표**

현 행	개 정 내 용	비 고
제20조(신고 및 납부) ① 취득세 과세물건을 취득한 자는 그 취득한 날(「부동산 거래신고 등에 관한 법률」 제10조제1항에 따른 토지거래계약에 관한 허가구역에 있는 토지를 취득하는 경우로서 같은 법 제11조에 따른 토지거래계약에 관한 허가를 받기 전에 거래대금을 완납한 경우에는 그 허가일이나 허가구역의 지정 해제일 또는 축소일을 말한다)부터 60일[무상취득(<u>상속은 제외한다)</u> <u>으로</u> 인한 경우는 취득일이 속하는 달의 말일부터 3개월, 상속으로 인한 경우는 상속개시일이 속하는 달의 말일부터, 실종으로 인한 경우는 실종선고일이 속하는 달의 말일부터 각각 6개월(외국에 주소를 둔 상속인이 있는 경우에는 각각 9개월)] 이내에 그 과세표준에 제11조부터 제13조까지, 제13조의2, 제13조의3, 제14조 및 제15조의 세율을 적용하여 산출한 세액을 대통령령으로 정하는 바에 따라 신고하고 납부하여야 한다.	제20조(신고 및 납부) ① ─ ─ ─ ─ ───(상속은 제외한다) **또는 증여자의 채무를 인수하는 부담부 증여로** ──.	○ 부담부 증여로 인한 과세물건 취득시 신고·납부기한 3개월로 명시
② ~ ⑥ (생 략)28)	② ~ ⑥ (현행과 같음)	

부 칙

제1조(시행일) 이 법은 2024년 1월 1일부터 시행한다.

---
28) 「지방세법」
    제20조(신고 및 납부) ② 취득세 과세물건을 취득한 후에 그 과세물건이 제13조제1항부터 제7항까지의 세율의 적용대상이 되었을 때에는 대통령령으로 정하는 날부터 60일 이내에 제13조제1항부터 제7항까지의 세율(제16조제6항제2호에 해당하는 경우에는 제13조의2제3항의 세율)을 적용하여 산출한 세액에서 이미 납부한 세액(가산세

나. 등록면허세 관련 사항

(1) 등록면허세의 의의

◻ 개념
○ 등록면허세는 각종 등기·등록과 면허 행위에 부과하는 **도세** 및 **구세**임

◻ 등록면허세의 유형
○ **(등록분)** 재산권과 그 밖의 권리 설정·변경·소멸에 관한 사항을 공부에 등기·등록하는 행위에 과세
  * ① 부동산 등기, ② 차량 등록, ③ 법인 등기, ④ 건설기계 등록, ⑤ 선박 등기, ⑥ 기타 등기·등록으로 구분
○ **(면허분)** 각종 인·허가 행위에 과세
  * ① 면허, ② 허가, ③ 인가, ④ 신고, ⑤ 등록으로 구분

◻ 근거규정

「지방세법」 제24조(납세의무자) 다음 각 호의 어느 하나에 해당하는 자는 등록면허세를 납부할 의무를 진다.
1. 등록을 하는 자
2. 면허를 받는 자(변경면허를 받는 자를 포함한다). 이 경우 납세의무자는 그 면허의 종류마다 등록면허세를 납부하여야 한다.

「지방세기본법」 제8조(지방자치단체의 세목) ② 도세는 다음 각 호와 같다.

는 제외한다)을 공제한 금액을 세액으로 하여 대통령령으로 정하는 바에 따라 신고하고 납부하여야 한다.
③ 이 법 또는 다른 법령에 따라 취득세를 비과세, 과세면제 또는 경감받은 후에 해당 과세물건이 취득세 부과대상 또는 추징 대상이 되었을 때에는 제1항에도 불구하고 그 사유 발생일부터 60일 이내에 해당 과세표준에 제11조부터 제15조까지의 세율을 적용하여 산출한 세액[경감받은 경우에는 이미 납부한 세액(가산세는 제외한다)을 공제한 세액을 말한다]을 대통령령으로 정하는 바에 따라 신고하고 납부하여야 한다.
④ 제1항부터 제3항까지의 신고·납부기한 이내에 재산권과 그 밖의 권리의 취득·이전에 관한 사항을 공부(公簿)에 등기하거나 등록[등재(登載)를 포함한다. 이하 같다]하려는 경우에는 등기 또는 등록 신청서를 등기·등록관서에 접수하는 날까지 취득세를 신·납부하여야 한다.
⑤ 「부동산등기법」 제28조에 따라 채권자대위권에 의한 등기신청을 하려는 채권자(이하 이 조 및 제30조에서 "채권자대위자"라 한다)는 납세의무자를 대위하여 부동산의 취득에 대한 취득세를 신고납부할 수 있다. 이 경우 채권자대위자는 행정안전부령으로 정하는 바에 따라 납부확인서를 발급받을 수 있다.
⑥ 지방자치단체의 장은 제5항에 따른 채권자대위자의 신고납부가 있는 경우 납세의무자에게 그 사실을 즉시 통보하여야 한다.

1. 보통세   나. 등록면허세
③ 구세는 다음 각 호와 같다.
1. 등록면허세

❏ 등록면허세의 주요 내용

구 분	내 용	
	등록분	면허분
세목분류	① 성격: 보통세 ② 과세권자: 도세, 구세	
납세의무성립	등기 · 등록하는 때	각종 인허가를 받은때 또는 납기가 있는 달의 1일
납세의무자	등기 · 등록을 하는 자	면허를 받는 자
징수방법	신고 · 납부	
과세대상	등기 · 등록 행위	면허를 받는 행위
비과세	국가 등에 대한 비과세, 법원 촉탁 등기 비과세 등	
과세표준	① 원칙: 등록 당시 가액 ② 취득을 원인으로 하는 등록: 취득 당시 가액	–
세율 · 세액	등록 유형별 세율 · 세액 구분	면허 유형별 세액 구분

(2) 주요 개정 사항

① 채무자 회생 · 파산절차의 등록면허세 비과세 범위 확대(제26조)

❏ 개정내용

「채무자 회생 및 파산에 관한 법률」에 따른 모든 등기 · 등록으로 등록면허세 비과세 대상 확대

구 분	현 행	개정내용
채무자 회생· 파산 관련 등록면허세 비과세 대상	◦ 법원 촉탁 등기 　– 대상: 법인 　– 등기유형: <u>법원 촉탁등기만</u> 　– 기타 예외사유: 법인 자본금·출자 　　금 납입, 증자·출자전환 등기·등 　　록 제외	◦「채무자회생법」상 모든 등기·등록 　– 대상: 법인·<u>개인</u> 　– 등기유형: <u>모든 등기·등록</u> 　– 기타 예외사유: <u>없음</u>

　※ **법원 촉탁 등기**: 회생법원이 회생·파산 절차의 신속한 진행을 위해 채무자(등기
　　의무자) 대신 등기소에 요구하는 등기

❑ **입법취지**

◦ 채무자 회생 제도의 활성화를 위해 관련 등기·등록에 대한 비과세 범위 확대

⇒ 특히, "법인 자본금·출자금 납입, 증자·출자전환 등기·등록"의 경우 1977년
　 부터 등록면허세가 면제되다 2016년부터 면제 제외하였는데,「채무자회생법」
　 상 면제 규정[29)]과의 상충으로 실무상 혼선이 발생하여 **8년만에 재개정**

❑ **논의과정**

◦ **관련 법률안:** 개정내용대로 정부안 제출(의안번호 2125185)

◦ **전문위원 검토의견**

　– ① 법인파산자·개인파산자 간 형평성 문제가 해소되고, ② 채무자 회생 제
　　도를 활성화할 수 있다는 점에서 **타당**

　⇒ **다만,** 개정안 부칙은 신규 등기·등록부터만 개정 규정을 적용하는데, 이는
　　① 정부안으로 개정된 법률이 실무상 혼선을 발생시켜 8년 만에 재개정을
　　추진하는 것이고, ② 구법 적용 기간이 8년에 불과하여 그 전후 기간에 면
　　세를 받은 자와의 형평성 문제가 부각될 수 있으므로, 최소한 아직 회생 절
　　차가 완료되지 않은 경우까지는 소급 적용할 필요

◦ **정부의견**

　당시 법률에 따라 정당하게 이루어진 과세를 소급하여 취소·환급하는 것은 법

---

29)「채무자 회생 및 파산에 관한 법률」
　제25조(등기소의 직무 및 등록세 면제) ④제1항 내지 제3항의 규정에 의한 등기에 관하여는 등록세를 부과하지
　　아니한다.
　제26조(부인의 등기) ②제1항의 규정에 의한 등기에 관하여는 등록세를 부과하지 아니한다.
　※「채무자 회생 및 파산에 관한 법률」은 같은 법률에 따른 등기·등록을 유형 구분하지 않고 **舊등록세(現**
　　등록면허세)를 면제하고 있음.

적 안정성상 문제가 될 수 있고, 지자체들도 소급에 반대하고 있다는 점에서 소급 적용에 소극적 의견 제시

○ **의원의견**

행안부는 「채무자 회생 및 파산에 관한 법률」과 「지방세법」이 충돌하는 상황에서 후자에 따라 등록면허세를 부과한 것이 정당하다는 고등법원 판례가 있다고 주장하였으나, 해당 판례는 현행 「지방세법」이 등록면허세를 부과하도록 하고 있어 이를 따를 수밖에 없다는 취지이며, 오히려 그 근거규정이 개정되는 과정에서 행정안전부가 「채무자 회생 및 파산에 관한 법률」과의 충돌을 인지하였음에도 개정을 추진한 것의 부적절성을 지적하고 있어 이번 정부안을 통해 해당 규정을 다시 개정하는 것은 정부측 귀책사유임이 명백한 것으로 보이므로, 개정규정을 소급 적용할 필요가 있다는 의견 제시

⇒ **수정 의결** (부칙을 수정하여 회생 절차가 완료되지 않은 경우까지 소급 적용)

[선보생각: 소급효의 기준]

소급효를 인정할 것인지 여부, 인정한다면 어디까지 인정할 것인지는 참으로 어려운 문제이다. 이에 대해 일반적으로 다루어지는 기준은 다음과 같다.

먼저 소급입법의 내용이 침해적인지, 수익적인지를 살펴보아야 한다. 하나, 침해적인 성격의 소급입법은 법적 안정성과 예측 가능성을 이념으로 하는 법치국가의 원리에 위배되는 것으로 원칙적으로 금지된다. 조세납부 의무가 성립한 소득·재산 또는 거래에 대하여 그 성립 이후의 새로운 세법에 의해 소급하여 과세해서는 안 될 것이다. 그러나 침해적이라는 이유로 소급입법이 무조건 금지된다면 사회 환경의 변화에 대응하기 위한 입법을 할 수 없으므로, 일정한 경우 이를 허용해야 하는 경우도 있는데, 그 허용 여부는 '진정 소급입법'과 '부진정 소급입법'으로 구분하여 살펴볼 수 있다.

진정 소급입법은 과거에 이미 완성된 법률관계나 사실관계에 대하여 제정·개정된 법규를 소급하여 적용하는 입법을 의미하는데, 법치국가 원리에서 도출되는 신뢰보호 원칙과 법적 안정성을 위하여 원칙적으로 인정될 수 없다.

반면에 부진정 소급입법은 과거에 시작되었으나 현재 종결되지 않고 진행 중인 법률관계나 사실관계에 적용하는 입법을 의미하는데, 이는 입법자의 입법형성권을 존중하여 허용될 수 있다. 이 경우 소급효를 요구하는 공익상의 사유와 신뢰보

호의 요청 간에 신중한 비교형량이 필요할 것이며, 적용 대상자의 법적 권리·지위를 존중하고 보호하기 위하여 경과조치를 둘 필요는 없는지 잘 검토해 보아야 한다.

둘, 수익적 성격의 소급입법은 입법의 목적, 수혜자의 상황, 예산 상황 등 여러 가지 사항을 고려하여 입법형성의 자유가 비교적 넓게 인정된다. 다만, 평등의 원칙과의 관계상 차별의 근거가 현저하게 합리성이 결여되어서는 안 된다는 점에 유의해야 한다.

《자치법규 입안 길라잡이》(법제처) 참고

위의 기준을 통해 채무자회생·파산 관련 등록면허세 비과세 대상의 개정내용을 살펴보면 수익적 성격의 소급입법으로 현재 진행 중인 사안까지 소급을 인정한 사례라고 할 수 있겠다. 선보는 소급입법의 기준으로 억울한 사람이 있느냐 여부를 제시하고자 한다. 법이 수익적으로 개정됨에도 불구하고 당신은 그 혜택을 받을 수 없다고 할 때 그 사람이 느끼는 억울함의 정도가 기준이 되어야 한다. 그것이 민주주의 국가라고 할 것이다.

❑ 조문대비표

현 행	개 정 내 용	비 고
제26조(비과세) ① 국가, 지방자치단체, 지방자치단체조합, 외국정부 및 주한국제기구가 자기를 위하여 받는 등록 또는 면허에 대하여는 등록면허세를 부과하지 아니한다. 다만, 대한민국 정부기관의 등록 또는 면허에 대하여 과세하는 외국정부의 등록 또는 면허의 경우에는 등록면허세를 부과한다.	제26조(비과세) ① (현행과 같음)	
② 다음 각 호의 어느 하나에 해당하는 등기·등록 또는 면허에 대하여는 등록면허세를 부과하지 아니한다.	② ――――――――――――――――――――――――――――――.	
1. 회사의 정리 또는 특별청산에	1.「채무자 회생 및 파산에 관한	○「채무자회생법」상 모든 등

현 행	개 정 내 용	비 고
관하여 법원의 촉탁으로 인한 등기 또는 등록. 다만, 법인의 자본금 또는 출자금의 납입, 증자 및 출자전환에 따른 등기 또는 등록은 제외한다. 2. ~ 4. (생 략)[31]	법률」 제6조제3항, 제25조제1항부터 제3항까지, 제26조제1항, 같은 조 제3항, 제27조, 제76조제4항, 제362조제3항, 제578조의5제3항, 제578조의8제3항 및 제578조의9제3항[30)]에 따른 등기 또는 등록 2. ~ 4. (현행과 같음)	기·등록으로 등록면허세 비과세 확대
<div align="center">부 칙</div>제1조(시행일) 이 법은 2024년 1월 1일부터 시행한다. 제3조(법원의 촉탁에 따른 등록면허세 비과세에 관한 특례) **제26조제2항 제1호 개정규정 시행 당시 「채무자 회생 및 파산에 관한 법률」에 따라 회생절차·간이회생절차가 진행 중이거나 회생계획·간이회생계획을 수행 중인 경우와 개정규정 시행 이후 회생절차, 간이회생절차, 파산절차, 개인회생절차가 신청된 사건의 경우에는 「채무자 회생 및 파산에 관한 법률」 등에 따라 법원, 법원사무관등이 촉탁하여 이루어진 등기 또는 등록은 제26조제2항제1호 개정규정에 따른 등기 또는 등록으로 본다.**		○ 아직 회생 절차가 완료되지 않은 경우까지 소급 적용

30) 「채무자 회생 및 파산에 관한 법률」
    제6조(회생절차폐지 등에 따른 파산선고) ③제1항 및 제2항의 규정에 의하여 파산선고를 한 경우 다음 각호의 어느 하나에 해당하는 등기 또는 등록의 촉탁은 파산의 등기 또는 등록의 촉탁과 함께 하여야 한다.
      1. 제23조제1항, 제24조제4항·제5항의 규정에 의한 등기의 촉탁
      2. 제27조에서 준용하는 제24조제4항 및 제5항의 규정에 의한 등록의 촉탁
    제23조(법인에 관한 등기의 촉탁) ①법인인 채무자에 대하여 다음 각호의 어느 하나에 해당하는 사유가 있는 경우에는 법원사무관등은 직권으로 지체 없이 촉탁서에 결정서의 등본 또는 초본 등 관련 서류를 첨부하여 채무자의 각 사무소 및 영업소(외국에 주된 사무소 또는 영업소가 있는 때에는 대한민국에 있는 사무소 또는 영업소를 말한다. 이하 이 조에서 같다)의 소재지의 등기소에 그 등기를 촉탁하여야 한다.
      1. 회생절차개시(제293조의5제4항에 따라 회생절차가 속행된 경우를 포함한다)·간이회생절차개시 또는 파산선고의 결정이 있는 경우
      2. 회생절차개시결정취소·간이회생절차개시결정취소, 회생절차폐지·간이회생절차폐지 또는 회생계획불인가의 결정이 확정된 경우
      3. 회생계획인가 또는 회생절차종결·간이회생절차종결의 결정이 있는 경우
      4. 제266조의 규정에 의한 신주발행, 제268조의 규정에 의한 사채발행, 제269조의 규정에 의한 주식의 포괄적 교환, 제270조의 규정에 의한 주식의 포괄적 이전, 제271조의 규정에 의한 합병, 제272조의 규정에 의한 분할 또는 분할합병이나 제273조 및 제274조의 규정에 의한 신회사의 설립이 있는 경우
      5. 파산취소·파산폐지 또는 파산종결의 결정이 있는 경우
    ②법인인 채무자에 대하여 제43조제3항·제74조제1항·제355조 또는 제636조제1항제4호의 규정에 의한 처분이 있는 때에는 법원사무관등은 직권으로 지체 없이 촉탁서에 그 처분의 등본 또는 초본을 첨부하여 그 처분의 등기를 채무자의 각 사무소 및 영업소의 소재지의 등기소에 촉탁하여야 한다. 등기된 처분이 변경 또는 취소된 때에도 또한 같다.

③제2항의 규정에 의한 처분의 등기에는 관리인·보전관리인·파산관재인 또는 국제도산관리인의 성명 또는 명칭과 주소 또는 사무소를 기재하여야 한다. 이 경우 기재사항이 변경된 때에는 법원사무관등은 지체 없이 그 변경의 등기를 채무자의 각 사무소 및 영업소의 소재지의 등기소에 촉탁하여야 한다.

제24조(등기된 권리에 관한 등기 등의 촉탁) ①다음 각호의 경우 법원사무관등은 직권으로 지체 없이 촉탁서에 결정서의 등본 또는 초본을 첨부하여 회생절차개시·간이회생절차개시의 등기 또는 그 보전처분의 등기를 촉탁하여야 한다. 제2호 또는 제3호의 보전처분이 변경 또는 취소되거나 효력을 상실한 때에도 또한 같다.

1. 법인이 아닌 채무자에 대하여 회생절차개시 또는 간이회생절차개시의 결정이 있는 경우 그 채무자의 재산에 속하는 권리 중에 등기된 것이 있는 때
2. 처분대상인 채무자의 재산에 속하는 권리로서 등기된 것에 관하여 제43조제1항의 규정에 의한 보전처분이 있는 때
3. 등기된 권리에 관하여 제114조제1항 또는 제3항의 규정에 의한 보전처분이 있는 때

②법원은 회생계획의 수행이나 이 법의 규정에 의하여 회생절차가 종료되기 전에 등기된 권리의 득실이나 변경이 생긴 경우에는 직권으로 지체 없이 그 등기를 촉탁하여야 한다. 다만, 채무자·채권자·담보권자·주주·지분권자와 신회사 외의 자를 권리자로 하는 등기의 경우에는 그러하지 아니하다.

③법원사무관등은 법인이 아닌 파산선고를 받은 채무자에 관한 등기가 있는 것을 안 때에는 직권으로 지체 없이 촉탁서에 파산결정서의 등본을 첨부하여 파산등기를 촉탁하여야 한다. 파산재단에 속하는 권리로서 등기된 것이 있음을 안 때에도 또한 같다.

④법원사무관등은 파산관재인이 파산등기가 되어 있는 권리를 파산재단으로부터 포기하고 그 등기촉탁의 신청을 하는 경우에는 촉탁서에 권리포기허가서의 등본을 첨부하여 권리포기의 등기를 촉탁하여야 한다.

⑤제1항 및 제3항의 규정은 제23조제1항제1호 내지 제3호·제5호의 경우에 관하여 준용한다.

⑥법원사무관등은 채무자의 재산에 속하는 권리로서 등기된 것에 대하여 개인회생절차에 의한 보전처분 및 그 취소 또는 변경이 있는 때에는 직권으로 지체 없이 촉탁서에 결정서의 등본 또는 초본을 첨부하여 그 처분의 등기를 촉탁하여야 한다.

⑦법원사무관등은 제636조제1항제3호 또는 제4호의 규정에 의한 처분이 있는 경우 채무자의 재산에 속하는 권리로서 등기된 것이 있음을 안 때에는 직권으로 지체 없이 촉탁서에 결정서의 등본 또는 초본을 첨부하여 그 처분의 등기를 촉탁하여야 한다. 제635조제1항의 규정에 의하여 외국도산절차의 승인결정 전에 제636조제1항제3호의 처분이 있는 경우에도 또한 같다.

제25조(등기소의 직무 및 등록세 면제) ①등기소는 제23조 또는 제24조의 규정에 의한 등기의 촉탁을 받은 때에는 지체 없이 그 등기를 하여야 한다.

②등기소는 회생계획인가의 등기를 하는 경우 채무자에 대하여 파산등기가 있는 때에는 직권으로 그 등기를 말소하여야 한다.

③등기소는 회생계획인가취소의 등기를 하는 경우 제2항의 규정에 의하여 말소한 등기가 있는 때에는 직권으로 그 등기를 회복하여야 한다.

제26조(부인의 등기) ①등기의 원인인 행위가 부인된 때에는 관리인, 파산관재인 또는 개인회생절차에서의 부인권자는 부인의 등기를 신청하여야 한다. 등기가 부인된 때에도 또한 같다.

③제23조제1항제1호 내지 제3호 및 제5호의 규정은 제1항의 경우에 관하여 준용한다.

제27조(등록된 권리에의 준용) 제24조 내지 제26조의 규정은 채무자의 재산, 파산재단 또는 개인회생재단에 속하는 권리로서 등록된 것에 관하여 준용한다.

제76조(관리인대리) ④채무자가 법인인 경우 제2항의 규정에 의한 허가가 있는 때에는 법원사무관등은 직권으로 지체 없이 촉탁서에 결정서의 등본을 첨부하여 관리인대리의 선임에 관한 등기를 촉탁하여야 한다. 관리인대리의 선임에 관한 허가가 변경 또는 취소된 때에도 또한 같다.

제362조(파산관재인대리) ③채무자가 법인인 경우 제1항의 규정에 의한 허가가 있는 때에는 법원사무관등은 직권으로 지체 없이 촉탁서에 결정서의 등본을 첨부하여 대리인의 선임에 관한 등기를 촉탁하여야 한다. 대리인의 선임에 관한 허가가 변경 또는 취소된 때에도 또한 같다.

제578조의5(신탁재산 파산의 통지 등) ③ 유한책임신탁재산에 대하여 파산선고를 한 경우 등기의 촉탁 등에 관하여는 제23조부터 제27조까지의 규정을 준용한다.

제578조의8(파산선고 전의 보전처분) ③ 유한책임신탁재산에 속하는 권리로서 등기된 것에 대하여 제1항에 따른 보전처분이 있는 경우 그 보전처분의 등기 촉탁에 관하여는 제24조제1항을 준용한다.

제578조의9(수탁자등의 재산에 대한 보전처분) ③ 제1항에 따른 보전처분이 있는 경우 그 보전처분의 등기 또는 등록의 촉탁에 관하여는 제24조제1항을 준용한다.

2 등록면허세 과세표준 시가액 기준시기 조정(제27조)

❑ 개정내용

○ 취득세 부과제척기간이 경과한 물건의 등기·등록에 대한 등록면허세의 과세표준을 "취득당시가액" → "취득당시가액·등록당시가액 중 높은 가액"으로 변경

구 분	현 행	개정내용
취득세 부과제척기간 경과 물건에 대한 등록면허세 과세표준	○ 취득당시가액	○ 취득당시가액·등록당시가액 중 높은 가액

※ **제척기간**: 어떤 권리에 대하여 법률이 예정하는 존속기간. 지방세의 경우 「지방세기본법」 제38조에 따라 5~10년

「지방세기본법」

제38조(부과의 제척기간) ① 지방세는 대통령령으로 정하는 바에 따라 부과할 수 있는 날부터 다음 각 호에서 정하는 기간이 만료되는 날까지 부과하지 아니한 경우에는 부과할 수 없다. 다만, 조세의 이중과세를 방지하기 위하여 체결한 조약(이하 "조세조약"이라 한다)에 따라 상호합의절차가 진행 중인 경우에는 「국제조세조정에 관한 법률」 제51조에서 정하는 바에 따른다.
1. 납세자가 사기나 그 밖의 부정한 행위로 지방세를 포탈하거나 환급·공제 또는 감면받은 경우: 10년
2. 납세자가 법정신고기한까지 과세표준 신고서를 제출하지 아니한 경우: 7년. 다만, 다음 각 목에 따른 취득으로서 법정신고기한까지 과세표준 신고서를 제출하지 아니한 경우에는 10년으로 한다.
   가. 상속 또는 증여[부담부(負擔附) 증여를 포함한다]를 원인으로 취득하는 경우
   나. 「부동산 실권리자명의 등기에 관한 법률」 제2조제1호에 따른 명의신탁약정으로 실권리자가 사실상 취득하는 경우
   다. 타인의 명의로 법인의 주식 또는 지분을 취득하였지만 해당 주식 또는 지분의 실권리자인 자가 제46조제2호에 따른 과점주주가 되어 「지방세법」 제7조제5항에 따라 해당

---

31) 「지방세법」 제26조제2항
  2. 행정구역의 변경, 주민등록번호의 변경, 지적(地籍) 소관청의 지번 변경, 계량단위의 변경, 등기 또는 등록 담당 공무원의 착오 및 이와 유사한 사유로 인한 등기 또는 등록으로서 주소, 성명, 주민등록번호, 지번, 계량단위 등의 단순한 표시변경·회복 또는 경정 등기 또는 등록
  3. 그 밖에 지목이 묘지인 토지 등 대통령령으로 정하는 등록
  4. 면허의 단순한 표시변경 등 등록면허세의 과세가 적합하지 아니한 것으로서 대통령령으로 정하는 면허

법인의 부동산등을 취득한 것으로 보는 경우
3. 그 밖의 경우: 5년

❑ 입법취지

○ 등록면허세의 과세표준은 원칙상 **"등록당시가액"**이나, ① 광업권·어업권·양식
업권 취득 등록, ② 외국인 소유 취득세 과세대상 물건(차량·기계장비·항공기·선
박)의 연부 취득에 따른 등기·등록, ③ 취득세 부과제척기간이 경과한 물건의
등기·등록, ④ 취득세 면세점 이하 물건의 등기·등록 등 취득을 수반하여 취
득세를 부과하여야 하나 조세 행정의 효율성 또는 취득세 부과 곤란 등의 사유
로 등록면허세를 부과하는 경우의 과세표준은 **"취득당시가액"**

⇒ 이 중 ③ "취득세 부과제척기간이 경과한 물건의 등기·등록"은 납세의무자가
취득세를 미신고한 귀책사유가 있는 경우이므로, 가급적 높은 과세표준*을 적
용하기 위해 "취득당시가액·등록당시가액 중 높은 가액"으로 개정

❑ 논의과정

○ **관련 법률안:** "등록당시가액"을 "취득당시가액"으로 개정하는 정부안 제출(의안
번호 2125185)

○ **전문위원 검토의견**

– 취득세 미신고 과세대상물건에 취득세가 아니라 보다 낮은 세율의 등록면허
세*가 부과되는 것은 납세의무자의 귀책사유에 따른 것이므로, 납세의무자
의 세액을 가급적 높이기 위한 취지는 **타당**

  * 토지 구매시 취득세율은 4%이나 등록면허세율은 2%

– **다만**, 개정안의 취지를 정확히 반영하기 위해서는 **"취득당시가액과 등록당
시가액 중 높은 금액"**으로 개정할 필요

⇒ **수정 의결** (전문위원 검토의견 반영)

❏ 조문대비표

현 행	개 정 내 용	비 고
제27조(과세표준) ① · ② (생 략)32)	제27조(과세표준) ① · ② (개정안과 같음)	
③ 제2항에도 불구하고 <u>제23조제1호 **각 목**</u>33)에 따른 취득을 원인으로 하는 등록의 경우 **제10조의2부터 제10조의6까지**34)**의 규정에서 정하는 취득당시가액**을 과세표준으로 한다. 다만, 등록 당시에 자산재평가 또는 감가상각 등의 사유로 그 가액이 달라진 경우에는 변경된 가액을 과세표준으로 한다.	③ ㅡㅡㅡㅡㅡㅡㅡ <u>제23조제1호 **각 목**</u>ㅡㅡㅡㅡㅡㅡㅡㅡㅡㅡㅡㅡㅡㅡㅡ**다음 각 호의 구분에 따른 가액**ㅡㅡㅡㅡㅡㅡㅡㅡㅡㅡㅡㅡㅡㅡㅡㅡㅡㅡㅡ. ㅡㅡㅡㅡㅡㅡㅡㅡㅡㅡㅡㅡㅡㅡㅡㅡㅡㅡㅡㅡㅡㅡㅡㅡㅡㅡㅡㅡㅡㅡㅡㅡㅡ. 1. **제23조제1호가목 · 나목 및 라목에 따른 취득을 원인으로 하는 등록의 경우: 제10조의2부터 제10조의6까지의 규정에서 정하는 취득당시가액** 2. **제23조제1호다목에 따른 취득을 원인으로 하는 등록의 경우: 제1항에 따른 등록 당시의 가액과 제10조의2부터 제10조의6까지의 규정에서 정하는 취득당시가액 중 높은 가액**	○ 제1호는 기존 본문과 동일 내용 ○ 제2호는 등록 당시가액 · 취득당시가액 중 높은 가액으로
④ · ⑤ (생 략)35)	④ · ⑤ (개정안과 같음)	

부 칙

제1조(시행일) 이 법은 2024년 1월 1일부터 시행한다.
제2조(일반적 적용례) 이 법은 이 법 시행 이후 납세의무가 성립하는 경우부터 적용한다.

---

32) 「지방세법」
  제27조(과세표준) ① 부동산, 선박, 항공기, 자동차 및 건설기계의 등록에 대한 등록면허세(이하 이 절에서 "등록면허세"라 한다)의 과세표준은 등록 당시의 가액으로 한다.
  ② 제1항에 따른 과세표준은 조례로 정하는 바에 따라 등록자의 신고에 따른다. 다만, 신고가 없거나 신고가액이

제4조에 따른 시가표준액보다 적은 경우에는 시가표준액을 과세표준으로 한다.
33) 「지방세법」
　　제23조(정의) 등록면허세에서 사용하는 용어의 뜻은 다음과 같다.
　　　1. "등록"이란 재산권과 그 밖의 권리의 설정·변경 또는 소멸에 관한 사항을 공부에 등기하거나 등록하는 것을 말한다. 다만, 제2장에 따른 취득을 원인으로 이루어지는 등기 또는 등록은 제외하되, 다음 각 목의 어느 하나에 해당하는 등기나 등록은 포함한다.
　　　　가. 광업권·어업권 및 양식업권의 취득에 따른 등록
　　　　나. 제15조제2항제4호에 따른 외국인 소유의 취득세 과세대상 물건(차량, 기계장비, 항공기 및 선박만 해당한다)의 연부 취득에 따른 등기 또는 등록
　　　　다. 「지방세기본법」 제38조에 따른 취득세 부과제척기간이 경과한 물건의 등기 또는 등록
　　　　라. 제17조에 해당하는 물건의 등기 또는 등록
34) 「지방세법」
　　제10조의2(무상취득의 경우 과세표준) (조문내용 생략)
　　제10조의3(유상승계취득의 경우 과세표준) (조문내용 생략)
　　제10조의4(원시취득의 경우 과세표준) (조문내용 생략)
　　제10조의5(무상취득·유상승계취득·원시취득의 경우 과세표준에 대한 특례) (조문내용 생략)
　　제10조의6(취득으로 보는 경우의 과세표준) (조문내용 생략)
35) 「지방세법」
　　제27조(과세표준) ④ 채권금액으로 과세액을 정하는 경우에 일정한 채권금액이 없을 때에는 채권의 목적이 된 것의 가액 또는 처분의 제한의 목적이 된 금액을 그 채권금액으로 본다.
　　　⑤ 제1항부터 제4항까지의 규정에 따른 과세표준이 되는 가액의 범위 및 그 적용에 필요한 사항은 대통령령으로 정한다.

다. 레저세의 의의 [미개정]

❑ 개념

경마·경륜·경정·전통소싸움의 승자·승마투표권 발매금액에 부과하는 특별시세·광역시세 및 도세임

❑ 근거법

「지방세법」 제40조(과세대상) 레저세의 과세대상은 다음 각 호와 같다.
1. 「경륜·경정법」에 따른 <u>경륜 및 경정</u>
2. 「한국마사회법」에 따른 <u>경마</u>
3. 그 밖의 법률에 따라 승자투표권, 승마투표권 등을 팔고 투표적중자에게 환급금 등을 지급하는 행위로서 대통령령으로 정하는 것

「지방세법 시행령」 제56조(과세대상) 법 제40조제3호에서 "대통령령으로 정하는 것"이란 「전통소싸움경기에 관한 법률」에 따른 <u>소싸움</u>을 말한다.

「지방세법」 제42조(과세표준 및 세율) ① 레저세의 과세표준은 승자투표권, 승마투표권 등의 발매금총액으로 한다.
② 레저세의 세율은 100분의 10으로 한다.

「지방세기본법」 제8조(지방자치단체의 세목) ① <u>특별시세와 광역시세</u>는 다음 각 호와 같다. 다만, 광역시의 군(郡) 지역에서는 제2항에 따른 도세를 광역시세로 한다.
1. 보통세   나. <u>레저세</u>
② <u>도세</u>는 다음 각 호와 같다.
1. 보통세   다. <u>레저세</u>

❑ 주요 내용

구 분	내 용
세목분류	① 성격: 보통세 ② 과세권자: 특별시·광역시세, 도세
납세의무 성립	승자투표권, 승마투표권 등을 발매하는 때
납세의무자	과세대상 사업을 하는 자
징수방법	신고·납부

구 분	내 용
과세대상	경마 · 경륜 · 경정 · 전통소싸움
과세표준	승자투표권, 승마투표권 등의 발매금총액
세율	10%
신고납부기한	발매일이 속하는 달의 다음 달 10일

라. 담배소비세 관련 사항

(1) 담배소비세의 의의

❑ 개념

○ 담배소비세는 담배에 대하여 담배의 제조자 또는 수입판매업자 등에게 부과하는 **특별시세·광역시세 및 시·군세**임

❑ 연혁

○ 담배소비세는 원래 국가의 '전매익금'*으로서 국가의 수입이었다가 지방세로 이양하였고, **1984년** 이양 당시에는 특별시와 광역시(당시 직할시)를 제외한 시·군의 수입으로 하는 '담배판매세'로 도입됨. 그 후 **1989년**부터는 특별시와 광역시도 함께 세금을 부과하도록 「지방세법」을 개정하면서 세목을 '담배소비세'로 개칭하게 된 것임

  * 전매익금: 어떤 물품을 독점하여 판매함으로써 얻는 이익금

❑ 근거규정

「지방세법」 제49조(납세의무자) ① 제조자는 제조장으로부터 반출(搬出)한 담배에 대하여 담배소비세를 납부할 의무가 있다.
② 수입판매업자는 보세구역으로부터 반출한 담배에 대하여 담배소비세를 납부할 의무가 있다.

「지방세기본법」 제8조(지방자치단체의 세목) ① 특별시세와 광역시세는 다음 각 호와 같다. 다만, 광역시의 군(郡) 지역에서는 제2항에 따른 도세를 광역시세로 한다.
1. 보통세   다. 담배소비세
④ 시·군세(광역시의 군세를 포함한다. 이하 같다)는 다음 각 호와 같다.
1. 담배소비세

❑ 납세의무자

○ **제조자**는 제조장으로부터 반출한 담배에 대해 담배소비세를 납부할 의무가 있고, **수입판매업자**는 보세구역으로부터 반출한 담배에 대해 담배소비세를 납부할 의무가 있음

❑ **과세대상 (「지방세법」 제48조 등)**

유 형	정 의	세 율
① 궐련	연초에 향료 등을 첨가해 궐련지로 말아서 만든 담배	20개비당 1,007원
② 파이프담배	파이프를 이용해 피울 수 있도록 만든 담배	1그램당 36원
③ 엽궐련	겉모습을 외궈엽으로 마 입만은 단배	1그램낭 103원
④ 각련	담뱃대를 이용하거나 흡연자가 직접 궐련지로 말아 피우는 담배	1그램당 36원
⑤ 전자담배	니코틴 포함 용액 등을 전자장치를 이용해 흡입하는 담배	- 니코틴용액사용: 1밀리리터당 628원 - 궐련형: 20개비당 897원 - 기타유형: 1그램당 88원
⑥ 물담배	담배연기를 물로 거른 후 흡입하는 담배	1그램당 715원
⑦ 씹는 담배	입에 넣어 씹도록 가공처리된 담배	1그램당 364원
⑧ 냄새 맡는 담배	특수 가공 담배 가루를 코 주위에 바르는 가루 형태 담배	1그램당 26원
⑨ 머금는 담배	담배가루, 니코틴이 포함된 사탕 및 이와 유사 형태 담배	1그램당 364원

* 담배에 대한 제세부담금 현황(부가가치세 제외)

구 분	제세부담금(궐련형 담배 20개비 기준)
담배소비세	1,007원
지방교육세	443원
국민건강증진부담금	841원
개별소비세	594원
폐기물부담금	24.4원
엽초경작지원사업출연금	5원
합계	2,914.4원

자료: 국회예산정책처, 「2023 대한민국 조세」, 2023.4., p.508.

(2) 주요 개정 사항

① 담배 밀반입 등의 경우 납세지 조정(제50조)

❑ **개정내용**

○ 담배를 비정상적 방법으로 국내에 반입(밀반입 등)하는 경우 담배소비세 납세지를 "반입 장소" → "반입자의 주소지"로 변경

구 분	현 행	개정내용
담배 밀반입 등의 경우 납세지	○ 반입 장소 소재 지자체	○ 반입자의 주소지 소재 지자체

※ **담배소비세 납세지 현황**

구 분	내 용
담배제조자	해당 담배를 판매한 소매인의 영업장 소재 지자체
담배수입판매업자	
입국휴대·탁송 등을 통한 담배국내반입자	해당 담배가 반입되는 세관 소재 지자체
기타 비정상적 담배제조자	해당 담배 제조 장소 소재 지자체
기타 비정상적 담배국내반입자	해당 담배 반입 장소 소재 지자체

❑ **입법취지**

○ 담배 밀반입 대부분이 인천국제공항·부산항에서 발생되어 그에 대한 담배소비세도 인천·부산에 집중

다만, 밀반입 담배에 부과된 담배소비세는 대부분 체납*되는데, ① 체납금액은 특정 지자체에 집중되는 반면, ② 체납자 주소는 전국에 산재되어 징수 곤란

* 밀반입 담배는 즉시 압류·소각되어 체납자 납세 여력 부족

⇒ 밀반입 담배에 부과되는 담배소비세의 납세지를 반입자 주소지 소재 시·도로 변경하여, 징수 부담 분산 및 징수의 지리적 여건 개선을 통해 징수 실적 제고 도모

❑ **논의과정**

○ **관련 법률안**: 개정내용대로 정부안 제출(의안번호 2125185)

○ **전문위원 검토의견**

징수 실적 제고를 통한 담배 밀반입 제재 효과 강화 및 지방재정 확충 효과가 기대된다는 점에서 **타당**

⇒ **원안 의결** (정부안)

❏ **조문대비표**

현 행	개 정 내 용	비 고
제50조(납세지) ① · ② (생 략)[36]	제50조(납세지) ① · ② (현행과 같음)	
③ 제49조제4항[37]의 경우 납세지는 다음과 같다.	③ ----------------------------------.	
1. (생 략)	1. (현행과 같음)	
2. 담배를 국내로 반입하는 경우: 국내로 <u>반입하는 장소</u>	2. ------------ --- <u>반입하는 자의 주소지</u> (법인의 경우에는 본점이나 주사무소 소재지)	○ 납세지 변경
④ (생 략)	④ (현행과 같음)	

부 칙

제1조(시행일) 이 법은 2024년 1월 1일부터 시행한다.

제3조(담배소비세의 납세지 변경에 관한 적용례) 제50조제3항제2호의 개정규정은 이 법 시행 이후 담배를 국내로 반입하는 경우부터 적용한다.

---

36) 「지방세법」

제50조(납세지) ① 제49조제1항과 제2항의 경우 담배소비세의 납세지는 담배가 판매된 소매인의 영업장 소재지로 한다.

② 제49조제3항의 경우 담배소비세의 납세지는 담배가 국내로 반입되는 세관 소재지로 한다.

③ 제49조제4항의 경우 납세지는 다음과 같다.

1. 담배를 제조한 경우: 담배를 제조한 장소

2. 담배를 국내로 반입하는 경우: 국내로 반입하는 장소

④ 제49조제5항의 경우 담배소비세의 납세지는 같은 항에 따른 처분을 한 자의 영업장 소재지로 하되, 영업장 소재지가 분명하지 아니한 경우에는 그 처분을 한 장소로 한다.

37) 「지방세법」

제49조(납세의무자) ① 제조자는 제조장으로부터 반출(搬出)한 담배에 대하여 담배소비세를 납부할 의무가 있다.

② 수입판매업자는 보세구역으로부터 반출한 담배에 대하여 담배소비세를 납부할 의무가 있다.

③ 외국으로부터 입국(「남북교류협력에 관한 법률」 제2조제1호에 따른 출입장소를 이용하여 북한으로부터 들어오는 경우를 포함한다. 이하 이 장에서 같다)하는 사람(이하 이 장에서 "입국자"라 한다)의 휴대품 · 탁송품(託送品) · 별송품(別送品)으로 반입하는 담배 또는 외국으로부터 탁송(託送)의 방법으로 국내로 반입하는 담배에 대해서는 그 반입한 사람이 담배소비세를 납부할 의무가 있다. 다만, 입국자 또는 수입판매업자가 아닌 사람이 외국으로부터 우편으로 반입하는 담배에 대해서는 그 수취인이 담배소비세를 납부할 의무가 있다.

② 담배소비세 수시부과의 특별징수의무자 신설(제62조의2)

❏ **개정내용**

담배소비세 수시부과에 대해서 담배 제조자·수입판매업자의 주소지 관할 지방자치단체장을 특별징수의무자로 설정

구 분	현 행	개정내용
담배소비세 수시부과	○ 166개 부과권자(특·광역시 및 시·군)가 각각 부과	○ 담배 제조자·수입판매업자 주소지 지자체장이 특별징수

※ **담배소비세 수시부과:** 미신고·과소신고에 따른 부족세액 및 가산세를 부과·징수하는 것

❏ **입법취지**

○ 담배소비세는 납세의무자가 전체 166개 특별시·광역시·특별자치시·특별자치도 및 시·군에 안분하여 납부하는 세목으로, 담배 제조자 및 수입판매업자는 매월 전산시스템을 통해 각 지방자치단체에 안분 비율대로 이를 신고·납부중 미신고·과소신고에 대한 부족세액 및 가산세를 부과(수시부과)하는 경우에도 166개 지자체가 각각 이를 부과·징수중

⇒ 수시부과시에는 해당 제조자·수입판매업자의 주소지 관할 지자체장을 **특별징수의무자**로 설정하여 부과액 전액을 대신 부과·징수한 후 **사후 정산**

❏ **논의과정**

○ **관련 법률안:** 개정내용대로 정부안 제출(의안번호 2125185)

○ **전문위원 검토의견**

  – 행정비용 절감을 위해 **타당**

⇒ **다만,** 담배소비세의 부가세(Surtax)인 **지방교육세**(담배소비세액의 43.99%)에 대한 특별징수 권한도 함께 신설할 필요

○ **정부의견**

  정부안 입안 과정에서 누락된 사항을 보완하는 것이므로, 전문위원 검토의견에 동의

⇒ **수정 의결** (전문위원 검토의견 반영)

---

④ 제1항부터 제3항까지의 방법 외의 방법으로 담배를 제조하거나 국내로 반입하는 경우에는 그 제조자 또는 반입한 사람이 각각 담배소비세를 납부할 의무가 있다.

□ 조문대비표

현 행	개 정 내 용	비 고
〈신 설〉	제62조의2(특별징수) ① 제61조제1항제4호·제5호 또는 같은 조 제2항제3호·제5호[38]의 위반행위를 한 제조자 또는 수입판매업자에 대하여 세액을 부과·징수하는 경우에는 제62조제1항제2호[39]에도 불구하고 해당 제조자 또는 수입판매업자의 주소지(법인의 경우에는 본점 또는 주사무소 소재지)를 관할하는 지방자치단체의 장이 대통령령으로 정하는 바에 따라 세액을 부과·징수하여야 한다. 이 경우 전단에 따른 지방자치단체의 장을 각 지방자치단체가 부과·징수할 담배소비세의 특별징수의무자(이하 이 조에서 "특별징수의무자"라 한다)로 한다. ② 특별징수의무자는 제1항 전단에 따라 징수한 담배소비세 및 그 이자를 다음 달 20일까지 대통령령으로 정하는 바에 따라 납세지를 관할하는 각 지방자치단체에 납입하여야 한다. 이 경우 특별징수의무자는 징수·납입에 따른 사무처리비 등을 행정안전부령으로 정하는 바에 따라 지방자치단체에 납입하여야 할 세액에서 공제할 수 있다. ③ 특별징수의무자가 징수하였거나 징수할 세액을 제2항에 따른 기한까지 납입하지 아니하거나	○ 담배소비세 특별징수 규정 신설

현 행	개 정 내 용	비 고
	부족하게 납입하더라도 해당 특별징수의무자에게 「지방세기본법」 제56조[40])에 따른 가산세를 부과하지 아니한다. ④ 제1항 전단에 따른 담배소비세의 부과·징수에 대하여 불복하려는 경우에는 특별징수의무자를 그 처분청으로 본다.	
제152조(신고 및 납부와 부과·징수) ① (생 략)[41])	제152조(신고 및 납부와 부과·징수) ① (현행과 같음)	
② (생 략)[42])	② (생 략)	
〈신 설〉	③ 제62조의2에 따른 특별징수의무자가 같은 조 제1항 전단에 따라 담배소비세를 특별징수하는 경우에는 그에 대한 지방교육세를 함께 부과·징수·납입한다. ④ 제3항에 따른 지방교육세의 부과·징수·납입에 대하여 불복하려는 경우에는 특별징수의무자를 그 처분청으로 본다. ⑤ 지방교육세의 특별징수, 납입 및 가산세 면제 등에 관하여는 제62조의2제2항 및 제3항을 준용한다.	○ 지방교육세 특별징수 규정 신설
③ (생 략)[43])	⑤ (현행 제3항과 같음)	
제153조(부족세액의 추징 및 가산세) ① (생 략)[44])	제153조(부족세액의 추징 및 가산세) ① (현행과 같음)	
② 제152조제1항에 따라 지방교육세를 신고하고 납부하여야 하는 자가 납부의무를 다하지 아니한 경우에는 제151조제1항에 따	② ―	

현 행	개 정 내 용	비 고
라 산출한 세액 또는 그 부족세액에 「지방세기본법」 제55조에 따라 산출한 가산세를 합한 금액을 세액으로 하여 **보통징수**의 방법으로 징수한다.	– **보통징수** **(제152조제3항에 따라 징수하는** **경우에는 특별징수)** – .	○ 연계 규정 정비

부　　칙

제1조(시행일) 이 법은 2024년 1월 1일부터 시행한다.

제4조(담배소비세 등의 특별징수에 관한 적용례) 제62조의2, 제152조 및 제153조의 개정규정은 이 법 시행 이후 발생하는 제61조제1항제4호·제5호 또는 같은 조 제2항제3호·제5호의 위반행위에 대하여 세액을 특별징수하는 경우부터 적용한다.

---

38) 「**지방세법**」

　제61조(부족세액의 추징 및 가산세) ① 다음 각 호의 어느 하나에 해당하는 경우에는 그 산출세액 또는 부족세액의 100분의 10에 해당하는 가산세(제4호 또는 제5호의 경우에는 「지방세기본법」 제53조 또는 제54조에 따른 가산세를 말한다)를 징수하여야 할 세액에 가산하여 징수한다. 다만, 제4호 및 제5호의 경우로서 산출세액을 납부하지 아니하거나 산출세액보다 적게 납부하였을 때에는 「지방세기본법」 제55조에 따른 가산세를 추가로 가산하여 징수한다.

　4. 제60조에 따라 신고하지 아니하였거나 신고한 세액이 산출세액보다 적은 경우

　5. 제60조에 따른 지방자치단체별 담배에 대한 산출세액을 거짓으로 신고한 경우

　② 다음 각 호의 어느 하나에 해당하는 경우에는 그 산출세액 또는 부족세액의 100분의 30에 해당하는 금액을 징수하여야 할 세액에 가산하여 징수한다.

　3. 제조자 또는 수입판매업자가 제55조에 따른 신고를 하지 아니한 경우

　5. 과세표준의 기초가 될 사실의 전부 또는 일부를 은폐하거나 위장한 경우

39) 「**지방세법**」

　제62조(수시부과) ① 지방자치단체의 장은 다음 각 호의 어느 하나에 해당하는 경우에는 제60조에도 불구하고 관계 증거자료에 따라 수시로 그 세액을 결정하여 부과·징수할 수 있다.

　2. 제61조에 따라 담배소비세를 징수하는 경우

40) 「**지방세기본법**」

　제56조(특별징수 납부지연가산세) ① 특별징수의무자가 징수하여야 할 세액을 법정납부기한까지 납부하지 아니하거나 과소납부한 경우에는 납부하지 아니한 세액 또는 과소납부분 세액의 100분의 50(제1호 및 제2호에 따른 금액을 합한 금액은 100분의 10)을 한도로 하여 다음 각 호의 계산식에 따라 산출한 금액을 합한 금액을 가산세로 부과한다. 이 경우 제3호의 가산세를 부과하는 기간은 60개월(1개월 미만은 없는 것으로 본다)을 초과할 수 없다.

　1. 납부하지 아니한 세액 또는 과소납부분 세액 × 100분의 3

　2. 납부하지 아니한 세액 또는 과소납부분 세액 × 법정납부기한의 다음 날부터 자진납부일 또는 납세고지일까지의 일수 × 금융회사 등이 연체대출금에 대하여 적용하는 이자율 등을 고려하여 대통령령으로 정하는 이자율

　3. 다음 계산식에 따라 납세고지서에 따른 납부기한이 지난 날부터 1개월이 지날 때마다 계산한 금액

　납부하지 아니한 세액 또는 과소납부분 세액(가산세는 제외한다) × 금융회사 등이 연체대출금에 대하여 적용하는 이자율 등을 고려하여 대통령령으로 정하는 이자율

　② 제1항을 적용할 때 납세고지서별·세목별 세액이 30만원 미만인 경우에는 같은 항 제3호의 가산세를 적용하

지 아니한다.

41) 「지방세법」

　　제152조(신고 및 납부와 부과·징수) ① 지방교육세 납세의무자가 이 법에 따라 취득세, 등록에 대한 등록면허세, 레저세, 담배소비세 및 주민세 사업소분을 신고하고 납부하는 때에는 그에 대한 지방교육세를 함께 신고하고 납부하여야 한다. 이 경우 담배소비세 납세의무자(제조자 또는 수입판매업자에 한정한다)의 주사무소 소재지를 관할하는 지방자치단체의 장이 제64조제1항에 따라 담보 제공을 요구하는 경우에는 담배소비세분 지방교육세에 대한 담보 제공도 함께 요구할 수 있다.

42) 「지방세법」

　　제152조(신고 및 납부와 부과·징수) ② 지방자치단체의 장이 이 법에 따라 납세의무자에게 주민세 개인분·재산세 및 자동차세를 부과·징수하거나 제60조제6항에 따라 세관장이 담배소비세를 부과·징수하는 때에는 그에 대한 지방교육세를 함께 부과·징수한다.

43) 「지방세법」

　　제152조(신고 및 납부와 부과·징수) ③ 지방교육세의 납세고지 등 부과·징수에 관하여 필요한 사항은 대통령령으로 정한다.

44) 「지방세법」

　　제153조(부족세액의 추징 및 가산세) ① 제152조제1항에 따라 지방교육세를 신고하고 납부하여야 하는 자가 신고의무를 다하지 아니한 경우에도 「지방세기본법」 제53조 또는 제54조에 따른 가산세를 부과하지 아니한다.

마. 지방소비세의 의의 (미개정)

❑ **개념**

부가가치세 과세대상인 재화·용역의 공급과 재화의 수입에 부과하는 특별시세·
광역시세 및 도세*임

* 일부 경우 시·군·구세

❑ **근거법**

「지방세법」 제66조(납세의무자) 지방소비세는 제65조에 따른 <u>재화와 용역을 소비하는 자의 주</u>
<u>소지 또는 소재지를 관할하는</u> 특별시·광역시·특별자치시·도 또는 특별자치도에서 「부가가
치세법」 제3조에 따라 <u>부가가치세를 납부할 의무가 있는 자에게 부과한다.</u>

「지방세법」 제68조(특별징수의무자) 제67조에 따른 <u>납세지를 관할하는 세무서장 또는 「부가가</u>
<u>치세법」 제58조제2항에 따라 재화의 수입에 대한 부가가치세를 징수하는 세관장을 지방소비</u>
세의 특별징수의무자로 한다.

「지방세법」 제69조(과세표준 및 세액) ① 지방소비세의 과세표준은 「부가가치세법」에 따른 부가
가치세의 납부세액에서 「부가가치세법」 및 다른 법률에 따라 부가가치세의 감면세액 및 공제
세액을 빼고 가산세를 더하여 계산한 세액으로 한다.
② 지방소비세의 세액은 제1항의 과세표준에 1천분의 253을 적용하여 계산한 금액으로 한다.

「지방세기본법」 제8조(지방자치단체의 세목) ① <u>특별시세와 광역시세는</u> 다음 각 호와 같다. 다
만, 광역시의 군(郡) 지역에서는 제2항에 따른 도세를 광역시세로 한다.
1. 보통세   라. <u>지방소비세</u>
② <u>도세는</u> 다음 각 호와 같다.
1. 보통세   라. <u>지방소비세</u>

❑ **주요 내용**

구 분	내 용
세목분류	① 성격: 보통세 ② 과세권자: 특별시·광역시세, 도세
납세의무 성립	「국세기본법」상 부가가치세의 납세의무가 성립하는 때

구 분	내 용
납세의무자	재화와 용역을 소비하는 자의 주소지 또는 소재지 관할 시·도에서 부가가치세를 납부할 의무가 있는 자
징수방법	신고납부
과세대상	부가가치세 과세대상인 재화·용역의 공급과 재화의 수입
과세표준	부가가치세의 납부세액(감면세액·공제세액을 빼고 가산세를 더하여 계산한 세액)
세율	25.3%
특별징수의무자	납세지를 관할하는 세무서장 또는 재화의 수입에 대한 부가가치세를 징수하는 세관장
특별징수 납입기한	특별징수한 다음 달 20일까지 납입관리자에게 납입 → 납입관리자는 5일 이내에 지자체별로 안분 납입

바. 주민세의 의의 (미개정)

❑ 개념

지자체에 주소를 둔 개인, 사업소를 둔 사업주 등에 부과하는 특별시세·광역시세 및 시·군세임

❑ 근거법

「지방세법」 제75조(납세의무자) ① 개인분의 납세의무자는 과세기준일 현재 지방자치단체에 주소(외국인의 경우에는 「출입국관리법」에 따른 체류지를 말한다. 이하 이 장에서 같다)를 둔 개인으로 한다. 다만, 다음 각 호의 어느 하나에 해당하는 사람은 제외한다. 〈개정 2020. 12. 29.〉

1. 「국민기초생활 보장법」에 따른 수급자
2. 「민법」에 따른 미성년자(그 미성년자가 성년자와 「주민등록법」상 같은 세대를 구성하고 있는 경우는 제외한다)
3. 「주민등록법」에 따른 세대원 및 이에 준하는 개인으로서 대통령령으로 정하는 사람
4. 「출입국관리법」 제31조에 따른 외국인등록을 한 날부터 1년이 경과되지 아니한 외국인

「지방세기본법」 제8조(지방자치단체의 세목) ① 특별시세와 광역시세는 다음 각 호와 같다. 다만, 광역시의 군(郡) 지역에서는 제2항에 따른 도세를 광역시세로 한다.

1. 보통세   마. 주민세
④ 시·군세(광역시의 군세를 포함한다. 이하 같다)는 다음 각 호와 같다.
2. 주민세

❑ 주요 내용

구 분	내 용
세목분류	① 성격: 보통세 ② 과세권자: 특별시·광역시세, 시·군세
납세의무 성립	「국세기본법」상 부가가치세의 납세의무가 성립하는 때
납세의무자	- 개인분: 지자체에 주소를 둔 개인 - 사업소분·종업원분: 지자체에 사업소를 둔 사업주
징수방법	보통징수
과세표준	- 사업소분: 사업소 연면적 - 종업원분: 종업원에게 지급한 그 달 급여 총액

구 분	내 용
세율	− 개인분: 1만원 이하에서 조례로 결정 − 사업소분: 사업자 유형별 기본세율 + 연면적에 따른 세율 − 종업원분: 0.5%

사. 지방소득세 관련 사항

(1) 지방소득세의 의의

❏ **개념**
- 지방소득세는 개인 또는 법인의 **소득에 대한 담세력**을 기초로 지방자치단체가 지방재정수요를 충당하기 위하여 부과하는 **특별시세·광역시세** 및 **시·군세**임

❏ **연혁**
- 지방소득세는 **2013년**까지는 소득세액과 법인세액을 과세표준으로 하는 **부가세**로 운영되어 왔으나, **2014년** 법 개정에 따라 과세표준은 소득세와 법인세의 과세표준을 차용하면서, 세율은 독자적으로 규정하여 **독립세**방식으로 과세방식을 전환

❏ **지방소득의 범위 및 구분**
- (개인지방소득세) 개인지방소득은 **종합소득**[*], **퇴직소득** 및 **양도소득**으로 구분하고 해당 소득의 범위는 「소득세법」에 정한 바에 따름
  * 종합소득: 이자소득, 배당소득, 사업소득, 근로소득, 연금소득, 기타소득 합산
- (법인지방소득세) 내국법인 및 외국법인의 법인지방소득은 각 **사업연도의 소득**, **청산소득**[*], **양도소득** 및 **미환류소득**[**]으로 구분하고, 해당 소득의 범위는 「법인세법」에 정한 바에 따름
  * 청산소득: 법인 청산절차를 통하여 실현된 잔여재산가액
  ** 미환류소득: 기업이 투자·임금·배당으로 지출하지 않고 현금·예금으로 보관하는 수입

❏ **근거규정**

「지방세법」 제86조(납세의무자 등) ① 「소득세법」에 따른 소득세 또는 「법인세법」에 따른 법인세의 납세의무가 있는 자는 지방소득세를 납부할 의무가 있다.
② 제1항에 따른 지방소득세 납부의무의 범위는 「소득세법」과 「법인세법」에서 정하는 바에 따른다.

「지방세기본법」 제8조(지방자치단체의 세목) ① 특별시세와 광역시세는 다음 각 호와 같다. 다

만, 광역시의 군(郡) 지역에서는 제2항에 따른 도세를 광역시세로 한다.

1. 보통세   바. 지방소득세

④ 시·군세(광역시의 군세를 포함한다. 이하 같다)는 다음 각 호와 같다.

3. 지방소득세

❑ 지방소득세의 주요 내용

구 분	내 용
세목분류	① 성격: 독립세 ② 과세권자: 특별시세·광역시세·시·군세
납세의무 성립	과세표준 소득에 대하여 소득세·법인세 납세의무 성립할 때
납세의무자	소득세 또는 법인세의 납세의무가 있는 자
징수방법	① 신고납부 ② 특별징수
과세대상	개인 또는 법인의 소득
비과세	소득세, 법인세 및 「조세특례제한법」에 따른 비과세 소득
과세표준	소득세 또는 법인세의 과세표준
세율	소득세 또는 법인세 세율 × 10%
납세지	소득세 또는 법인세의 납세지

(2) 주요 개정 사항

❶ 법인지방소득세 분할납부 제도 도입(제103조의23 및 제103조의37)

❑ 개정내용

법인지방소득세 세액이 100만원을 초과하는 경우 1개월(중소기업은 2개월) 이내에 이를 분할납부하는 제도 도입

구 분	현 행	개정내용
법인지방소득세 분할납부제도	〈신 설〉	○ 대상: 세액 100만원 초과 ○ 기간: 1개월(중소기업 2개월) 이내

※ **분할납부:** 조세 납부기간이 경과한 후 일정기간까지 세액의 일부(시행령으로 규정하나 통상 50%)를 분할하여 납부하도록 허용하는 제도

참고로 법인세는 1,000만원을 초과하는 경우 1개월(중소기업은 2개월) 이내 분할납부 허용

❏ **입법취지**

현재 법인세는 1개월(중소기업은 2개월)의 분할납부를 허용하고 있으나 법인지방소득세는 납부기간(4개월)이 법인세(3개월) 보다 1개월 길다는 이유로 분할납부 미도입. 그러나 **중소기업**의 경우에는 법인세 분할납부 기간이 2개월이므로, 납부기간과 분할납부기간을 합산한 최종납부기간은 법인세는 5개월인데 반해 법인지방소득세는 4개월로 짧음

※ **법인세 및 법인지방소득세 납부기간·분할납부기간**

구 분	납부기간(A)	분할납부기간(B)	최종납부기간(A+B)
법인세	3개월	1개월 (중소기업 2개월)	4개월 (중소기업 5개월)
법인지방소득세	4개월	- 현행: 없음 - 개정안: 1개월(중소기업 2개월)	- 현행: 4개월 - 개정안: 5개월(중소기업 6개월)

⇒ 법인지방소득세에도 법인세와 동일하게 1개월(중소기업 2개월) 이내 분할납부 허용

❏ **논의과정**

○ **관련 법률안:** 개정내용대로 정부안 제출(의안번호 2125185)

○ **전문위원 검토의견**

분할납부 도입 필요성은 인정

다만, 제103조의37제5항은 2024년 1월 1일 시행을 앞두고 있기에 현행 조문이 아닌 공포후 시행전 조문 개정 필요

○ **정부의견**

정부안 입안 과정의 실수를 보완하는 것이므로, 전문위원 검토의견에 동의

⇒ **수정 의결** (전문위원 검토의견 반영)

❏ 조문대비표

현　　　행	개 정 내 용	비　고
제103조의23(과세표준 및 세액의 확정신고와 납부) ① ～ ③ (생략)45)	제103조의23(과세표준 및 세액의 확정신고와 납부) ① ～ ③ (현행과 같음)	○ 외국법인은 제103조의51제1항46)에 따라 개정내용 준용
〈신　설〉	④ 제3항에 따라 납부할 세액이 1백만원을 초과하는 **내국법인**은 대통령령으로 정하는 바에 따라 그 납부할 세액의 일부를 납부기한이 지난 후 **1개월(「조세특례제한법」 제6조제1항에 따른 중소기업의 경우에는 2개월)** 이내에 분할납부할 수 있다.	
④ ～ ⑦ (생 략)47)	⑤ ～ ⑧ (현행 제4항부터 제7항까지와 같음)	
법률 제19230호 지방세법 일부개정법률	법률 제19230호 지방세법 일부개정법률	
제103조의37(연결과세표준 및 연결법인지방소득세액의 신고 및 납부) ① 연결모법인은 각 연결사업연도의 종료일이 속하는 달의 말일부터 5개월 이내에 제103조의34에 따른 각 연결사업연도의 소득에 대한 법인지방소득세 과세표준과 제103조의35제4항에 따른 각 연결사업연도의 소득에 대한 연결법인별 법인지방소득세 산출세액을 대통령령으로 정하는 신고서에 따라 연결법인별 납세지 관할 지방자치단체의 장에게 다음 각 호의 서류를 첨부하여 신고하여야 한다. 이 경우 제103조의23제4항을 준용한다.	제103조의37(연결과세표준 및 연결법인지방소득세액의 신고 및 납부) ① --. 제103조의23제5항-----.	

현 행	개 정 내 용	비 고
1. 각 연결법인의 제103조의23제2 항제1호부터 제3호까지의 서류 2. 대통령령으로 정하는 세액조정계산서 첨부서류	1.·2. (현행과 같음)	○ 연계 조항 합계 수정
② ~ ④ (생 략)	② ~ ④ (현행과 같음)	
〈신 설〉	⑤ <u>제4항에 따라 납부할 세액이 1백만원을 초과하는 **연결모법인**은 대통령령으로 정하는 바에 따라 그 납부할 세액의 일부를 납부기한이 지난 후 **1개월(「조세특례제한법」 제6조제1항에 따른 중소기업의 경우에는 2개월)** 이내에 분할납부할 수 있다.</u>	
⑤ (생 략)	⑥ (현행 제5항과 같음)	
〈신 설〉	⑦ (개정내용 생략)	
⑥ ~ ⑧ (생 략)	⑧ ~ ⑩ (현행 제6항부터 제8항까지와 같음)	

부 칙

제1조(시행일) 이 법은 2024년 1월 1일부터 시행한다.

제5조(법인지방소득세 분할납부에 관한 적용례) 제103조의23제4항의 개정 규정은 2023년 1월 1일 이후 개시한 사업연도의 법인지방소득세를 신고·납부하는 경우부터 적용한다.

제7조(연결법인별 법인지방소득세 분할납부에 관한 적용례) 제103조의37 제5항의 개정규정은 2023년 1월 1일 이후 개시한 사업연도의 연결법인별 법인지방소득세를 신고·납부하는 경우부터 적용한다.

---

45) 『지방세법』
　　제103조의23(과세표준 및 세액의 확정신고와 납부) ① 「법인세법」 제60조에 따른 신고의무가 있는 내국법인은 각 사업연도의 종료일이 속하는 달의 말일부터 4개월 이내에 대통령령으로 정하는 바에 따라 그 사업연도의 소득에 대한 법인지방소득세의 과세표준과 세액을 납세지 관할 지방자치단체의 장에게 신고하여야 한다.
　　② 제1항에 따른 신고를 할 때에는 그 신고서에 다음 각 호의 서류를 첨부하여야 한다.
　　1. 기업회계기준을 준용하여 작성한 개별 내국법인의 재무상태표·포괄손익계산서 및 이익잉여금처분계산서(또는 결손금처리계산서)
　　2. 대통령령으로 정하는 바에 따라 작성한 세무조정계산서
　　3. 대통령령으로 정하는 법인지방소득세 안분명세서. 다만, 하나의 특별자치시·특별자치도·시·군 또는 자치구 에만 사업장이 있는 법인의 경우는 제외한다.

---

4. 그 밖에 대통령령으로 정하는 서류

③ 내국법인은 각 사업연도의 소득에 대한 법인지방소득세 산출세액에서 다음 각 호의 법인지방소득세 세액(가산세는 제외한다)을 공제한 금액을 각 사업연도에 대한 법인지방소득세로서 제1항에 따른 신고기한까지 납세지 관할 지방자치단체에 납부하여야 한다. 다만, 「조세특례제한법」 제104조의10제1항제1호에 따라 과세표준 계산의 특례를 적용받은 경우에는 제3호에 해당하는 세액을 공제하지 아니한다.

1. 제103조의22에 따른 해당 사업연도의 공제·감면 세액
2. 제103조의26에 따른 해당 사업연도의 수시부과세액
3. 제103조의29에 따른 해당 사업연도의 특별징수세액
4. 제103조의32제5항에 따른 해당 사업연도의 예정신고납부세액

④ 제1항은 내국법인으로서 각 사업연도의 소득금액이 없거나 결손금이 있는 법인의 경우에도 적용한다.

⑤ 둘 이상의 지방자치단체에 법인의 사업장이 있는 경우에는 본점 소재지를 관할하는 지방자치단체의 장에게 제2항 각 호의 첨부서류를 제출하면 법인의 각 사업장 소재지 관할 지방자치단체의 장에게도 이를 제출한 것으로 본다. 〈신설 2015. 12. 29.〉

⑥ 제1항에 따른 신고를 할 때 그 신고서에 제2항제1호부터 제3호까지의 서류를 첨부하지 아니하면 이 법에 따른 신고로 보지 아니한다. 다만, 「법인세법」 제4조제3항제1호 및 제7호에 따른 수익사업을 하지 아니하는 비영리내국법인은 그러하지 아니하다.

⑦ 납세지 관할 지방자치단체장은 제1항 및 제2항에 따라 제출된 신고서 또는 그 밖의 서류에 미비한 점이 있거나 오류가 있는 경우에는 보정을 요구할 수 있다.

46) 「지방세법」

제103조의51(신고·납부·결정·경정·징수 및 특례) ① 제103조의47제1항에 따른 외국법인과 같은 조 제2항 및 제3항에 해당하는 외국법인으로서 「법인세법」 제93조제7호에 따른 국내원천 부동산등양도소득이 있는 외국법인의 각 사업연도의 소득에 대한 법인지방소득세의 신고·납부·결정·경정·징수에 대하여는 이 절에서 규정하는 것을 제외하고는 제6절 및 「법인세법」 제97조를 준용한다. 이 경우 제103조의23제3항을 준용할 때 제103조의47제1항에 따른 외국법인과 같은 조 제2항 및 제3항에 해당하는 외국법인으로서 「법인세법」 제93조제7호에 따른 국내원천 부동산등양도소득이 있는 외국법인의 각 사업연도의 소득에 대한 법인지방소득세 과세표준에 같은 법 제98조제1항제5호 및 같은 조 제8항에 따라 원천징수된 소득이 포함되어 있는 경우에는 그 원천징수세액의 100분의 10에 해당하는 특별징수세액을 제103조의23제3항제3호에 따라 공제되는 세액으로 본다.

법인지방소득세 안분 신고 미이행 가산세 감경(제103조의24)

❑ **개정내용**

법인지방소득세 안분 신고를 미이행한 경우 가산세 50% 감경

구 분	현 행	개정내용
법인지방소득세 안분 신고 미이행시 가산세	○ 무신고가산세: 납부하여야 할 세액의 <u>20%</u>	○ 무신고가산세: 납부하여야 할 세액의 <u>10%</u>

※ **법인지방소득세 안분 신고:** 둘 이상의 지자체에 사업장이 있는 법인은 법인지방
  소득세를 현행법 제89조[47])에 따라 각 사업장 소재 지방자치단체에 안분하여 신
  고 · 납부하여야 함

❑ **입법취지**

○ 둘 이상의 지자체에 사업장이 있는 법인의 경우, **법인세**는 본점 관할 세무서 1
  곳에 전액 신고 · 납부하면 되지만 **법인지방소득세**는 각 사업장 소재 지자체에
  안분하여 신고 · 납부해야 함에도 1곳에 전액을 신고하는 경우가 종종 발생

⇒ 안분 신고 미이행시 부과되는 **무신고가산세**를 50% 감경(납부할 세액의 20% → 10%)

❑ **논의과정**

○ **관련 법률안:** 개정내용대로 정부안 제출(의안번호 2125185)

○ **전문위원 검토의견**

  ① 둘 이상 지자체에 사업장이 있는 법인은 규모 면에서 영세하지 않으며 통상
  세무사 · 회계사 등을 통해 세무를 처리함에도 안분 신고를 미인지한 것은 법인
  측 귀책사유로 볼 필요가 있고, ② 법인지방소득세는 통상 전자시스템에서 신
  고하기 때문에 둘 이상의 지자체에 신고하더라도 절차상 어렵지 않다는 점 고
  려 필요

---

47) 「지방세법」
  제89조(납세지 등) ① 지방소득세의 납세지는 다음 각 호와 같다.
    1. 개인지방소득세: 「지방세기본법」제34조에 따른 납세의무 성립 당시의 「소득세법」제6조 및 제7조에 따른 납
      세지
    2. 법인지방소득세: 사업연도 종료일 현재의 「법인세법」제9조에 따른 납세지. 다만, 법인 또는 연결법인이 둘
      이상의 지방자치단체에 사업장이 있는 경우에는 각각의 사업장 소재지를 납세지로 한다.
    <u>② 제1항제2호 단서에 따라 둘 이상의 지방자치단체에 법인의 사업장이 있는 경우 또는 각 연결법인의 사업장이
    있는 경우에는 대통령령으로 정하는 기준에 따라 법인지방소득세를 안분하여 그 소재지를 관할하는 지방자치단체
    의 장에게 각각 신고납부하여야 한다.</u>

○ **정부의견**

법인지방소득세 자체를 미신고한 경우에 대한 무신고가산세와 이를 신고하였으나 안분신고를 하지 않은 경우에 대한 무신고가산세의 세율이 20%로 동일한 것은 형평성에 맞지 않을 수 있으므로, 후자는 경감할 필요

○ **의원의견**

안분 신고 미이행에 대한 부담을 경감하는 것은 지방재정 확보 차원에서 타당하지 않을 수 있다는 의견 제기

⇒ **원안 의결** (정부안)

❏ **조문대비표**

현 행	개정내용	비 고
제103조의24(수정신고 등) ① ~ ⑤ (생 략)[48]	제103조의24(수정신고 등) ① ~ ⑤ (현행과 같음)	
⑥ 둘 이상의 지방자치단체에 사업장이 있는 법인이 제89조제2항[49)]에 따라 사업장 소재지를 관할하는 지방자치단체의 장에게 각각 신고납부하지 아니하고 하나의 지방자치단체의 장에게 일괄하여 과세표준 및 세액을 확정신고(수정신고를 포함한다)한 경우 그 법인에 대해서는 제3항 후단을 적용하지 아니하되, 제4항을 적용한다. <후단 신설>	⑥ ───. 이 경우 제3항 후단을 적용하지 아니함에 따라 「지방세기본법」 제53조제1항[50)]에 따른 가산세를 부과하는 경우 해당 가산세의 금액은 같은 항에 따른 무신고납부세액의 **100분의 10**에 상당하는 금액으로 한다.	○ 무신고가산세 감경
⑦ (생 략)	⑦ (현행과 같음)	
부 칙 제1조(시행일) 이 법은 2024년 1월 1일부터 시행한다. 제6조(법인지방소득세의 무신고가산세 특례에 관한 적용례) 제103조의24		

현 행	개 정 내 용	비 고
제6항 후단의 개정규정은 2023년 1월 1일 이후 개시한 사업연도의 법인지방소득세를 신고 · 납부하는 경우부터 적용한다.		

---

48) 「지방세법」

　제103조의24(수정신고 등) ① 제103조의23에 따라 신고를 한 내국법인이 「국세기본법」에 따라 「법인세법」에 따른 신고내용을 수정신고할 때에는 대통령령으로 정하는 바에 따라 납세지를 관할하는 지방자치단체의 장에게도 해당 내용을 신고하여야 한다.

　② 제103조의23에 따라 신고를 한 내국법인이 신고납부한 법인지방소득세의 납세지 또는 지방자치단체별 안분세액에 오류가 있음을 발견하였을 때에는 제103조의25에 따라 지방자치단체의 장이 보통징수의 방법으로 부과고지를 하기 전까지 관할 지방자치단체의 장에게 「지방세기본법」 제49조부터 제51조까지에 따른 수정신고, 경정 등의 청구 또는 기한 후 신고를 할 수 있다.

　③ 제1항 또는 제2항에 따른 수정신고 또는 기한 후 신고를 통하여 추가납부세액이 발생하는 경우에는 이를 납부하여야 한다. 이 경우 제2항에 따라 발생하는 추가납부세액에 대해서는 「지방세기본법」 제53조부터 제55조까지에 따른 가산세를 부과하지 아니한다.

　④ 제2항에 따른 경정 등의 청구를 통하여 환급세액이 발생하는 경우에는 「지방세기본법」 제62조에 따른 지방세 환급가산금을 지급하지 아니한다.

　⑤ 둘 이상의 지방자치단체에 사업장이 있는 법인은 제103조의23에 따라 신고한 과세표준에 대하여 해당 사업연도의 종료일 현재 본점 또는 주사무소의 소재지를 관할하는 지방자치단체의 장에게 일괄하여 「지방세기본법」 제50조에 따른 경정 등의 청구를 할 수 있다. 이 경우 본점 또는 주사무소의 소재지를 관할하는 지방자치단체의 장은 해당 법인이 청구한 내용을 다른 사업장의 소재지를 관할하는 지방자치단체의 장에게 통보하여야 한다.

　⑦ 그 밖에 법인지방소득세의 수정신고 · 납부 및 경정 등의 청구에 관하여 필요한 사항은 대통령령으로 정한다.

49) 「지방세법」

　제89조(납세지 등) ① 지방소득세의 납세지는 다음 각 호와 같다.

　1. 개인지방소득세: 「지방세기본법」 제34조에 따른 납세의무 성립 당시의 「소득세법」 제6조 및 제7조에 따른 납세지

　2. 법인지방소득세: 사업연도 종료일 현재의 「법인세법」 제9조에 따른 납세지. 다만, 법인 또는 연결법인이 둘 이상의 지방자치단체에 사업장이 있는 경우에는 각각의 사업장 소재지를 납세지로 한다.

　② 제1항제2호 단서에 따라 둘 이상의 지방자치단체에 법인의 사업장이 있는 경우 또는 각 연결법인의 사업장이 있는 경우에는 대통령령으로 정하는 기준에 따라 법인지방소득세를 안분하여 그 소재지를 관할하는 지방자치단체의 장에게 각각 신고납부하여야 한다.

50) 「지방세기본법」

　제53조(무신고가산세) ① 납세의무자가 법정신고기한까지 과세표준 신고를 하지 아니한 경우에는 그 신고로 납부하여야 할 세액(이 법과 지방세관계법에 따른 가산세와 가산하여 납부하여야 할 이자상당가산액이 있는 경우 그 금액은 제외하며, 이하 "무신고납부세액"이라 한다)의 100분의 20에 상당하는 금액을 가산세로 부과한다.

③ 연결집단 연결세액이 없는 경우 연결법인별 세액배분 근거 신설(제103조의37)

❑ **개정내용**

연결집단 연결세액이 없는 경우 연결법인별 세액배분의 방법을 시행령으로 규정하기 위한 위임 근거를 마련

구 분		현 행	개정내용
연결 법인별 세액 배분	연결세액이 0이 아닌 경우	법인별 당초 세액을 "법인별 과세표준 × (연결세액 / 연결과세표준)"으로 산정하여 상호 정산 * 연결세액이 0이면 법인별 당초 세액이 모두 0으로 계산되어 상호정산 불가	현행과 같음
	연결세액이 0인 경우		**시행령으로 정산기준 마련** (법률에 위임근거 신설)

※ **연결법인**: 단일한 과세표준 및 세액 계산의 단위가 되는 둘 이상의 법인으로서, 나머지 법인을 연결지배(지분 90% 이상 보유)하는 연결모법인과 연결모법인의 연결지배를 받는 연결자법인으로 구성

※ **연결법인별 세액배분**: 연결집단(연결모법인+연결자법인) 전체의 조세를 연결모법인이 대신 납부한 후, 연결법인별 경영실적(이익·결손 규모)에 따라 각자 납부하였어야 할 세액을 정산하는 행위. 연결자법인에 이익이 발생하였으면 그에 상응하는 세액을 연결모법인에게 지급하고, 결손이 발생하였으면 그에 상응하는 세액축소액을 연결모법인으로부터 환급받음

※ **연결세액이 0인 경우**(사례)

구 분	과세표준	산출세액(개정전 기준)
합계	0원	0원
모법인 A	100억원	0원 = 100억원 × (0억 / 0원)
자법인 B	100억원	0원 = 100억원 × (0억 / 0원)
자법인 C	△200억원	0원 = △200억원 × (0억 / 0원)

PART 4 지방세법(지역자원시설세 제외) **113**

❏ 입법취지

연결집단의 연결세액을 연결모법인이 납부한 후 연결법인별 당초 세액을 계산하여 상호 정산(배분)하는데, 현행 당초 세액 산식은 연결세액이 0이면 모든 법인의 세액이 0인 것으로 계산되어 정산이 불가

⇒ 연결세액이 0인 경우의 정산 기준을 시행령으로 규정*하기 위한 위임 근거**를 마련

* 구체적인 산식은 기재부에서 미정이며 「법인세법 시행령」으로 규정 예정(지방세법 시행령은 이를 준용할 예정)
** 현행 당초 세액 산식 등 정산 기준도 시행령에 규정 중

❏ 논의과정

○ **관련 법률안:** 개정내용대로 정부안 제출(의안번호 2125185)

○ **전문위원 검토의견**

연결법인 내 회계의 정확성 확보를 위해 필요한 조치이며, 연동된 「법인세법」 규정이 함께 개정되었다는 점에서 필요성 인정

다만, 제103조의37제7항은 2024년 1월 1일 시행을 앞두고 있기에 현행 조문이 아닌 공포후 시행전 조문 개정 필요

○ **정부의견**

정부안 입안 과정의 실수를 보완하는 것이므로, 전문위원 검토의견에 동의

⇒ **수정 의결** (전문위원 검토의견 반영)

※ **국세 동반개정:** 「법인세법」 제76조의19제5항 (2024.1.1. 시행)

> **제76조의19(연결법인세액의 납부 및 정산)** ⑤ 연결산출세액이 없는 경우로서 다음 각 호에 해당하는 경우에는 결손금 이전에 따른 손익을 정산한 금액(이하 이 항에서 "정산금"이라 한다)을 해당 호에서 정하는 바에 따라 연결법인별로 배분하여야 한다.
> 1. 다음 각 목의 어느 하나에 해당하는 연결자법인이 있는 경우: 해당 연결자법인이 대통령령으로 정하는 바에 따라 계산한 정산금을 제1항의 기한까지 연결모법인에 지급
>   가. 연결자법인의 해당 연결사업연도 소득금액에 제76조의14제1항에 따라 다른 연결법인의 결손금이 합하여진 경우
>   나. 연결자법인의 연결소득 개별귀속액에서 다른 연결법인의 제76조의13제1항제1호에 따른 결손금이 공제된 경우
> 2. 다음 각 목의 어느 하나에 해당하는 연결자법인이 있는 경우: 연결모법인이 대통령령으로 정하는 바에 따라 계산한 정산금을 제1항의 기한까지 해당 연결자법인에 지급

가. 연결자법인의 해당 연결사업연도 결손금이 제76조의14제1항에 따라 다른 연결법인의 소득금액에 합하여진 경우

나. 연결자법인의 제76조의13제1항제1호에 따른 결손금이 다른 연결법인의 연결소득 개별귀속액에서 공제된 경우

❏ **조문대비표**

현 행	개 정 내 용	비 고
법률 제19230호 지방세법 일부개정법률	법률 제19230호 지방세법 일부개정법률	
제103조의37(연결과세표준 및 연결법인지방소득세액의 신고 및 납부) ① (생 략)⁵¹⁾	제103조의37(연결과세표준 및 연결법인지방소득세액의 신고 및 납부) ① (개정내용 생략)	
② ~ ④ (생 략)	② ~ ④ (현행과 같음)	
〈신 설〉	⑤ (개정내용 생략)	
⑤ (생 략)	⑥ (현행 제5항과 같음)	
〈신 설〉	⑦ 제103조의35제1항⁵²⁾에 따른 법인지방소득세 연결산출세액이 없는 경우로서 다음 각 호의 어느 하나에 해당하는 경우에는 각 연결법인의 결손금 이전에 따른 손익을 정산한 금액(이하 "정산금"이라 한다)을 해당 호에서 정하는 바에 따라 연결법인별로 배분하여야 한다. 1. 「법인세법」 제76조의19제5항제1호 각 목⁵³⁾의 어느 하나에 해당하는 연결자법인이 있는 경우: 해당 연결자법인이 대통령령으로 정하는 바에 따라 계산한 정산금을 제1항의 기한까지 연결모법인에 지급 2. 「법인세법」 제76조의19제5항제2호 각 목의 어느 하나에 해	

현　행	개 정 내 용	비　고
	당하는 연결자법인이 있는 경 우: 연결모법인이 대통령령으 로 정하는 바에 따라 계산한 정산금을 제1항의 기한까지 해 당 연결자법인에 지급	
⑥ ~ ⑧ (생　략)	⑧ ~ ⑩ (현행 제6항부터 제8항 까지와 같음)	

부　　칙

제1조(시행일) 이 법은 2024년 1월 1일부터 시행한다.

제8조(연결산출세액의 부재에 따른 정산금 배분에 관한 적용례) 법률 제1
9230호 지방세법 일부개정법률 제103조의37제7항의 개정규정은 이 법
시행 이후 개시하는 사업연도부터 적용한다.

---

51) 「지방세법」

　제103조의37(연결과세표준 및 연결법인지방소득세액의 신고 및 납부) ① 연결모법인은 각 연결사업연도의 종
료일이 속하는 달의 말일부터 5개월 이내에 제103조의34에 따른 각 연결사업연도의 소득에 대한 법인지방소득
세 과세표준과 제103조의35제4항에 따른 각 연결사업연도의 소득에 대한 연결법인별 법인지방소득세 산출세액을
대통령령으로 정하는 신고서에 따라 연결법인별 납세지 관할 지방자치단체의 장에게 다음 각 호의 서류를 첨부하
여 신고하여야 한다. 이 경우 제103조의23제4항을 준용한다.

　1. 각 연결법인의 제103조의23제2항제1호부터 제3호까지의 서류

　2. 대통령령으로 정하는 세액조정계산서 첨부서류

　② 각 지방자치단체의 연결법인별 법인지방소득세 산출세액은 제89조제2항에서 정하는 바에 따른다.

　③ 연결법인의 사업장이 둘 이상의 지방자치단체에 있는 경우에는 제89조제1항에 따른 납세지 관할 지방자치단
체의 장에게 각각 신고하여야 한다.

　④ 연결모법인은 연결법인별 법인지방소득세 산출세액에서 제103조의36에 따라 공제 및 감면되는 세액 및 제
103조의29에 따라 특별징수한 세액을 공제한 금액을 제1항에 따른 신고기한까지 제89조제1항에 따른 납세지
관할 지방자치단체에 납부하여야 한다.

　⑤ 제1항에 따라 연결모법인이 지방소득세를 신고납부하는 경우에는 각 연결자법인은 제89조제2항에 따라 연결
법인별로 계산된 지방소득세 상당액을 연결모법인에게 지급하여야 한다. 다만, 해당 지방소득세 상당액이 음의
수인 경우 연결모법인은 음의 부호를 뗀 금액을 연결자법인에 지급하여야 한다.

　⑥ 제1항에 따른 첨부서류를 연결모법인 본점 소재지를 관할하는 지방자치단체의 장에게 제출한 경우에는 연결법
인별 납세지 관할 지방자치단체의 장에게도 이를 제출한 것으로 본다.

　⑦ 제1항에 따른 신고를 할 때 그 신고서에 제1항제1호의 서류를 첨부하지 아니하면 이 법에 따른 신고로 보지
아니한다.

　⑧ 납세지 관할 지방자치단체장은 제1항 및 제3항에 따라 제출된 신고서 또는 그 밖의 서류에 미비한 점이 있거
나 오류가 있을 때에는 보정할 것을 요구할 수 있다.

52) 「지방세법」

　제103조의35(연결산출세액) ① 각 연결사업연도의 소득에 대한 법인지방소득세 연결산출세액은 제103조의34에
따른 과세표준에 제103조의20에 따른 세율을 적용하여 계산한 금액으로 한다.

53) 「의안번호 2124153 법인세법 일부개정법률안(정부 제출)」

　제76조의19(연결법인세액의 납부 및 정산) ⑤ 연결산출세액이 없는 경우로서 다음 각 호에 해당하는 경우에는
결손금 이전에 따른 손익을 정산한 금액(이하 이 항에서 "정산금"이라 한다)을 해당 호에서 정하는 바에 따라
연결법인별로 배분하여야 한다.

4 외국인 통합계좌를 통한 외국법인 특별징수 신설(제103조의52)

❑ **개정내용**

「법인세법」을 개정하여 외국인 통합계좌를 통해 외국법인에 국내원천소득을 지급하는 경우의 법인세 원천징수 의무를 신설하면서, 법인세 원천징수시 함께 특별징수하는 법인지방소득세에도 해당 규정을 반영

구 분	현 행	개정내용
법인세 원천징수시 법인지방소득세 특별징수 범위	〈신 설〉	○ 외국인 통합계좌를 통해 외국법인에 국내원천소득을 지급하는 경우에 대한 법인세 원천징수시

※ **외국인 통합계좌**: 외국인 다수의 국내주식 등에 대한 주문·결제를 1인이 대신하는 계좌

※ **외국법인**: 외국에서 설립절차를 거쳐 등기된 법인

❑ **입법취지**

○ 외국인 다수의 국내주식 등에 대한 주문·결제를 1인이 대신하는 외국인 통합계좌의 경우, 이를 통해 외국인이 국내원천소득(투자수익금 등)을 지급받으면 그 최종적인 귀속처를 추적하는 것이 불가능

⇒ 이에 「법인세법」을 개정하여 외국인 통합계좌에 국내원천소득을 지급하는 자가 법인세를 원천징수하게 하면서, 법인세 원천징수시 법인지방소득세도 함께 특별징수할 수 있도록 관련 규정 정비

---

1. 다음 각 목의 어느 하나에 해당하는 연결자법인이 있는 경우: 해당 연결자법인이 대통령령으로 정하는 바에 따라 계산한 정산금을 제1항의 기한까지 연결모법인에 지급
   가. 연결자법인의 해당 연결사업연도 소득금액에 제76조의14제1항에 따라 다른 연결법인의 결손금이 합하여진 경우
   나. 연결자법인의 연결소득 개별귀속액에서 다른 연결법인의 제76조의13제1항제1호에 따른 결손금이 공제된 경우
2. 다음 각 목의 어느 하나에 해당하는 연결자법인이 있는 경우: 연결모법인이 대통령령으로 정하는 바에 따라 계산한 정산금을 제1항의 기한까지 해당 연결자법인에 지급
   가. 연결자법인의 해당 연결사업연도 결손금이 제76조의14제1항에 따라 다른 연결법인의 소득금액에 합하여진 경우
   나. 연결자법인의 제76조의13제1항제1호에 따른 결손금이 다른 연결법인의 연결소득 개별귀속액에서 공제된 경우

❑ **논의과정**

○ **관련 법률안:** 개정내용대로 정부안 제출(의안번호 2125185)

○ **전문위원 검토의견**

　외국인 통합계좌를 통해 지급받는 국내원천소득(투자수익금 등)의 최종적인 귀속처를 추적하는 것은 현실적으로 불가능하므로, 조세 형평성을 위해 타당

⇒ **원안 의결** (정부안)

※ **국세 동반개정:** 「법인세법」 제98조의8 (2024.1.1. 시행)

제98조의8(외국인 통합계좌를 통하여 지급받는 국내원천소득에 대한 원천징수 특례) ① 외국법인 또는 국외투자기구가 외국인 통합계좌(「자본시장과 금융투자업에 관한 법률」 제12조제2항제1호나목에 따른 외국 금융투자업자가 다른 외국 투자자의 주식 매매거래를 일괄하여 주문·결제하기 위하여 자기 명의로 개설한 계좌를 말한다. 이하 같다)를 통하여 제93조에 따른 국내원천소득을 지급받는 경우 해당 국내원천소득을 외국인 통합계좌를 통하여 지급하는 자는 외국인 통합계좌의 명의인에게 그 소득금액을 지급할 때 제98조제1항 각 호의 구분에 따른 금액을 법인세로 원천징수하여야 한다.

② 제1항에 따라 소득을 지급받은 외국법인 또는 국외투자기구는 조세조약상 비과세·면제 또는 제한세율을 적용받으려는 경우에는 납세지 관할 세무서장에게 경정을 청구할 수 있다.

③ 외국법인 또는 국외투자기구가 제2항에 따라 경정을 청구하는 경우 경정청구의 기한 및 방법·절차 등에 관하여는 제98조의4제5항부터 제7항까지 및 제98조의6제4항부터 제6항까지를 준용한다. 이 경우 제98조의4제5항 본문 중 "실질귀속자" 및 "실질귀속자 또는 소득지급자"와 제98조의6제4항 본문 중 "실질귀속자" 및 "실질귀속자 또는 원천징수의무자가"는 각각 "외국법인 또는 국외투자기구가"로 본다.

❑ **조문대비표**

현 행	개 정 내 용	비 고
제103조의52(외국법인에 대한 특별 징수 또는 징수의 특례) ① 외국법인의 국내원천소득에 대하여 「법인세법」 제98조부터 제98조의7까지의 규정에 따라 법인세를 원천징수하는 경우에는 원천징수하는 법인세의 100분의 10에 해당하는 금액을 법인지방소득세로	제103조의52(외국법인에 대한 특별 징수 또는 징수의 특례) ① ── ──────────────── 「법인세법」 제98조 및 제98조의2부터 **제98조의8까지**[54] ──── ──────────────── ──────────────── ────────────────	○ 외국인 통합계좌 법인세 원천징수시에도 법인지방소득세 특별징수하도록 규정

현 행	개 정 내 용	비 고
특별징수하여야 한다. 이 경우 「법인세법」에 따른 원천징수의무자를 법인지방소득세의 특별징수의무자로 한다. ② 제1항에 따른 특별징수의무자의 납부 등에 관하여는 제103조의29제3항 및 제4항을 준용하고, 그 밖에 외국법인에 대한 특별징수 또는 징수의 특례에 관하여 이 법에서 정하지 아니한 사항은 <u>「법인세법」 제98조부터 제98조의7까지</u>를 준용한다.	─ ─ ─ ─ ─ ─ ─ ─. ─. ② ─ <u>「법인세법」 제98조 및 제98조의2부터 **제98조의8**까지의 규정</u>을 ─.	

부 칙

제1조(시행일) 이 법은 2024년 1월 1일부터 시행한다.

제9조(외국법인에 대한 특별징수 또는 징수의 특례에 관한 적용례) 제103조의52제1항 및 제2항의 개정규정은 이 법 시행 이후 외국법인에 국내원천소득을 지급하는 경우부터 적용한다.

---

54) 「법인세법」

    제98조(외국법인에 대한 원천징수 또는 징수의 특례) (조문 생략)

    제98조의2(외국법인의 유가증권 양도소득 등에 대한 신고·납부 등의 특례) (조문 생략)

    제98조의3(외국법인의 원천징수대상채권등에 대한 원천징수의 특례) (조문 생략)

    제98조의4(외국법인에 대한 조세조약상 비과세 또는 면제 적용 신청) (조문 생략)

    제98조의5(특정지역 외국법인에 대한 원천징수절차 특례) (조문 생략)

    제98조의6(외국법인에 대한 조세조약상 제한세율 적용을 위한 원천징수 절차 특례) (조문 생략)

    제98조의7(이자·배당 및 사용료에 대한 세율의 적용 특례) (조문 생략)

    제98조의8(외국인 통합계좌를 통하여 지급받는 국내원천소득에 대한 원천징수 특례) ① 외국법인 또는 국외투자기구가 외국인 통합계좌(「자본시장과 금융투자업에 관한 법률」 제12조제2항제1호나목에 따른 외국 금융투자업자가 다른 외국 투자자의 주식 매매거래를 일괄하여 주문·결제하기 위하여 자기 명의로 개설한 계좌를 말한다. 이하 같다)를 통하여 제93조에 따른 국내원천소득을 지급받는 경우 해당 국내원천소득을 외국인 통합계좌를 통하여 지급하는 자는 외국인 통합계좌의 명의인에게 그 소득금액을 지급할 때 제98조제1항 각 호의 구분에 따른 금액을 법인세로 원천징수하여야 한다.

    ② 제1항에 따라 소득을 지급받은 외국법인 또는 국외투자기구는 조세조약상 비과세·면제 또는 제한세율을 적용받으려는 경우에는 납세지 관할 세무서장에게 경정을 청구할 수 있다.

    ③ 외국법인 또는 국외투자기구가 제2항에 따라 경정을 청구하는 경우 경정청구의 기한 및 방법·절차 등에 관하여는 제98조의4제5항부터 제7항까지 및 제98조의6제4항부터 제6항까지의 규정을 준용한다. 이 경우 제98조의4제5항 본문 중 "실질귀속자" 및 "실질귀속자 또는 소득지급자"와 제98조의6제4항 본문 중 "실질귀속자" 및 "실질귀속자 또는 원천징수의무자"는 각각 "외국법인 또는 국외투자기구"로 본다.

    ※ 제98조의8은 「의안번호 2124153 법인세법 일부개정법률안(정부 제출)」의 개정내용

동업자 등의 지방소득세 납세의무 인용조문 정비 등(제103조의53)

❑ **개정내용**

「조세특례제한법」상 동업자 등의 소득세 · 법인세 납부 의무 규정의 조문 구조가
변동하는 것에 연동하여 현행법상 지방소득세 납세의무 규정의 인용조문 정비

구 분	현 행	개정내용
동업자 동업기업 지방소득세 납세의무	○「조세특례제한법」 제100조의15**제1항**에 따라 동업자 · 동업기업이 소득세 · 법인세를 납부하는 경우*	○「조세특례제한법」 제100조의15**제1항 및 제2항**에 따라 동업자 · 동업기업이 소득세 · 법인세를 납부하는 경우*

* 「조세특례제한법」 제100조의15제2항에 따른 경우: 기관전용 사모집합투자기구로서 대통령
령으로 정하는 요건을 갖춘 투자합자회사인 경우

❑ **입법취지**

○ 지방소득세는 소득세 · 법인세와 과세표준을 공유하며 후자의 1/10의 세율로 납
세의무 부과 중

현행 「지방세법」은 「조세특례제한법」 제100조의15제1항[55])에 따라 소득세 · 법
인세를 납부하는 동업자 · 동업기업에 그에 연동한 지방소득세 납부 의무 부과 중
⇒ 「조세특례제한법」 제100조의15제1항에 대한 특례로 제2항을 신설하여 "기관전

---

55) 「조세특례제한법」
  제100조의15(적용범위) ① 이 절에서 규정하는 과세특례(이 절에서 "동업기업과세특례"라 한다)는 동업기업으로서
  다음 각 호의 어느 하나에 해당하는 단체가 제100조의17에 따라 적용신청을 한 경우 해당 동업기업 및 그 동업자
  에 대하여 적용한다. 다만, 동업기업과세특례를 적용받는 동업기업의 동업자는 동업기업의 자격으로 동업기업과세특
  례를 적용받을 수 없으며, 제5호에 따른 외국단체의 경우 국내사업장을 하나의 동업기업으로 보아 해당 국내사업장
  과 실질적으로 관련되거나 해당 국내사업장에 귀속하는 소득으로 한정하여 동업기업과세특례를 적용한다.
  1. 「민법」에 따른 조합
  2. 「상법」에 따른 합자조합 및 익명조합(「자본시장과 금융투자업에 관한 법률」 제9조제18항제5호 및 제6호의 투자
    합자조합 및 투자익명조합은 제외한다)
  3. 「상법」에 따른 합명회사 및 합자회사(「자본시장과 금융투자업에 관한 법률」 제9조제18항제4호의 투자합자회사
    중 같은 조 제19항제1호의 기관전용 사모집합투자기구가 아닌 것은 제외한다)
  4. 제1호부터 제3호까지의 규정에 따른 단체와 유사하거나 인적 용역을 주로 제공하는 단체로서 대통령령으로 정
    하는 것
  5. 「법인세법」 제2조제3호의 외국법인 또는 「소득세법」 제2조제3항에 따른 비거주자로 보는 법인 아닌 단체 중 제
    1호부터 제4호까지의 규정에 따른 단체와 유사한 단체로서 대통령령으로 정하는 기준에 해당하는 외국단체
  ② 제1항 단서에도 불구하고 동업기업과세특례를 적용받는 동업기업에 출자한 동업자가 「자본시장과 금융투자업에
  관한 법률」 제9조제19항제1호의 기관전용 사모집합투자기구로서 대통령령으로 정하는 요건을 갖춘 투자합자회사인
  경우 그 투자합자회사는 자기에게 출자한 동업자와의 관계에서 동업기업의 자격으로 동업기업과세특례를 적용받을
  수 있다. 이 경우 해당 투자합자회사의 동업자는 동업기업의 자격으로 동업기업과세특례를 적용받을 수 없다.
  ※ 제2항은 「의안번호 2124153 조세특례제한법 일부개정법률안(정부 제출)」의 개정내용

용 사모집합투자기구로서 대통령령으로 정하는 요건을 갖춘 투자합자회사인 경우" 소득세·법인세 납부 기준을 변경하는 정부 제출 「조세특례제한법 일부개정법률안」에 연동하여, 지방소득세 납부 의무 규정상 인용조문에 「조세특례제한법」 제100조의15제2항을 추가

❏ **논의과정**
  ○ **관련 법률안:** 개정내용대로 정부안 제출(의안번호 2125185)
  ○ **전문위원 검토의견**
    조세체계의 통일성을 위해 타당
  ⇒ **원안 의결** (정부안)

❏ **조문대비표**

현 행	개 정 내 용	비 고
제103조의53(동업기업 및 동업자의 납세의무) ① <u>「조세특례제한법」 제100조의15제1항</u>에 따라 동업기업과세특례를 적용받는 동업기업(이하 "동업기업"이라 한다)과 동업자(이하 "동업자"라 한다) 중 동업자는 같은 법 제100조의18에 따라 배분받은 동업기업의 소득에 대하여 개인지방소득세 또는 법인지방소득세를 납부할 의무를 지며, 같은 법 제100조의16제3항에 따른 동업기업 전환법인은 같은 조항에 따라 계산한 과세표준에 지방세법 제103조의20제1항에 따른 세율을 적용하여 계산한 금액을 법인지방소득세(이하 "준청산소득에 대한 법인지방소득세"라 한다)로 납부할 의무가 있다.	제103조의53(동업기업 및 동업자의 납세의무) ① <u>「조세특례제한법」 제100조의15제1항 및 **제2항**</u>－－－.	○「조세특례제한법」 제100조의15제2항 신설에 따라 인용조문 정비
②·③ (생 략)	②·③ (현행과 같음)	
제103조의54(동업기업의 배분 등) ① 동업기업과 관련된 다음 각	제103조의54(동업기업의 배분 등) ① －－－－－－－－－－－－	

현 행	개 정 내 용	비 고
호의 금액은 각 과세연도의 종료일에 동업자 간의 손익배분비율에 따라 동업자에게 배분한다. 다만, 제4호의 금액은 내국법인 및 외국법인인 동업자에게만 배분한다.	– – – – – – – – – – – – – 종료<u>일에 대통령령으로 정하는 동업</u><u>자</u> – – – – – – – – – – –. –.	
1. ~ 4. (생 략)	1. ~ 4. (현행과 같음)	
② 동업자는 동업기업의 과세연도의 종료일이 속하는 과세연도의 지방소득세를 신고·납부할 때 <u>제2항</u>에 따라 배분받은 금액 중 같은 항 제1호 및 제2호의 금액은 해당 동업자의 지방소득세에서 공제하고, 같은 항 제3호 및 제4호의 금액은 해당 동업자의 지방소득세에 가산한다.	② – <u>제1항</u> –.	○ 현행법에 있던 기존 오류 수정(인용조항 번호 오류)
부　　칙 제1조(시행일) 이 법은 2024년 1월 1일부터 시행한다. 제10조(동업기업과세특례의 확대에 관한 적용례) 제103조의53제1항 및 제103조의54제1항의 개정규정은 2023년 12월 31일이 속하는 과세연도부터 적용한다.		

⑥ 개인지방소득세 과세표준 및 세액 확정신고 가산세 특례 기한 연장(제103조의61)

❑ 개정내용

지방소득세 과세표준 및 세액 확정신고 미이행(미신고 또는 과소신고) 후 **1개월** 이내에 기한후신고나 수정신고를 하는 경우 무신고가산세·과소신고가산세를 면제하는 **특례**의 기한을 2024년 과세기간까지 2년 연장

구 분	현 행	개정내용
지방소득세 과세표준 및 세액 확정신고 미이행 후 1개월 이내 수정신고나 기한후신고	○ 무신고가산세 · 과소신고가산세 면제: 2019~<u>2022년</u> 과세기간 까지	○ 무신고가산세 · 과소신고가산세 면제: 2019~<u>2024년</u> 과세기간 까지

※ **기한후신고:** 법정 신고기한 경과 후 지자체장이 관련 과세표준 및 세액을 결정 · 통지하기 전에 신고를 하는 것

※ **수정신고:** 법정 신고기한 내 신고한 내용을 수정하여 다시 신고하는 것

※ **과세기간:** 개인지방소득세 과세기간은 1.1 ~ 12.31까지이며 신고납부는 차년도에 이루어지므로, "2024년 과세기간까지 연장"은 특례 효과가 "2025년까지 연장"됨을 의미

❏ **입법취지**

○ 2014년 지방소득세가 소득세 · 법인세의 **부가세(Surtax)**에서 **독립세**로 전환된 후에도 국민 혼란을 우려하여 2018년 과세기간까지는 지방소득세 과세표준 및 세액 신고를 소득세 · 법인세와 같이 세무서장에게 하도록 특례 규정

이후 2019년 과세기간부터 지자체장에게 신고하도록 하되 여전히 국민 인식이 부족할 것을 우려하여 이를 미신고 · 과소신고한 후 1개월 이내에 기한후신고 · 수정신고를 하면 무신고가산세 · 과소신고가산세를 면제하는 특례를 2022년 과세기간까지 규정[*]

[*] 최초 2019~2020년 과세기간까지 특례를 신설한 후 2년 연장

⇒ 여전히 국민 인식이 부족하므로 2024년 과세기간까지 2년 연장

❏ **논의과정**

○ **관련 법률안:** 개정내용대로 정부안 제출(의안번호 2125185)

○ **전문위원 검토의견**

소득세는 정상 신고하였으나 그에 연동되는 개인지방소득세에 대해서만 신고의무를 이행하지 않았다는 점에서 조세회피 의도는 크지 않을 것이므로, 여전히 **국민 인식이 부족**하다면 가산세 면제 연장은 **타당**

⇒ **원안 의결** (정부안)

[선보생각]

2019 ~ 2020년 과세기간에 대해 최초 도입된 후 2년씩 2차례 연장되고 있으나 여전히 개인지방소득세 별도 신고에 대한 국민 인식이 부족하면, 이는 대국민 홍보 강화 등으로만 해소하기 어려운 문제일 수 있다.

최근 조세행정이 지속적으로 전산화되고 있으므로, 소득세와 같이 세무서장에게 신고하면 해당 과세정보를 지자체에서 공유하도록 하는 등의 제도개선 방안도 검토해볼 필요가 있다.

❏ 조문대비표

현 행	개 정 내 용	비 고
제103조의61(가산세 적용의 특례) ① (생 략)56)	제103조의61(가산세 적용의 특례) ① (현행과 같음)	
② **2021년 과세기간 및 2022년** 과세기간에 발생한 소득에 대하여 「소득세법」 제70조제1항57)에 따른 신고기한 내에 같은 조 제3항에 따른 종합소득 과세표준 확정신고를 한 거주자 또는 같은 법 제71조제1항58)에 따른 신고기한 내에 같은 조 제3항에 따른 퇴직소득 과세표준 확정신고를 한 거주자가 제95조59)에 따른 신고의무를 다하지 아니한 경우로서 해당 신고기한이 지난 후 1개월 이내에 종합소득 또는 퇴직소득에 대한 개인지방소득세를 제96조60)에 따라 수정신고하거나 「지방세기본법」 제51조61)에 따라 기한 후 신고하는 경우에는 같은 법 제53조 또는 제54조62)에 따른 가산세를 부과하지 아니한다.	② **2021년부터 2024년까지의 각** ―――――――――――――――― ―――――――――――――――― ―――――――――――――――― ―――――――――――――――― ―――――――――――――――― ―――――――――――――――― ―――――――――――――――― ―――――――――――――――― ―――――――――――――――― ―――――――――――――――― ―――――――――――――――― ―――――――――――――――― ―――――――――――――――― ―――――――――――――――― ――――――――――――――.	○ 특례 2년 연장
부 칙 제1조(시행일) 이 법은 2024년 1월 1일부터 시행한다.		

56) 「지방세법」
　제103조의61(가산세 적용의 특례) ① 「국제조세조정에 관한 법률」 제17조제1항에 따라 「국세기본법」 제47조의3에 따른 과소신고가산세를 부과하지 아니할 때에는 「지방세기본법」 제54조에 따른 과소신고가산세를 부과하지 아니한다.

57) 「소득세법」
　제70조(종합소득과세표준 확정신고) ① 해당 과세기간의 종합소득금액이 있는 거주자(종합소득과세표준이 없거나 결손금이 있는 거주자를 포함한다)는 그 종합소득 과세표준을 그 과세기간의 다음 연도 5월 1일부터 5월 31일까지 대통령령으로 정하는 바에 따라 납세지 관할 세무서장에게 신고하여야 한다.
　③ 제1항에 따른 신고를 "종합소득 과세표준확정신고"라 한다.

58) 「소득세법」
　제71조(퇴직소득과세표준 확정신고) ① 해당 과세기간의 퇴직소득금액이 있는 거주자는 그 퇴직소득과세표준을 그 과세기간의 다음 연도 5월 1일부터 5월 31일까지 대통령령으로 정하는 바에 따라 납세지 관할 세무서장에게 신고하여야 한다.
　③ 제1항에 따른 신고를 "퇴직소득 과세표준확정신고"라 한다.

59) 「지방세법」
　제95조(과세표준 및 세액의 확정신고와 납부) ① 거주자가 「소득세법」에 따라 종합소득 또는 퇴직소득에 대한 과세표준확정신고를 하는 경우에는 해당 신고기한까지 종합소득 또는 퇴직소득에 대한 개인지방소득세 과세표준과 세액을 대통령령으로 정하는 바에 따라 납세지 관할 지방자치단체의 장에게 확정신고 · 납부하여야 한다. 이 경우 거주자가 종합소득 또는 퇴직소득에 대한 개인지방소득세 과세표준과 세액을 납세지 관할 지방자치단체의 장 외의 지방자치단체의 장에게 신고한 경우에도 그 신고의 효력에는 영향이 없다.

60) 「지방세법」
　제96조(수정신고 등) ① 제95조에 따른 개인지방소득세 확정신고를 한 거주자가 「국세기본법」 제45조 및 제45조의2에 따라 「소득세법」에 따른 신고내용에 대하여 수정신고 또는 경정 등의 청구를 할 때에는 대통령령으로 정하는 바에 따라 납세지를 관할하는 지방자치단체의 장에게 「지방세기본법」 제49조 및 제50조에 따른 수정신고 또는 경정 등의 청구를 하여야 한다. 이 경우 거주자가 납세지를 관할하는 지방자치단체의 장 외의 지방자치단체의 장에게 「지방세기본법」 제49조 및 제50조에 따른 수정신고 또는 경정 등의 청구를 한 경우에도 그 신고 또는 청구의 효력에는 영향이 없다.

61) 「지방세기본법」
　제51조(기한 후 신고) ① 법정신고기한까지 과세표준 신고서를 제출하지 아니한 자는 지방자치단체의 장이 「지방세법」에 따라 그 지방세의 과세표준과 세액(이 법 및 「지방세법」에 따른 가산세를 포함한다. 이하 이 조에서 같다)을 결정하여 통지하기 전에는 납기 후의 과세표준 신고서(이하 "기한후신고서"라 한다)를 제출할 수 있다.

62) 「지방세기본법」
　제53조(무신고가산세) ① 납세의무자가 법정신고기한까지 과세표준 신고를 하지 아니한 경우에는 그 신고로 납부하여야 할 세액(이 법과 지방세관계법에 따른 가산세와 가산하여 납부하여야 할 이자상당액이 있는 경우 그 금액은 제외하며, 이하 "무신고납부세액"이라 한다)의 100분의 20에 상당하는 금액을 가산세로 부과한다.
　제54조(과소신고가산세 · 초과환급신고가산세) ① 납세의무자가 법정신고기한까지 과세표준 신고를 한 경우로서 신고하여야 할 납부세액보다 납부세액을 적게 신고(이하 "과소신고"라 한다)하거나 지방소득세 과세표준 신고를 하면서 환급받을 세액을 신고하여야 할 금액보다 많이 신고(이하 "초과환급신고"라 한다)한 경우에는 과소신고한 납부세액과 초과환급신고한 환급세액을 합한 금액(이 법과 지방세관계법에 따른 가산세와 가산하여 납부하여야 할 이자상당액이 있는 경우 그 금액은 제외하며, 이하 "과소신고납부세액등"이라 한다)의 100분의 10에 상당하는 금액을 가산세로 부과한다.

아. 재산세 관련 사항

(1) 재산세의 의의

❏ 개념
○ 재산세는 **매년 6월 1일** 현재 토지, 건축물, 주택, 항공기 및 선박을 보유하는 자에게 부과하는 **시·군세** 및 **구세**임

❏ 과세대상
○ (토지) 토지의 과세대상은 분리과세, 별도합산·종합합산과세로 구분
 - **분리과세**: 당해 토지가액만을 과세표준으로, 종부세 과세대상 아님
 - **별도합산·종합합산과세**: 각각 합산한 금액을 과세표준으로, 종부세 대상
○ (건축물) 「건축법」에 따른 건축물
○ (주택) 세대의 세대원이 장기간 독립된 주거생활을 영위할 수 있는 구조로 된 건축물 및 그 부속토지
○ (항공기) 사람이 탑승·조종하는 비행기 등 대통령령으로 정하는 것
○ (선박) 기선(증기기관), 범선(돛) 등 명칭에 관계없이 모든 배

❏ 재산세액 산출방식

 * 시가표준액: 「지방세법」 제4조에 따른 시가표준액(ex. 토지·주택은 공시가격)
 ** 공정시장가액비율: 과세대상의 시세, 지방재정 여건 등을 고려하여 과세표준 산출시 시가표준액에 곱하는 비율
 *** 세부담상한: 「지방세법」 제122조에 따라 직전 연도 재산세액의 150%

❏ 근거규정

「지방세법」 제105조(과세대상) 재산세는 토지, 건축물, 주택, 항공기 및 선박(이하 이 장에서 "재산"이라 한다)을 과세대상으로 한다.

「지방세기본법」 제8조(지방자치단체의 세목) ③ 구세는 다음 각 호와 같다.
  2. 재산세
  ④ 시·군세(광역시의 군세를 포함한다. 이하 같다)는 다음 각 호와 같다.
  4. 재산세

❑ 재산세의 주요 내용

구 분		내 용
세목분류		① 성격: 보유세 ② 과세권자: 시·군세, 구세
납세의무 성립		과세기준일(매년 6월 1일)
납세의무자		과세기준일 현재 사실상 소유자
징수방법		보통징수
과세대상		토지, 건축물, 주택, 항공기, 선박
비과세		국가 등의 소유에 속하는 재산 등
과세표준	토지·건축물	시가표준액 × 공정시장가액비율
	주택	시가표준액 × 공정시장가액비율
	선박·항공기	시가표준액
세율		과세대상에 따라 별도 규정
납부기간	토지	9월 16일~9월 30일
	주택	7월 16일~7월 31일, 9월 16일~9월 30일
	건축물·선박·항공기	7월 16일~7월 31일

(2) 주요 개정 사항

1 재산세 분할납부 기간 확대(제118조)

□ 개정내용

재산세에 대한 분할납부 기간을 현행 "2개월 이내"에서 "3개월 이내"로 확대

구 분	현 행	개정내용
재산세 분할납부	○ 기준세액: 250만원 초과 ○ 납부기간: <u>2개월</u> 이내	○ 기준세액: 250만원 초과 ○ 납부기간: <u>3개월</u> 이내

※ 주요 국세·지방세 분할납부 규정

구 분	세목	금액기준	분할납부 기간
국세	법인세	1천만원 초과	원칙: 1개월 이내 중소기업: 2개월 이내
	상속세·증여세	1천만원 초과	2개월 이내
		2천만원 초과 (연부연납)	상속세: 10년 이내 증여세: 5년 이내
	(종합소득·퇴직소득) 소득세	1천만원 초과	2개월 이내
	양도소득세	1천만원 초과	2개월 이내
	종합부동산세	250만원 초과	6개월 이내
지방세	(종합소득·퇴직소득) 지방소득세	100만원 초과	2개월 이내
	재산세	250만원 초과	2개월 이내 → 3개월 이내

□ 입법취지

○ 재산세 등 자산과세는 부동산 등 유동성이 낮은 자산에 부과되어 납세자의 경제력이 일시 제한될 경우 납세에 곤란 발생

이에 소득세·법인세 등 소득과세는 분할납부 기간이 1~2개월 이내인 반면, 종합부동산세(6개월 이내), 상속세·증여세(연부연납시 5~10년 이내) 등 자산과세는 분할납부 기간이 상대적으로 길게 설정되어 있는데, 재산세는 2개월로 짧은 상황

⇒ 재산세 분할납부 기간을 3개월로 확대

❏ **논의과정**

○ **관련 법률안**: 상기 입법취지 하에 재산세 분할납부 기간을 **6개월**로 확대하는 개정안 제출(의안번호 2122882 조은희의원 대표발의)

○ **전문위원 검토의견**

① 납세자 편익 증진, ② 다른 자산과세와의 일관성 확보 등을 고려할 때 긍정적인 효과 기대

○ **의원의견**

분할납부 기간을 확대하는 것에는 찬성하면서, 구체적인 기간을 얼마로 할지에 대한 논의 진행

⇒ **수정 의결** (분할납부 세액이 연내에 납부될 수 있도록 분할납부 기간을 6개월 → 3개월로 수정*)

* 9월 부과된 재산세에 대해 분할납부 기간을 4개월 이상으로 설정하면 차년도 1월 이후에 분할납부액이 납부됨

❏ **조문대비표**

현 행	개 정 내 용	비 고
제118조(분할납부) 지방자치단체의 장은 재산세의 납부세액이 250만원을 초과하는 경우에는 대통령령으로 정하는 바에 따라 납부할 세액의 일부를 납부기한이 지난 날부터 **2개월** 이내에 분할납부하게 할 수 있다.	제118조(분할납부) ‒‒‒‒‒‒‒ ‒‒‒‒‒‒‒‒‒‒‒‒‒‒‒ ‒‒‒‒‒‒‒‒‒‒‒‒‒‒‒ ‒‒‒‒‒‒‒‒‒‒‒‒‒‒‒ ‒‒‒‒‒‒‒‒‒‒‒‒‒‒‒ ‒‒‒‒**3개월**‒‒‒‒‒‒‒ ‒‒‒‒‒‒‒‒.	○ 재산세 분할납부 기간 확대
부 칙		
제1조(시행일) 이 법은 2024년 1월 1일부터 시행한다. 제2조(일반적 적용례) 이 법은 이 법 시행 이후 납세의무가 성립하는 경우부터 적용한다.		

재산세 납부유예 요건 명확화(제118조의2)

❏ **개정내용**

재산세 납부유예 요건인 1세대 1주택에 시가표준액 9억원 초과 주택이 포함됨을 명시하여 국민의 혼란을 방지

구 분	현 행	개정내용
재산세 납부유예 요건	○ 1세대 1주택	○ 1세대 1주택(시가표준액 9억원 초과 주택 포함)

※ **재산세 납부유예:** 고령자 등 현금소득이 적은 주택소유자의 재산세 납부부담을 완화하기 위하여 일정 요건(① 만 60세 이상 또는 5년 이상 보유, ② 직전 과세기간 총급 여액이 7천만원 이하 또는 종합소득금액이 6천만원 이하, ③ 세액이 100만원 초과, ④ 국세·지방세 체납이 없을 것 등)을 만족하는 1세대 1주택의 경우 해당 주택의 상속·증여·양도 시점까지 재산세 납부를 유예하는 제도(2023년 3월 14일 신설)

❏ **입법취지**

○ 현행 규정은 납부유예의 핵심 요건인 **"1세대 1주택"**이란 용어를 다른 조문(제 111조의2)에서 인용하고 있는데, 해당 조문은 1세대 1주택에 대한 세율 특례로 서 금액 기준까지 부기하여 "1세대 1주택(제4조제1항에 따른 시가표준액이 9억원 이 하인 주택에 한정한다)"으로 규정하고 있어 납부유예 요건에서 인용하는 **"1세대 1 주택"**도 해당 금액기준을 포함하여 인용한 것으로 오인할 여지

⇒ 납부유예 요건인 "1세대 1주택"은 금액 기준이 없음을 명확히 하기 위하여 "1 세대 1주택(제4조제1항에 따른 시가표준액이 9억원을 초과하는 주택을 포함한다)"로 표현 정정

❏ **논의과정**

○ **관련 법률안:** 개정내용대로 정부안 제출(의안번호 2125185)

○ **전문위원 검토의견**

해석상 혼란 및 국민의 혼동을 막기 위해 **타당**

⇒ **원안 의결** (정부안)

❑ 조문대비표

현 행	개 정 내 용	비 고
제118조의2(납부유예) ① 지방자치단체의 장은 다음 각 호의 요건을 모두 충족하는 납세의무자가 제111조의2(63)에 따른 1세대 1주택의 재산세액(해당 재산세를 징수하기 위하여 함께 부과하는 지방세를 포함하며, 이하 이 조에서 "주택 재산세"라 한다)의 납부유예를 그 납부기한 만료 3일 전까지 신청하는 경우 이를 허가할 수 있다. 이 경우 납부유예를 신청한 납세의무자는 그 유예할 주택 재산세에 상당하는 담보를 제공하여야 한다.	제118조의2(납부유예) ① ─ ─ ─ ────────────────────────── ────────── 1주택(제4조제1항에 따른 시가표준액이 9억원을 초과하는 주택을 포함한다)──────────────────────── ───. ──────────────────────────────.	○ 납부유예 요건 표현 정정
1. 과세기준일 현재 제111조의2에 따른 1세대 1주택의 소유자일 것 2. 과세기준일 현재 만 60세 이상이거나 해당 주택을 5년 이상 보유하고 있을 것 3. 다음 각 목의 어느 하나에 해당하는 소득 기준을 충족할 것 가. 직전 과세기간의 총급여액이 7천만원 이하일 것(직전 과세기간에 근로소득만 있거나 근로소득 및 종합소득과세표준에 합산되지 아니하는 종합소득이 있는 자로 한정한다) 나. 직전 과세기간의 종합소득 과세표준에 합산되는 종합소득금액이 6천만원 이하일 것(직전 과세기간의 총급여액이 7천만원을 초과하지 아니	1. ~ 5. (현행과 같음)	

현 행	개 정 내 용	비 고
하는 자로 한정한다) 4. 해당 연도의 납부유예 대상 주택에 대한 재산세의 납부세액이 100만원을 초과할 것 5. 지방세, 국세 체납이 없을 것 ② ~ ⑦ (생 략)[64]	 ② ~ ⑦ (현행과 같음)	
부 칙 제1조(시행일) 이 법은 2024년 1월 1일부터 시행한다.		

---

63) 「지방세법」

제111조의2(1세대 1주택에 대한 주택 세율 특례) ① 제111조제1항제3호나목에도 불구하고 대통령령으로 정하는 1세대 1주택(제4조제1항에 따른 시가표준액이 9억원 이하인 주택에 한정한다)에 대해서는 다음의 세율을 적용한다.

과세표준	세율
6천만원 이하	1,000분의0.5
6천만원 초과 1억5천만원 이하	3,000원+6천만원 초과금액의 1,000분의 1
1억5천만원 초과 3억원 이하	120,000원+1억5천만원 초과금액의 1,000분의2
3억원 초과	420,000원+3억원 초과금액의 1,000분의 3.5

64) 「지방세법」

제118조의2(납부유예) ② 지방자치단체의 장은 제1항에 따른 신청을 받은 경우 납부기한 만료일까지 대통령령으로 정하는 바에 따라 납세의무자에게 납부유예 허가 여부를 통지하여야 한다.

③ 지방자치단체의 장은 제1항에 따라 주택 재산세의 납부가 유예된 납세의무자가 다음 각 호의 어느 하나에 해당하는 경우에는 그 납부유예 허가를 취소하여야 한다.

1. 해당 주택을 타인에게 양도하거나 증여하는 경우
2. 사망하여 상속이 개시되는 경우
3. 제1항제1호의 요건을 충족하지 아니하게 된 경우
4. 담보의 변경 또는 그 밖에 담보 보전에 필요한 지방자치단체의 장의 명령에 따르지 아니한 경우
5. 「지방세징수법」 제22조제1항 각 호의 어느 하나에 해당되어 그 납부유예와 관계되는 세액의 전액을 징수할 수 없다고 인정되는 경우
6. 납부유예된 세액을 납부하려는 경우

④ 지방자치단체의 장은 제3항에 따라 주택 재산세의 납부유예 허가를 취소하는 경우 납세의무자(납세의무자가 사망한 경우에는 그 상속인 또는 상속재산관리인을 말한다. 이하 이 조에서 같다)에게 그 사실을 즉시 통지하여야 한다.

⑤ 지방자치단체의 장은 제3항에 따라 주택 재산세의 납부유예 허가를 취소한 경우에는 대통령령으로 정하는 바에 따라 해당 납세의무자에게 납부를 유예받은 세액과 이자상당가산액을 징수하여야 한다. 다만, 상속인 또는 상속재산관리인은 상속으로 받은 재산의 한도에서 납부를 유예받은 세액과 이자상당가산액을 납부할 의무를 진다.

⑥ 지방자치단체의 장은 제1항에 따라 납부유예를 허가한 날부터 제5항에 따라 징수할 세액의 고지일까지의 기간 동안에는 「지방세기본법」 제55조에 따른 납부지연가산세를 부과하지 아니한다.

⑦ 제1항부터 제6항까지에서 규정한 사항 외에 납부유예에 필요한 절차 등에 관한 사항은 대통령령으로 정한다.

③ 1세대 1주택 재산세 세율 감경 특례 연장(법률 제17769호 지방세법 일부
개정법률 부칙 제2조)

❑ 개정내용

1세대 1주택에 대하여 재산세 세율을 0.05%p 감경하는 특례를 3년 연장

구 분	현 행	개정내용
1세대 1주택 재산세율 특례 기한	○ 2021~ 2023년	○ 2021~ 2026년

※ 2023년 기준, 동 특례에 따른 감경액은 연간 4,470억원
※ 주택 재산세 일반세율 · 특례세율 비교

과세표준	현행 세율	특례 세율
6천만원 이하	0.1%	0.05%
6천만원 초과 1억5천만원 이하	60,000원+6천만원 초과금액 0.15%	30,000원+6천만원 초과금액 0.1%
1억5천만원 초과 3억원 이하	195,000원+1억5천만원 초과금액 0.25%	120,000원+1억5천만원 초과금액 0.2%
3억원 초과	570,000원+3억원 초과금액의 0.4%	420,000원+3억원 초과금액의 0.35%

❑ 입법취지

○ 1세대 1주택 재산세 세율 특례의 2024년 1월 1일 만료를 앞두고, 이를 3년 연장

❑ 논의과정

○ **관련 법률안**: 개정내용대로 정부안 제출(의안번호 2125185)

○ **전문위원 검토의견**

① 1세대 1주택을 장려할 필요성에 대한 판단, ② 국민의 재산세 부담 수준 등
을 **종합적으로 고려할 필요**

⇒ **원안 의결** (정부안)

❏ **조문대비표**

현　　행	개 정 내 용	비　고
법률 제17769호 지방세법 일부개정 법률 부칙 제2조(1세대 1주택에 대한 재산세 세율 특례의 유효기간) 제111조 의2, 제112조 및 제113조[65)]의 개 정규정은 같은 개정규정 시행일 부터 **3년**이 되는 날까지 성립한 납세의무에 한정하여 적용한다.	법률 제17769호 지방세법 일부개정 법률 부칙 제2조(1세대 1주택에 대한 재산세 세율 특례의 유효기간) － **6년** －.	○ 특례 기한 연 장
부　　　칙		
제1조(시행일) 이 법은 2024년 1월 1일부터 시행한다.		

---

65) 「지방세법」
　제111조(세율) ① 재산세는 제110조의 과세표준에 다음 각 호의 표준세율을 적용하여 계산한 금액을 그 세액으로 한다.
　　3. 주택
　　　가. 삭제
　　　나. 그 밖의 주택

과세표준	세율
6천만원 이하	1,000분의1
6천만원 초과 1억5천만원 이하	60,000원+6천만원 초과금액의 1,000분의 1.5
1억5천만원 초과 3억원 이하	195,000원+1억5천만원 초과금액의 1,000분의2.5
3억원 초과	570,000원+3억원 초과금액의 1,000분의 4

　제111조의2(1세대 1주택에 대한 주택 세율 특례) ① 제111조제1항제3호나목에도 불구하고 대통령령으로 정하는 1세대 1주택(제4조제1항에 따른 시가표준액이 9억원 이하인 주택에 한정한다)에 대해서는 다음의 세율을 적용한다.

과세표준	세율
6천만원 이하	1,000분의0.5
6천만원 초과 1억5천만원 이하	30,000원+6천만원 초과금액의 1,000분의 1
1억5천만원 초과 3억원 이하	120,000원+1억5천만원 초과금액의 1,000분의2
3억원 초과	420,000원+3억원 초과금액의 1,000분의 3.5

　② 제1항에 따른 1세대 1주택의 해당여부를 판단할 때 「신탁법」에 따라 신탁된 주택은 위탁자의 주택 수에 가산한다.
　③ 제1항에도 불구하고 제111조제3항에 따라 지방자치단체의 장이 조례로 정하는 바에 따라 가감한 세율을 적용한 세액이 제1항의 세율을 적용한 세액보다 적은 경우에는 제1항을 적용하지 아니한다.

④ 「지방세특례제한법」에도 불구하고 동일한 주택이 제1항과 「지방세특례제한법」에 따른 재산세 경감 규정(같은 법 제92조의2에 따른 자동이체 등 납부에 대한 세액공제는 제외한다)의 적용 대상이 되는 경우에는 중복하여 적용하지 아니하고 둘 중 경감 효과가 큰 것 하나만을 적용한다.

제112조(재산세 도시지역분) ① 지방자치단체의 장은 「국토의 계획 및 이용에 관한 법률」 제6조제1호에 따른 도시지역 중 해당 지방의회의 의결을 거쳐 고시한 지역(이하 이 조에서 "재산세 도시지역분 적용대상 지역"이라 한다) 안에 있는 대통령령으로 정하는 토지, 건축물 또는 주택(이하 이 조에서 "토지등"이라 한다)에 대하여는 조례로 정하는 바에 따라 제1호에 따른 세액에 제2호에 따른 세액을 합산하여 산출한 세액을 재산세액으로 부과할 수 있다.

1. 제110조의 과세표준에 제111조의 세율 또는 제111조의2제1항의 세율을 적용하여 산출한 세액
2. 제110조에 따른 토지등의 과세표준에 1천분의 1.4를 적용하여 산출한 세액

② 지방자치단체의 장은 해당 연도분의 제1항제2호의 세율을 조례로 정하는 바에 따라 1천분의 2.3을 초과하지 아니하는 범위에서 다르게 정할 수 있다.

③ 제1항에도 불구하고 재산세 도시지역분 적용대상 지역 안에 있는 토지 중 「국토의 계획 및 이용에 관한 법률」에 따라 지형도면이 고시된 공공시설용지 또는 개발제한구역으로 지정된 토지 중 지상건축물, 골프장, 유원지, 그 밖의 이용시설이 없는 토지는 제1항제2호에 따른 과세대상에서 제외한다.

제113조(세율적용) ① 토지에 대한 재산세는 다음 각 호에서 정하는 바에 따라 세율을 적용한다. 다만, 이 법 또는 관계 법령에 따라 재산세를 경감할 때에는 다음 각 호의 과세표준에서 경감대상 토지의 과세표준액에 경감비율(비과세 또는 면제의 경우에는 이를 100분의 100으로 본다)을 곱한 금액을 공제하여 세율을 적용한다.

1. 종합합산과세대상: 납세의무자가 소유하고 있는 해당 지방자치단체 관할구역에 있는 종합합산과세대상이 되는 토지의 가액을 모두 합한 금액을 과세표준으로 하여 제111조제1항제1호가목의 세율을 적용한다.
2. 별도합산과세대상: 납세의무자가 소유하고 있는 해당 지방자치단체 관할구역에 있는 별도합산과세대상이 되는 토지의 가액을 모두 합한 금액을 과세표준으로 하여 제111조제1항제1호나목의 세율을 적용한다.
3. 분리과세대상: 분리과세대상이 되는 해당 토지의 가액을 과세표준으로 하여 제111조제1항제1호다목의 세율을 적용한다.

② 주택에 대한 재산세는 주택별로 제111조제1항제3호의 세율 또는 제111조의2제1항의 세율을 적용한다. 이 경우 주택별로 구분하는 기준 등에 관하여 필요한 사항은 대통령령으로 정한다.

③ 주택을 2명 이상이 공동으로 소유하거나 토지와 건물의 소유자가 다를 경우 해당 주택에 대한 세율을 적용할 때 해당 주택의 토지와 건물의 가액을 합산한 과세표준에 제111조제1항제3호의 세율 또는 제111조의2제1항의 세율을 적용한다.

④ 삭제 〈2016. 12. 27.〉

⑤ 「지방자치법」 제5조제1항에 따라 둘 이상의 지방자치단체가 통합된 경우에는 통합 지방자치단체의 조례로 정하는 바에 따라 5년의 범위에서 통합 이전 지방자치단체 관할구역별로 제1항제1호 및 제2호를 적용할 수 있다.

자. 자동차세 관련 사항

(1) 자동차세의 의의

❑ **개념**

   ○ 자동차세는 **특별시·광역시세** 및 **시·군세**로 크게 ① 자동차 소유에 대한 자동차세와, ② 자동차 주행에 대한 자동차세로 구분

❑ **자동차 소유에 대한 자동차세**

   ○ **(개념)** 자동차 보유사실에 대해 부과하는 재산세적 성격과 대기오염 등에 대한 비용부담적 성격을 동시에 가짐

   ○ **(납세의무자)** 지방자치단체 관할구역에 등록되어 있거나 신고되어 있는 자동차를 소유하는 자에게 부과

❑ **자동차 주행에 대한 자동차세**

   ○ **(개념)** 휘발유, 경유 등에 대한 교통·에너지·환경세(국세) 납세의무가 있는 자에게 부가세[*] 형태로 부과

      * 교통·에너지·환경세액의 36%(시행령으로 30% 가감 가능) → 현행 시행령은 교통·에너지·환경세액의 26%로 규정

   ○ **(납세의무자)** 휘발유, 경유 및 이와 유사한 대체유류에 대한 교통·에너지·환경세의 납세의무가 있는 자(정유회사)에게 부과

❑ **근거규정**

「지방세법」

제125조(납세의무자) ① 자동차 소유에 대한 자동차세(이하 이 절에서 "자동차세"라 한다)는 지방자치단체 관할구역에 등록되어 있거나 신고되어 있는 자동차를 소유하는 자에게 부과한다.

제135조(납세의무자) 자동차 주행에 대한 자동차세(이하 이 절에서 "자동차세"라 한다)는 비영업용 승용자동차에 대한 이 장 제1절에 따른 자동차세의 납세지를 관할하는 지방자치단체에서 휘발유, 경유 및 이와 유사한 대체유류(이하 이 절에서 "과세물품"이라 한다)에 대한 교통·에너지·환경세의 납세의무가 있는 자(「교통·에너지·환경세법」 제3조 및 제11조에 따른 납세의무자를 말한다)에게 부과한다.

❑ **자동차세의 주요 내용**

구 분	내 용	
	소 유 분	주 행 분
세목분류	성격: 독립세	성격: 부가세
납세의무 성립	납기 달의 1일(6.1., 12.1.)	교통·에너지·환경세의 납세의무성립일
납세의무자	자동차를 소유하는 자	교통·에너지·환경세의 납세의무자
징수방법	① 원칙: 보통징수 ② 예외: 신고납부	신고납부
비과세	국가 등이 사용 및 보유하는 자동차	규정없음
과세표준	자동차 배기량 또는 대수	교통·에너지·환경세액
세율	자동차 종류별 정액세율	36%(대통령령에 의해 26% 적용)
신고납부기한	① 1기: 6.16.-.30. ② 2기: 12.16.-31.	교통·에너지·환경세의 납부기한까지

(2) 주요 개정 사항

① 2천원 미만 소액 징수면제 신설(제137조)

❑ **개정내용**

고지서당 2천원 미만인 자동차세 주행분에 대한 징수면제를 신설

구 분	현 행	개정내용
자동차세 주행분 징수면제	〈신 설〉	◦ 고지서당 2천원 미만 자동차세 주행분 징수면제

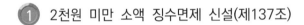

※ **자동차세 주행분**: 휘발유·경유 및 대체유류의 제조·수입에 부과되는 국세인
교통·에너지·환경세에 26%의 세율로 부가되는 부가세(Surtax)

❑ **입법취지**

◦ 유류 제조·수입에 부과되는 자동차세 주행분의 개념상, 소량 유류샘플 수입,
유류가 소량 주입된 원동기 수입 등의 경우에도 납세의무자는 자동차세 주행분

을 신고·납부해야 하고, 미신고시 지자체장이 이를 부과·징수해야 하므로 행정상 비효율

⇒ 고지서당 2천원 미만인 자동차세 주행분은 징수면제

❑ **논의과정**

○ **관련 법률안:** 개정내용대로 정부안 제출(의안번호 2125185)

○ **전문위원 검토의견**

① 자동차세 주행분 세액 2천원은 휘발유 기준 16.2리터 수준으로서 이를 국내 반입하여도 큰 이익이 발생하는 것은 아니고, ② 현행 「지방세법」상 다양한 세목에 징수면제 규정이 있으며 그 기준세액도 모두 2천원이라는 점에서 **타당**

* 국세·지방세 주요 징수면제(또는 과세최저한도) 규정 현황

구 분	근거규정	세목	기준세액
지방세	「지방세법」 제103조의60	지방소득세	2,000원
	「지방세법」 제119조	재산세	2,000원
	「지방세법」 제130조제4항	자동차세 소유분	2,000원
	「지방세법」 제148조	지역자원시설세	2,000원
국세	「국세기본법」 제83조	(인지세外) 모든 국세	10,000원

⇒ **원안 의결** (정부안)

❑ **조문대비표**

현 행	개 정 내 용	비 고
제137조(신고납부 등) ① (생략)[66]	제137조(신고납부 등) ① (현행과 같음)	
② 납세의무자가 제1항에 따른 신고 또는 납부의무를 다하지 아니하면 해당 특별징수의무자가 제136조[67]에 따라 산출한 세액 또는 그 부족세액에 「지방세기본법」 제53조부터 제55조까지[68]의 규정에 따라 산출한 가산세를 합한 금액을 세액으로 하여 보통징	② ----------------------- ----------------------- ----------------------- ----------------------- ----------------------- ----------------------- ----------------------- -----------------------	

현 행	개 정 내 용	비 고
수의 방법으로 징수한다. 〈단서 신설〉	— — — — — — — — —. 다만, 자동 차세로 징수할 세액이 **고지서 1 장당 2천원 미만인 경우에는 그 자동차세를 징수하지 아니한다.**	○ 징수면제 신 설
③ ~ ⑤ (생 략)	③ ~ ⑤ (현행과 같음)	

부 칙

제1조(시행일) 이 법은 2024년 1월 1일부터 시행한다.

제2조(일반적 적용례) 이 법은 이 법 시행 이후 납세의무가 성립하는 경 우부터 적용한다.

---

66) 「지방세법」

제137조(신고납부 등) ① 자동차세의 납세의무자는 「교통·에너지·환경세법」 제8조에 따른 과세물품에 대한 교통·에너지·환경세 납부기한까지 교통·에너지·환경세의 납세지를 관할하는 지방자치단체의 장에게 자동차세의 과세표준과 세액을 대통령령으로 정하는 바에 따라 신고하고 납부하여야 한다. 이 경우 교통·에너지·환경세의 납세지를 관할하는 지방자치단체의 장을 각 지방자치단체가 부과할 자동차세의 특별징수의무자(이하 이 절에서 "특별징수의무자"라 한다)로 한다.

③ 특별징수의무자는 징수한 자동차세(그 이자를 포함한다)를 다음 달 25일까지 이 장 제1절에 따른 지방자치단체별 자동차세의 징수세액 등을 고려하여 대통령령으로 정하는 안분기준 및 방법에 따라 각 지방자치단체에 납부하여야 한다. 이 경우 특별징수의무자는 징수·납부에 따른 사무처리비 등을 행정안전부령으로 정하는 바에 따라 해당 지방자치단체에 납부하여야 할 세액에서 공제할 수 있다.

④ 특별징수의무자가 징수하였거나 징수할 세액을 제3항에 따른 기한까지 납부하지 아니하거나 부족하게 납부하더라도 특별징수의무자에게 「지방세기본법」 제56조에 따른 가산세는 부과하지 아니한다.

⑤ 과세물품을 「관세법」에 따라 수입신고 수리 전에 반출하려는 자는 특별징수의무자에게 해당 자동차세액에 상당하는 담보를 제공하여야 한다.

67) 「지방세법」

제136조(세율) ① 자동차세의 세율은 과세물품에 대한 교통·에너지·환경세액의 1천분의 360으로 한다.

② 제1항에 따른 세율은 교통·에너지·환경세율의 변동 등으로 조정이 필요하면 그 세율의 100분의 30의 범위에서 대통령령으로 정하는 바에 따라 가감하여 조정할 수 있다.

68) 「지방세기본법」

제53조(무신고가산세) (조문 생략)

제54조(과소신고가산세·초과환급신고가산세) (조문 생략)

제55조(납부지연가산세) (조문 생략)

차. 지방교육세 관련 사항

(1) 지방교육세의 의의

❑ 개념

○ 지방교육세는 지방교육재정 확충을 위해 **취득세 · 재산세 · 담배소비세 · 자동차세 · 등록면허세 · 레저세 · 주민세** 등 **7개 지방세에 부가세(Surtax)로 부과**하는 **특별시세 · 광역시세 및 도세**임

❑ 근거규정

「지방세법」 제150조(납세의무자) 지방교육세의 납세의무자는 다음 각 호와 같다.
　1. 부동산, 기계장비(제124조에 해당하는 자동차는 제외한다), 항공기 및 선박의 취득에 대한 취득세의 납세의무자
　2. 등록에 대한 등록면허세(제124조에 해당하는 자동차에 대한 등록면허세는 제외한다)의 납세의무자
　3. 레저세의 납세의무자
　4. 담배소비세의 납세의무자
　5. 주민세 개인분 및 사업소분의 납세의무자
　6. 재산세(제112조제1항제2호 및 같은 조 제2항에 따른 재산세액은 제외한다)의 납세의무자
　7. 제127조제1항제1호 및 제3호의 비영업용 승용자동차에 대한 자동차세[국가, 지방자치단체 및 「초 · 중등교육법」에 따라 학교를 경영하는 학교법인(목적사업에 직접 사용하는 자동차에 한정한다)을 제외한다]의 납세의무자

「지방세기본법」 제8조(지방자치단체의 세목) ① 특별시세와 광역시세는 다음 각 호와 같다. 다만, 광역시의 군(郡) 지역에서는 제2항에 따른 도세를 광역시세로 한다.
　2. 목적세　　나. 지방교육세
　② 도세는 다음 각 호와 같다.
　2. 목적세　　나. 지방교육세

❏ **지방교육세의 주요 내용**

구 분	내 용
세목분류	① 성격: 목적세 ② 과세권자: 특별시·광역시세, 도세
납세의무 성립	과세표준이 되는 세목의 납세의무가 성립하는 때
납세의무자	과세표준이 되는 세목의 납세의무자
징수방법	과세표준이 되는 세목의 징수방법
과세표준	과세표준이 되는 세목의 세액
세율	① 취득세분 20% ② 재산세분 20% ③ 담배소비세분 43.99% ④ 자동차세분 30% ⑤ 등록면허세분 20% ⑥ 레저세분 40% ⑦ 주민세분 10%(인구 50만 이상은 2.5%)

(2) 주요 개정 사항

① 세관장의 지방교육세 납입 절차 명시(제152조)

❏ **개정내용**

세관장이 담배소비세에 대한 지방교육세를 부과·징수한 후 지방자치단체장에게 "납입"하는 절차의 근거를 법률에 명시

구 분	현 행	개정내용
지방교육세 부과·징수 등 의무	○ **지자체장**: 주민세(개인분), 재산세, 자동차세 부과·징수시 지방교육세 부과·징수 ○ **세관장**: 담배소비세 **부과·징수시** 지방교육세 **부과·징수**	○ **지자체장**: 주민세(개인분), 재산세, 자동차세 부과·징수시 지방교육세 부과·징수 ○ **세관장**: 담배소비세 **부과·징수·납입시** 지방교육세 **부과·징수·납입**

※ 세관장의 담배소비세 부과·징수: 「지방세법」 제60조제6항[69]에 따라 세관장은

---
69) 「지방세법」

지자체장의 위탁을 받아 입국자의 휴대 담배 등에 관세를 부과·고지할 때 담배소비세를 함께 부과·고지한 후, 이를 징수하여 지자체장에게 납입

❑ 입법취지
○ 지방교육세의 과세관청인 지자체장과 달리 세관장은 이를 위탁받아 부과·징수한 후 지자체장에게 납입까지 해야하는데, 그에 대한 명시적인 근거가 없음
⇒ 세관장이 부과·징수한 지방교육세를 납입하는 절차까지 법률에 명시

❑ 논의과정
○ **관련 법률안:** 개정내용대로 정부안 제출(의안번호 2125185)
○ **전문위원 검토의견**
「지방세법」 제60조제7항[70]상 세관장의 담배소비세 부과·징수에 대해서는 납입 절차까지 명시되어 있으므로, 동일 법률 내 규정간 정합성을 확보하는 차원에서 **타당**
⇒ **원안 의결** (정부안)

❑ 조문대비표

현 행	개 정 내 용	비 고
제152조(신고 및 납부와 부과·징수) ① (생 략)[71]	제152조(신고 및 납부와 부과·징수) ① (현행과 같음)	
② 지방자치단체의 장이 이 법에 따라 납세의무자에게 주민세 개인분·재산세 및 자동차세를 부과·징수하거나 <u>제60조제6항</u>에 따라 세관장이 담배소비세를 <u>부과·징수하는</u> 때에는 그에 대한 지방교육세를 함께 <u>부과·징수한다.</u>	② ─ <u>제60조제6항 및 **제7항**</u> ─ ─ ─ ─ <u>부과·징수·납입하는</u> ─ ─ ─ ─ ─ ─ ─ ─ ─ ─ <u>부과·징수·**납입**한다.</u>	○ 납입절차 명시

제60조(신고 및 납부 등) ⑥ 세관장은 「관세법」 제39조에 따라 관세를 부과고지할 때에 담배소비세를 함께 부과고지할 수 있다.

[70] 「지방세법」
제60조(신고 및 납부 등) ⑦ 제5항 및 제6항에 따라 담배소비세를 징수하는 세관장은 지방자치단체의 장의 위탁을 받아 담배소비세를 징수하는 것으로 보며, 세관장은 징수한 담배소비세를 다음 달 10일까지 세관 소재지를 관할하는 지방자치단체의 장에게 징수내역을 첨부하여 납입하여야 한다. 다만, 세관장은 「지방세기본법」 제2조제28호에 따른 지방세정보통신망을 이용하여 같은 조 제30호에 따른 전자납부의 방법으로 징수할 수 있다.

[71] 「지방세법」

현 행	개 정 내 용	비 고
③ 지방교육세의 납세고지 등 부과·징수에 관하여 필요한 사항은 대통령령으로 정한다.	③ ------------- 부과·징수·**납입**------- -------------.	

<table>
<tr><td colspan="3" align="center">부   칙</td></tr>
<tr><td colspan="3">제1조(시행일) 이 법은 2024년 1월 1일부터 시행한다.
제12조(지방교육세 납입 방법 신설에 관한 적용례) 제152조의 개정규정은 이 법 시행 이후 지방교육세를 부과·징수하는 경우부터 적용한다.</td></tr>
</table>

제152조(신고 및 납부와 부과·징수) ① 지방교육세 납세의무자가 이 법에 따라 취득세, 등록에 대한 등록면허세, 레저세, 담배소비세 및 주민세 사업소분을 신고하고 납부하는 때에는 그에 대한 지방교육세를 함께 신고하고 납부하여야 한다. 이 경우 담배소비세 납세의무자(제조자 또는 수입판매업자에 한정한다)의 주사무소 소재지를 관할하는 지방자치단체의 장이 제64조제1항에 따라 담보 제공을 요구하는 경우에는 담배소비세분 지방교육세에 대한 담보 제공도 함께 요구할 수 있다.

카. 용어 정비 등 경미한 개정 사항

1 "지방세통합정보통신망" 명칭 정정(제60조)

❏ **개정내용**

지방세 부과·징수 등 관련 행정을 일괄 처리하는 전산시스템의 법률상 명칭을 "지방세정보통신망"에서 "지방세통합정보통신망"으로 변경

구 분	현 행	개정안
지방세 행정 일괄처리시스템 명칭	○ <u>지방세정보통신망</u>	○ <u>지방세통합정보통신망</u>

❏ **입법취지**

2019년 12월 31일 「지방세기본법」[72]이 개정(2023년 1월 25일 시행)되어 동 시스템의 명칭이 "지방세정보통신망"에서 "지방세통합정보통신망"으로 변경되었음에도 관련 법률에서 정비하지 못한 것을 사후 반영하려는 것

❏ **논의과정**

○ **관련 법률안:** 개정내용대로 정부안 제출(의안번호 2125185)

○ **전문위원 검토의견**

관련 법률 내 용어의 통일성을 위해 **타당**

다만, 개정안은 인용조문을 포함하여 "「지방세기본법」 제2조제28호에 따른 지방세정보통신망" 전체를 "지방세통합정보통신망"으로 개정하는 법제상 실수가 있으므로, "지방세정보통신망"만을 "지방세통합정보통신망"으로 개정하는 것으로 수정 필요

⇒ **수정 의결** (전문위원 검토의견 반영)

---

72) 「지방세기본법」

  제2조(정의) ① 이 법에서 사용하는 용어의 뜻은 다음과 같다.

    28. "지방세통합정보통신망"이란 「전자정부법」 제2조제10호에 따른 정보통신망으로서 행정안전부령으로 정하는 기준에 따라 행정안전부장관이 고시하는 지방세에 관한 정보통신망을 말한다.

❏ **조문대비표**

현 행	개 정 내 용	비 고
제60조(신고 및 납부 등) ① ~ ⑥ (생 략)	제60조(신고 및 납부 등) ① ~ ⑥ (개정안과 같음)	
⑦ 제5항 및 제6항에 따라 담배소비세를 징수하는 세관장은 지방자치단체의 장의 위탁을 받아 담배소비세를 징수하는 것으로 보며, 세관장은 징수한 담배소비세를 다음 달 10일까지 세관 소재지를 관할하는 지방자치단체의 장에게 징수내역을 첨부하여 납입하여야 한다. 다만, 세관장은 「지방세기본법」 제2조제28호에 따른 지방세정보통신망을 이용하여 같은 조 제30호에 따른 전자납부의 방법으로 징수할 수 있다.	⑦ ─. ─ ─ ─ ─ ─ ─ ─ ─ ─ ─ ─ ─ ─ ─ ─ ─ ─ ─ 지방세통합정보통신망 ─.	
⑧ (생 략)	⑧ (개정안과 같음)	
⑨ (생 략)	⑨ (개정안과 같음)	
부 칙 제1조(시행일) 이 법은 2024년 1월 1일부터 시행한다.		

PART 5

지역자원시설세 관련 법률
(지방세법 · 시방재정법)

Part 5
/
지역자원시설세 관련 법률
(지방세법 · 지방재정법)

가. 지역자원시설세의 개관

❏ 개념

○ 지역자원시설세는 지역의 부존자원 보호 · 보전, 환경보호 · 개선, 안전 · 생활편
의시설 설치 등 **주민생활환경 개선**사업 및 **지역개발**사업에 필요한 재원을 확
보하고 **소방사무**에 소요되는 제반비용에 충당하기 위하여 부과되는 목적세로
시 · 도세임

❏ 연혁

○ (특정자원분 · 특정시설분) 1992년 신설될 당시 '**지역개발세**'. 2005년 과세대상으
로 원자력발전 추가, 2011년 화력발전 추가, 2011년 공동시설세와 통합하여 지
역자원시설세로 명칭 변경

○ **(소방분)** 1961년 신설될 당시 '**공동시설세**'. 2011년 지역개발세와 통합하여 지역자원시설세로 명칭 변경

❏ **과세대상**

○ 주민생활환경 개선사업 및 지역개발사업에 필요한 재원을 확보하기 위하여 부과하는 ① **특정자원분 지역자원시설세** 및 ② **특정시설분 지역자원시설세**와 ③ 소방사무에 소요되는 제반비용에 충당하기 위해 부과하는 **소방분 지역자원시설세**로 구분

❏ **근거규정**

「지방세법」 제141조(목적) 지역자원시설세는 지역의 부존자원 보호 · 보전, 환경보호 · 개선, 안전 · 생활편의시설 설치 등 주민생활환경 개선사업 및 지역개발사업에 필요한 재원을 확보하고 소방사무에 소요되는 제반비용에 충당하기 위하여 부과한다.

「지방세기본법」 제8조(지방자치단체의 세목) ① 특별시세와 광역시세는 다음 각 호와 같다. 다만, 광역시의 군(郡) 지역에서는 제2항에 따른 도세를 광역시세로 한다.
2. 목적세
　가. 지역자원시설세
② 도세는 다음 각 호와 같다.
2. 목적세
　가. 지역자원시설세

❏ **과세대상**

구 분		과세대상
특정자원분 지역자원시설세	발전용수	직접 수력발전에 이용되는 흐르는 물
	지하수	먹는 물, 목욕용수, 그 밖의 용수
	지하자원	채광된 광물
특정시설분 지역자원시설세	컨테이너	컨테이너를 취급하는 부두를 이용하여 입항 · 출항하는 컨테이너
	원자력발전	원자력발전소에서 생산된 전력
	화력발전	발전시설용량이 시간당 1만kw 이상인 화력발전소에서 생산된 전력
소방분 지역자원시설세		소방시설로 이익을 받는 자의 건축물 및 선박

[선보생각: 지역자원시설세 – 님비 현상을 막는 방안]

자기 지역에 화력발전소를 설치한다고 하면 어느 선량한 지역 주민이 찬성하겠는가? 아무리 기술이 발전해서 안전하다고 홍보를 한다 한들 그것을 곧이곧대로 믿고 받아들이는 주민은 당분간 없을 것이다. 그렇다면 결국 무엇인가를 대가로 지불해 주어야 한다. 안타깝지만 이런 경우 돈을 지원해 주는 것이 유일한 해법이다. 얼마의 돈을 지원할 것인가를 입찰 방식으로 결정하면 어떨까 한다. 어느 지자체는 100억을 써내고 어느 지자체는 150억을 써 낸다면 100억을 써 낸 지자체에 화력발전소를 설치하는 것이다. 그에 맞추어 매년 지역자원시설세를 지원해 주는 것이다. 너무나 자본주의적이지만 너무나 인간적인 해법이 아닌가?

나. 주요 개정 사항

① **지역자원시설세 소방분 납세의무자 명확화(「지방세법」 제143조)**

□ **개정내용**

지역자원시설세 소방분 납세의무자의 표현을 "건축물 또는 선박의 소유자" → "건축물 또는 선박에 대한 재산세 납세의무자"로 수정

구 분	현 행	개정내용
지역자원시설세 소방분 납세의무자	건축물 또는 선박의 **소유자**	건축물 또는 선박에 대한 **재산세 납세의무자**

□ **입법취지**

○ 지역자원시설세 소방분은 재산세와 부과대상(건축물 · 선박) 및 부과권자(지방자치단체장)가 동일하기 때문에, 현행법은 과세기준일 · 납기 · 분할납부 · 세부담상한 등 세부 절차를 일치시킨 후 재산세 고지서에 병기하여 부과

⇒ 납세의무자 표현도 통일하려는 것임

□ **논의과정**

○ **관련 법률안:** 개정내용대로 정부안 제출(의안번호 2125185)

○ **전문위원 검토의견**

① 현행법[73]상 "재산세 납세의무자"는 원칙적으로 "소유자"이고, ② 현행 지역

---

73) 「지방세법」

　　제107조(납세의무자) ① 재산세 과세기준일 현재 재산을 사실상 소유하고 있는 자는 재산세를 납부할 의무가 있다. 다만, 다음 각 호의 어느 하나에 해당하는 경우에는 해당 각 호의 자를 납세의무자로 본다.

　　1. 공유재산인 경우: 그 지분에 해당하는 부분(지분의 표시가 없는 경우에는 지분이 균등한 것으로 본다)에 대해서는 그 지분권자

　　2. 주택의 건물과 부속토지의 소유자가 다를 경우: 그 주택에 대한 산출세액을 제4조제1항 및 제2항에 따른 건축물과 그 부속토지의 시가표준액 비율로 안분계산(按分計算)한 부분에 대해서는 그 소유자

　　② 제1항에도 불구하고 재산세 과세기준일 현재 다음 각 호의 어느 하나에 해당하는 자는 재산세를 납부할 의무가 있다.

　　1. 공부상의 소유자가 매매 등의 사유로 소유권이 변동되었는데도 신고하지 아니하여 사실상의 소유자를 알 수 없을 때에는 공부상 소유자

　　2. 상속이 개시된 재산으로서 상속등기가 이행되지 아니하고 사실상의 소유자를 신고하지 아니하였을 때에는 행정안전부령으로 정하는 주된 상속자

　　3. 공부상에 개인 등의 명의로 등재되어 있는 사실상의 종중재산으로서 종중소유임을 신고하지 아니하였을 때에

자원시설세 관련 규정은 다양한 예외적인 소유형태에서의 납세의무자를 규정하지 않고 있는 반면 재산세는 이를 상세히 규정하고 있어, 이를 지역자원시설세에도 함께 적용한다면 납세의무자의 해석을 둘러싼 혼란도 예방할 수 있다는 점에서 **타당**

⇒ **원안 의결** (정부안)

❏ **조문대비표**

현 행	개 정 내 용	비 고
제143조(납세의무자) 지역자원시설세의 납세의무자는 다음 각 호와 같다.	제143조(납세의무자) ------ ------------ --.	
1.·2. (생 략)	1.·2. (현행과 같음)	
3. 소방분 지역자원시설세의 납세의무자: 건축물 또는 선박의 **소유자**	3. ------------ -------- 선박에 대한 **재산세 납세의무자**	○ 납세의무자 명확화
부 칙		
제1조(시행일) 이 법은 2024년 1월 1일부터 시행한다. 제2조(일반적 적용례) 이 법은 이 법 시행 이후 납세의무가 성립하는 경우부터 적용한다.		

는 공부상 소유자
4. 국가, 지방자치단체, 지방자치단체조합과 재산세 과세대상 재산을 연부(年賦)로 매매계약을 체결하고 그 재산의 사용권을 무상으로 받은 경우에는 그 매수계약자
5. 「신탁법」 제2조에 따른 수탁자(이하 이 장에서 "수탁자"라 한다)의 명의로 등기 또는 등록된 신탁재산의 경우에는 제1항에도 불구하고 같은 조에 따른 위탁자(「주택법」 제2조제11호가목에 따른 지역주택조합 및 같은 호 나목에 따른 직장주택조합이 조합원이 납부한 금전으로 매수하여 소유하고 있는 신탁재산의 경우에는 해당 지역주택조합 및 직장주택조합을 말하며, 이하 이 장에서 "위탁자"라 한다). 이 경우 위탁자가 신탁재산을 소유한 것으로 본다.
6. 「도시개발법」에 따라 시행하는 환지(換地) 방식에 의한 도시개발사업 및 「도시 및 주거환경정비법」에 따른 정비사업(재개발사업만 해당한다)의 시행에 따른 환지계획에서 일정한 토지를 환지로 정하지 아니하고 체비지 또는 보류지로 정한 경우에는 사업시행자
7. 외국인 소유의 항공기 또는 선박을 임차하여 수입하는 경우에는 수입하는 자
8. 「채무자 회생 및 파산에 관한 법률」에 따른 파산선고 이후 파산종결의 결정까지 파산재단에 속하는 재산의 경우 공부상 소유자
③ 재산세 과세기준일 현재 소유권의 귀속이 분명하지 아니하여 사실상의 소유자를 확인할 수 없는 경우에는 그 사용자가 재산세를 납부할 의무가 있다.

② 원자력발전 · 화력발전 지역자원시설세 조정교부금 자치구 교부(「지방재정법」 제29조의2)

❏ 개정내용

원자력발전 · 화력발전 지역자원시설세 조정교부금(시 · 도→시 · 군)의 교부대상을 **시 · 군 → 시 · 군 · 자치구**로 확대

구 분	현 행	개정내용
원자력 · 화력발전 지역자원시설세 조정교부금 교부대상	원자력 · 화력발전소 소재 시 · 군	원자력 · 화력발전소 소재 시 · 군 · 자치구

❏ 입법취지

○ 원자력 · 화력발전소의 대기오염으로 인한 환경복구 및 주민피해 지원 재정 소요는 시 · 군 · 자치구 모두 동일하나, 시 · 도에 납부되는 지역자원시설세의 조정 교부금이 시 · 군에만 교부되고 자치구에는 불교부

⇒ 교부대상을 자치구*로 확대

  * 수혜 자치구: 서울 노원 · 마포 · 양천 · 송파, 부산 사하, 대구 동구 · 서구 · 달서, 인천 중구 · 연수 · 남동 · 서구, 광주 광산, 대전 유성 · 대덕, 울산 남구 등 16개

❏ 논의과정

○ 관련 법률안

의안번호	제안자	제안일	주요내용
2122570	김교흥의원 외 15인	2023.06.12.	조정교부금 교부대상: 시 · 군 → 시 · 군 · 자치구 조정교부금 교부비율: 65% 유지
2123001	신동근의원 외 12인	2023.06.30.	조정교부금 교부대상: 시 · 군 → 시 · 군 · 자치구 조정교부금 교부비율: 65% → 70%

○ 전문위원 검토의견

− (교부대상 확대) 원자력 · 화력발전 지역자원시설세는 해당 시설로 인한 피해를 보전하기 위한 목적세로서, 해당 목적에 우선 사용되어야 한다는 점에서 **타당**
  * 행안부는 시 · 군 대비 자치구 사무범위가 협소[74]하여 조정교부금에 차등이 필요하다는

---

74) 「지방자치법 시행령」 **별표2** → 기초자치단체 중 "시 · 군"은 직접 수행하나, "자치구"는 특 · 광역시에서 수행하

입장이나, 해당 사무의 재원은 목적세가 아닌 일반재원(지방교부세 등)으로 충당하는 것이 원칙상 타당

- **(교부비율)** 교부대상을 확대한다면, 자치구에 대한 적정 교부비율은 논의 필요

  * 원자력발전: 2006년(신설) 1kWh당 0.5원 → 2015년 1원

    화력발전: 2011년(신설) 1kWh당 0.15원 → 2015년 0.3원 → 2024년 0.6원

○ **정부의견**

심사 초반에는 교부대상·교부비율 확대 모두에 소극적이었으나, 기초자치단체 간 형평성 등을 고려하여 최종적으로 교부대상을 자치구로 확대하는데 동의

○ **의원의견**

총 11개 세목 중 시·군은 5개 세목을 가지고 있으나 자치구는 2개 세목만 가지고 있는데, 향후 지방세 체계 전반에 대한 재검토도 병행할 필요가 있다는 주장 제기

⇒ **수정 의결** (교부비율은 현행을 유지하고 교부대상만 자치구로 확대)

❏ **조문대비표**

현 행	개 정 내 용	비 고
제29조의2(자치구 조정교부금) ① (생 략) <u>〈신 설〉</u>	제29조의2(자치구 조정교부금) ① (현행과 같음) <u>② 특별시장 및 광역시장은 화력발전·원자력발전에 대한 각각의 지역자원시설세를 다음 각 호의 구분에 따라 관할 자치구에 각각</u>	

는 사무
1. 지방자치단체의 인사 및 교육 등에 관한 사무(지방공무원 임용시험, 교육·훈련 등)
2. 지방재정에 관한 사무(토지등급 설정, 재산세 과세시가표준액의 결정승인 등)
3. 매장 및 묘지 등에 관한 사무
4. 청소·생활폐기물에 관한 사무
5. 지방토목·주택건설 등에 관한 사무
6. 도시·군계획에 관한 사무
7. 도로의 개설과 유지·관리에 관한 사무
8. 상수도사업에 관한 사무
9. 공공하수도에 관한 사무
10. 공원 등 관광·휴양시설의 설치·관리에 관한 사무
11. 지방 궤도사업에 관한 사무
12. 대중교통행정에 관한 사무
13. 지역경제 육성에 관한 업무
14. 교통신호기, 안전표시 등의 설치·관리 등에 관한 사무

현 행	개 정 내 용	비 고
	배분하여야 한다. 이 경우 제2호에 따른 금액은 같은 호에 따른 자치구 및 제29조제3항제2호에 따른 시·군에 균등 배분한다.	
	1. 화력발전·원자력발전에 대한 지역자원시설세의 100분의 65에 해당하는 금액(「지방세징수법」 제17조제2항에 따른 징수교부금을 교부한 경우에는 그 금액을 뺀 금액을 말한다): 화력발전소·원자력발전소가 있는 자치구	○ 원전·화전 조정교부금 자치구로 확대
	2. 원자력발전에 대한 지역자원시설세의 100분의 20의 범위에서 조례로 정하는 비율에 해당하는 금액: 「원자력시설 등의 방호 및 방사능 방재 대책법」 제2조제1항제9호에 따른 방사선비상계획구역의 전부 또는 일부를 관할하는 자치구(해당 원자력발전소가 있는 자치구는 제외한다)	○ 제2호는 목차③에 따른 개정내용
② (생 략)	③ (현행 제2항과 같음)	

부   칙

제1조(시행일) 이 법은 2024년 4월 1일부터 시행한다.

제2조(지역자원시설세 조정교부금에 관한 적용례) 제29조제3항 및 제29조의2제2항의 개정규정은 이 법 시행 이후 납세의무가 성립하는 지역자원시설세분부터 적용한다.

○ 조례정비 등을 위해 4월 1일 시행

원자력발전 지역자원시설세 방사선비상계획구역 지원(「지방재정법」 제29조 및 제29조의2)

❑ 개정내용

원자력발전 지역자원시설세 조정교부금(광역→기초자치단체)의 교부대상에 발전소 소재 기초자치단체 외에 「원자력시설 등의 방호 및 방사능 방재 대책법」 제2조제1 항제9호에 따른 **방사선비상계획구역의 전부 또는 일부를 관할하는 기초자치단체 추가**

구 분	현 행	개정내용
원자력발전 지역자원시설세 조정교부금 교부대상	- 발전소 소재 기초자치단체	- 발전소 소재 기초자치단체 - 해당 발전소를 둘러싼 방사선비상계획구역의 전부 또는 일부를 관할하는 기초자치단체

❑ 입법취지

후쿠시마 원전사고 이후 방사선비상계획구역이 확대되었음에도 불구하고, 확대된 방사선비상계획구역에 대한 후속 지원대책 부족으로 방재 인프라 구축이 어려운 실정
⇒ 원자력발전 지역자원시설세의 조정교부금을 **방사선비상계획구역을 관할하는 기초자치단체에도 교부**

❑ 논의과정

○ 관련 법률안

의안번호 개정법률명	제안자	제안일	주요내용
2100424 지방교부세법	이상헌의원 외 인	2020.06.12.	- 지방교부세 세부유형으로 원자력안전교부세를 신설하여 내국세 총액의 0.18%(이상헌·이상민의원안) 또는 0.06%(박성민의원안)를 방사선비상계획구역을 관할하는 기초자치단체에 교부
2102433 지방교부세법	이상민의원 외 인	2020.07.28.	
2118729 지방교부세법	박성민의원 외 인	2022.12.07.	
2101626 지방세법	윤준병의원 외 인	2020.07.08.	- 원자력발전 지역자원시설세 세율을 발전량 1kWh 당 1원 → 1.5원으로 인상 - 세율인상에 따른 추가세액을 방사선비상계획구역

의안번호 개정법률명	제안자	제안일	주요내용
2101626 지방재정법	윤준병의원 외 인		<u>을 관할하는 기초자치단체에 조정교부금으로 교부</u> * 기초자치단체에 대한 조정교부금 비율도 65% → 75%로 인상

○ **전문위원 검토의견**

– 2014년 방사선 비상계획구역 확대로 방재물품 확충, 주민교육 등 방재대책 추진을 위한 안정적인 재원확보의 필요성 인정

– 다만, 재원확보 방안은 지자체의 재정 현황, 발전업계의 부담 및 관련부처의 입장 등을 종합적으로 고려하여 **입법정책적으로 결정**할 필요

○ **정부의견**

심사 초반에는 상기 제안된 모든 개정안에 소극적이었으나, 방사선비상계획구역 관할 기초자치단체의 재정부담 등을 고려하여 최종적으로 조정교부금 일부를 해당 기초자치단체에 교부하는데 동의

○ **의원의견**

방사선비상계획구역 범위가 확대되어 관련 사무를 위한 지자체 재정소요가 증가하였으므로, 그에 부합하는 재원 대책 필요

⇒ **수정 의결** (원자력발전 지역자원시설세의 20% 범위에서 조례로 정하는 금액을 방사선비상계획구역 관할 기초자치단체에 균등 교부하되, 다음 표와 같이 ① 특별한 사유가 없으면 조례상 교부 비율을 20%로 정하고 ② 발전소가 소재하지 않은 시 · 도의 기초자치단체에 대해서는 행정안전부가 추가적인 재정지원 방안을 모색하기로 함)

* **부대의견**

가. 각 시 · 도는 제29조제3항제2호 및 제29조의2제2항제2호의 개정규정에 따라 방사선비상계획구역 관할 시 · 군 · 자치구에 대한 조정교부금 비율을 조례로 정하는 경우, 가급적 같은 개정규정의 입법취지를 고려하여 그 상한을 "100분의 20"으로 정할 수 있도록 한다. 다만, 발전량 등의 차이로 시 · 군 · 자치구별 조정교부금의 규모가 현저히 큰 시 · 도의 경우에는 다른 시 · 도와의 균형을 고려하여 조정교부금 비율을 달리 정할 수 있다.

나. 행정안전부는 방사선비상계획구역을 관할함에도 원자력발전소가 소재하지 않은 시 · 도에 속하여 제29조제3항제2호 및 제29조의2제2항제2호의 개정규정에 따른 조정교부금을 받지 못하는 시 · 군 · 자치구에 대해서는 별도의 재정지원 방안을 적극 모색한다.

[선보생각: 지역자원시설세 - 광역 vs. 기초]

　현재 지역자원시설세는 광역자치단체인 특별시·광역시·도세이다. 이것이 타당한지에 대해서는 재고해 보아야 한다. 서울특별시와 마포구를 예로 들어보자. 마포구에 있는 발전소에서 나오는 외부비경제에 대한 대가인 지역자원시설세를 왜 마포구가 아닌 서울특별시가 가져간단 말인가? 당연히 기초자치단체의 세목이 되어야 할 것이다.

[선보생각: 지역자원시설세 - 방사선비상계획구역]

　목적세인 지역자원시설세는 방사선비상계획구역에 우선적으로 지원해 주어야 한다. 도의 경계 밖에 있는 방사선비상계획구역과 도의 경계 안에 있는 방사선비상계획구역간에 차이가 있다는 것은 상식 밖이다. 방사선이 도의 경계를 넘지 못한다고 믿는자가 있는가?

　21세기 대한에 어찌하여 이토록 상식 밖의 상황이 버젓이 운영되고 있는 것일까? 그것은 어제와 같은 오늘에 너무나 익숙하기 때문이다. 어제와 다른 오늘을 만들려고 하면 우선적으로 안 되는 이유를 찾는다. 되는 이유를 찾아야 하는 상황에서 안 되는 이유를 찾는다. 그러기에 제 자리 뛰면서 땀만 흘리는 것이다.

❏ 조문대비표

현　　행	개 정 내 용	비　고
제29조(시·군 조정교부금)　①·② (생　략)	제29조(시·군 조정교부금)　①·② (현행과 같음)	
③ 시·도지사는 화력발전·원자력발전에 대한 각각의 지역자원시설세의 100분의 65에 해당하는 금액(「지방세징수법」 제17조제2항에 따른 징수교부금을 교부한 경우에는 그 금액을 뺀 금액을 말한다)을 화력발전소·원자력발전소가 있는 시·군에 각각 배분하여야 한다.	③ 시·도지사는 화력발전·원자력발전에 대한 각각의 지역자원시설세를 다음 각 호의 구분에 따라 관할 시·군에 각각 배분하여야 한다. 이 경우 제2호에 따른 금액은 같은 호에 따른 시·군 및 제29조의2제2항제2호에 따른 자치구에 균등 배분한다. 1. 화력발전·원자력발전에 대한 지역자원시설세의 100분의 65	○ 제1호는 현행 규정과 동일

현 행	개 정 내 용	비 고
	에 해당하는 금액(「지방세징수법」 제17조제2항에 따른 징수교부금을 교부한 경우에는 그 금액을 뺀 금액을 말한다): 화력발전소·원자력발전소가 있는 시·군	
	2. 원자력발전에 대한 지역자원시설세의 100분의 20의 범위에서 조례로 정하는 비율에 해당하는 금액: 「원자력시설 등의 방호 및 방사능 방재 대책법」 제2조제1항제9호에 따른 방사선비상계획구역의 전부 또는 일부를 관할하는 시·군(해당 원자력발전소가 있는 시·군은 제외한다)	○ 원전 조정교부금을 방사선비상계획구역 기초자치단체에도 교부
제29조의2(자치구 조정교부금) ① (생 략)	제29조의2(자치구 조정교부금) ① (현행과 같음)	
〈신 설〉	② 특별시장 및 광역시장은 화력발전·원자력발전에 대한 각각의 지역자원시설세를 다음 각 호의 구분에 따라 관할 자치구에 각각 배분하여야 한다. 이 경우 제2호에 따른 금액은 같은 호에 따른 자치구 및 제29조제3항제2호에 따른 시·군에 균등 배분한다. 1. 화력발전·원자력발전에 대한 지역자원시설세의 100분의 65에 해당하는 금액(「지방세징수법」 제17조제2항에 따른 징수교부금을 교부한 경우에는 그 금액을 뺀 금액을 말한다): 화력발전소·원자력발전소가 있는 자치구	○ 제1호는 목차 ②에 따른 개정내용

현 행	개 정 내 용	비 고
	<u>2. 원자력발전에 대한 지역자원시설세의 100분의 20의 범위에서 조례로 정하는 비율에 해당하는 금액: 「원자력시설 등의 방호 및 방사능 방재 대책법」 제2조제1항제9호에 따른 방사선비상계획구역의 전부 또는 일부를 관할하는 자치구(해당 원자력발전소가 있는 자치구는 제외한다)</u>	○ 원전 조정교부금을 방사선비상계획구역 기초자치단체에도 교부
② (생 략)	③ (현행 제2항과 같음)	

부 칙

제1조(시행일) 이 법은 2024년 4월 1일부터 시행한다.

제2조(지역자원시설세 조정교부금에 관한 적용례) 제29조제3항 및 제29조의2제2항의 개정규정은 이 법 시행 이후 납세의무가 성립하는 지역자원시설세분부터 적용한다.

○ 조례정비 등을 위해 4월 1일 시행

PART 6

지방세특례제한법

Part 6
/
지방세특례제한법

가. 「지방세특례제한법」의 개관

❑ 목적

지방세 **감면** 및 **특례***에 관한 사항과 이의 **제한**에 관한 사항을 규정하여 지방세 정책을 효율적으로 수행함으로써 건전한 지방재정 운영 및 공평과세 실현에 이바 지함

* "지방세 특례"란 세율의 경감, 세액감면, 세액공제, 과세표준 공제(중과세 배제, 재산세 과세 대상 구분전환을 포함) 등을 의미(「지방세특례제한법」제2조①제6호)

❑ 지방세 특례의 원칙

「지방세특례제한법」

제2조의2(지방세 특례의 원칙) 행정안전부장관 및 지방자치단체는 지방세 특례를 정하려는 경우
에는 다음 각 호의 사항 등을 종합적으로 고려하여야 한다.
1. 지방세 특례 목적의 공익성 및 지방자치단체 사무와의 연계성
2. 국가의 경제·사회정책에 따른 지역발전효과 및 지역균형발전에의 기여도
3. 조세의 형평성
4. 지방세 특례 적용 대상자의 조세부담능력
5. 지방세 특례 대상·적용 대상자 및 세목의 구체성·명확성
6. 지방자치단체의 재정여건
7. 국가 및 지방자치단체의 보조금 등 예산 지원과 지방세 특례의 중복 최소화
8. 지역자원시설세 등 특정 목적을 위하여 부과하는 지방세에 대한 지방세 특례 설정 최소화

○ 특례의 원칙 간에 상충이 있을 때 어느 원칙에 보다 가중치를 두느냐에 대한
논의 필요

※ **참고**: 현행 **등록면허세, 지역자원시설세** 감면 현황

관련 조항	감면대상 및 감면세목	감면율	일몰 기한	정부안
§49의2	5G 무선국 등록면허세	50%	'23년	감면 종료
§64의2	지능형 해상정보서비스 무선국 등록면허세	100%	'23년	
§20	경로당의 지역자원시설세	100%	'23년	일몰기한 3년 연장
§29	②국가유공자단체의 등록면허세, 지역자원시설세 ③자활용사촌의 지역자원시설세	100%	'23년	
§9	②20t미만소형어선 지역자원시설세 ③어업권·양식업권 면허에 대한 등록면허세	100%	'25년	일몰이 설정된 대상은 일몰 도래 시, 무기한 감면 대상은 향후 일몰 설정시, 지방세 특례의 원칙에 따라 종합 검토하여 정비 여부 결정
§10①	농협 등 담보물 등기 등록면허세	50%	'25년	
§17의2	한센인청착농원의 지역자원시설세	100%	'24년	
§22	사회복지법인등 지역자원시설세, 등록면허세	100%	'25년	
§35	주택담보노후연금보증 대상 주택 등록면허세	75%	'24년	

관련 조항	감면대상 및 감면세목	감면율	일몰 기한	정부안
§36의4	전세사기피해자의 임차권등기에 대한 등록면허세	100%	'26년	
§41	학교 지역자원시설세, 등록면허세	100%	'24년	
§44	전공대학 지역자원시설세, 등록면허세	100%	'24년	
§50	종교단체등 지역자원시설세, 등록면허세	100%	–	
§57의2 ②⑧⑩	법인 합병으로 양수받아 등기하는 재산 등록면허세	25%, 50%	'24년	
§62	광업권 등록면허세	100%	'24년	
§63④	철도건설부지로 편입된 토지의 분할등기 등록면허세	100%	–	
§63⑤	지방도시철도공사 등록면허세	100%	'25년	
§66②	도난으로 말소된 차량기계장비의 회복 등기 등록면허세	100%	–	
§79	지방으로 이전한 법인의 등기 등록면허세	100%	'24년	
§81②	이전공공기관 법인등기에 대한 등록면허세	100%	'25년	
§89	정당 지역자원시설세, 등록면허세	100%	'25년	
§92	천재지변으로 인한 대체취득에 대한 등록면허세	100%	–	

※ 자료: 행정안전부

❑ **일몰기한의 설정**

○「지방세특례제한법」은 급변하는 사회 환경의 변화 등에 맞추어 한정된 지방세 특례를 효과적으로 지원하기 위하여 통상적으로 3년* 이내의 범위에서 일몰기한 을 설정하여 그 연장 여부를 주기적으로 평가하고 있음

* 행안부장관의 주요 지방세 특례에 대한 평가 실시 기준: 3년간 연평균 감면액 100억원 이상, 조례를 통한 지방세 감면: 3년의 범위 내에서 정하도록 규정

※ **지방세 감면규정 정비 절차:** 지방세 지출 기본계획 수립(2월) → 부처별 감면 건의서 제출(3월) → 관계부처 등 협의(4~6월) → 감면 통합심사(7월) → 법 개 정 추진(8월~12월)

「지방세특례제한법」

제4조(조례에 따른 지방세 감면) ① 지방자치단체는 주민의 복리 증진 등 효율적인 정책 추진 을 위하여 필요하다고 인정될 경우 제2조의2에 따라 3년의 기간 이내에서 지방세의 세율경

감, 세액감면 및 세액공제(이하 이 조 및 제182조에서 "지방세 감면"이라 한다)를 할 수 있다.

제181조(지방세 특례의 사전·사후관리) ⑥ 행정안전부장관은 주요 지방세 특례에 대한 평가를 실시할 수 있다. 이 경우 해당 연도에 적용기한이 종료되는 사항으로서 대통령령으로 정하는 지방세 특례에 대해서는 예산의 범위 내에서 조세 관련 조사·연구기관에 의뢰하여 목표달성도, 경제적 효과, 지방재정에 미치는 영향 등에 대하여 평가할 수 있다.

「지방세특례제한법 시행령」

제124조(지방세감면 의견서 제출) ② 법 제181조제6항 후단에서 "대통령령으로 정하는 지방세 특례"란 다음 각 호의 어느 하나에 해당하는 경우를 말한다.
1. 해당 지방세 특례의 적용기한이 종료되는 날이 속하는 해의 직전 3년간(지방세 특례가 신설된 지 3년이 지나지 않은 경우에는 그 기간) 연평균 지방세 감면액이 100억원 이상인 경우
2. 둘 이상의 감면 조문을 분야별로 일괄하여 평가할 필요가 있는 경우
3. 지방세 감면액이 지속적으로 증가할 것으로 예상되어 객관적인 검증을 통해 지방세 지출의 효율화가 필요한 경우
4. 그 밖에 행정안전부장관이 지방세 특례에 대한 평가가 필요하다고 인정하는 경우

❑ **최소납부세제의 의미 및 적용현황**

○ **최소납부세제**는「지방세특례제한법」에 따라 취득세 또는 재산세의 면제혜택을 부여하더라도, 면제세액의 15%는 부담하게 하는 제도(2015년 시행)로, 면제액이 **취득세 200만원, 재산세 50만원을 초과**한 경우 담세력이 있는 것으로 간주하여 세금의 일부를 납부하도록 하여 국민개세주의, 조세형평성 가치를 실현하려는데 그 목적이 있음

○ **다만,** 장애인, 한센인, 국가유공자 등 국가적 보호가 필요한 **취약계층**과 종교, 학교, 국가 귀속용 부동산 등 **공익성**이 매우 높은 분야는 예외적으로 최소납부세제 적용을 배제하고 있음

「지방세특례제한법」

제177조의2(지방세 감면 특례의 제한) ① 이 법에 따라 취득세 또는 재산세가 면제(지방세 특례 중에서 세액감면율이 100분의 100인 경우와 세율경감률이 「지방세법」에 따른 해당 과세대상에 대한 세율 전부를 감면하는 것을 말한다. 이하 이 조에서 같다)되는 경우에는 이 법에 따른 취득세 또는 재산세의 면제규정에도 불구하고 100분의 85에 해당하는 감면율(「지방세

법」제13조제1항부터 제4항까지의 세율은 적용하지 아니한 감면율을 말한다)을 적용한다. 다만, 다음 각 호의 어느 하나에 해당하는 경우에는 그러하지 아니하다.

1. 「지방세법」에 따라 산출한 취득세의 세액(연부로 부동산을 취득하는 경우 매회 세액을 합산한 것을 말하며, 1년 이내에 동일한 소유자로부터 부동산을 취득하는 경우 또는 1년 이내에 연접한 부동산을 취득하는 경우에는 각각의 부동산에 대하여 산출한 취득세의 세액을 합산한 것을 말한다) 및 재산세의 세액이 다음 각 목의 어느 하나에 해당하는 경우

   가. 취득세: 200만원 이하
   나. 재산세: 50만원 이하(「지방세법」 제122조에 따른 세 부담의 상한을 적용하기 이전의 산출액을 말한다)

2. 제7조부터 제9조까지, 제11조제1항, 제13조제3항, 제16조, 제17조, 제17조의2, 제20조제1호, 제29조, 제30조제3항, 제33조제2항, 제35조의2, 제36조, 제41조제1항부터 제6항까지, 제50조, 제55조, 제57조의2제2항(2020년 12월 31일까지로 한정한다), 제62조, 제63조제2항·제4항, 제66조, 제73조, 제74조제1항, 제76조제2항, 제77조제2항, 제82조, 제84조제1항, 제85조의2제1항제4호 및 제92조에 따른 감면

※ 최소납부세제 **적용** 현황

	최소납부세제 적용 현황	근거 조문	세목		적용 시기
			취	재	
1	어린이집 및 유치원 부동산	§19	○	○	'15.1.1.
2	청소년단체 등에 대한 감면	§21	○	○	
3	한국농어촌공사(경영회생 지원 환매취득)	§13②2	○		'16.1.1.
4	노동조합	§26	○	○	
5	임대주택(40㎡이하, 60㎡이하)	§31①1,②1,④1	○	○	
6	장기일반민간임대주택(40㎡이하)	§31의3①1	○	○	
7	행복기숙사용 부동산	§42①	○	○	
8	박물관·미술관·도서관·과학관	§44의2	○	○	
9	학술연구단체·장학단체·과학기술진흥단체	§45①	○	○	
10	문화예술단체·체육진흥단체	§52①	○	○	
11	한국자산관리공사 구조조정을 위한 취득	§57의3②	○		
12	경차	§67②	○		
13	지방이전 공공기관 직원 주택 (85㎡이하)	§81③2	○		

최소납부세제 적용 현황		근거 조문	세목		적용 시기
			취	재	
14	시장정비사업 사업시행자	§83①	○		
15	한국법무보호복지공단, 갱생보호시설	§85①	○	○	
16	내진설계건축물(대수선)('21년까지 적용)	§47의4①2	○	○	'17.1.1.
17	국제선박	§64①,②,③	○		
18	매매용 중고자동차	§68①	○		
19	수출용 중고자동차	§68③	○		
20	한국농어촌공사 농업기반시설('21년까지 적용)	§13②1의2호		○	'18.1.1.
21	농협 · 수협 · 산림조합의 고유업무부동산	§14③	○	○	
22	기초과학연구원, 과학기술연구기관	§45의2	○	○	
23	신협 · 새마을금고 신용사업 부동산 등	§87①,②	○	○	
24	지역아동센터	§19의2	○	○	
25	창업중소기업(창업후 3년내) 재산세	§58의3		○	
26	다자녀 양육자 자동차	§22의2	○		'19.1.1.
27	학생실험실습차량, 기계장비, 항공기등	§42②	○	○	
28	문화유산 · 자연환경 국민신탁법인	§53	○	○	
29	공공기관 상법상회사 조직변경	§57의2③7	○		
30	부실금융기관 등 간주취득세	§57의2⑤	○		
31	학교등 창업보육센터용 부동산	§60③1의2호		○	
32	주거환경개선사업시행자로 부터 취득하는 주택 (85㎡이하)	§74④3	○		
33	법인의 지방이전	§79①	○	○	
34	공장의 지방이전	§80①	○	○	
35	시장정비사업(입주상인)	§83②	○		
36	평택이주 주한미군 한국인근로자	§81의2	○		
37	사회복지법인	§22①,②	○	○	'20.1.1.
38	별정우체국	§72②		○	
39	지방공단	§85의2②	○	○	
40	새마을운동조직	§88①	○	○	

최소납부세제 적용 현황		근거 조문	세목		적용 시기
			취	재	
41	정당	§89	○	○	
42	마을회	§90	○	○	
43	수소 · 전기버스	§70④	○		
44	장학단체 고유업무 부동산	§45②1	○	○	
45	외국인 투자기업 감면(조특법 적용대상은 제외)	§78의3	○	○	
46	생애 최초 주택	§36의3①1	○		'20.7.10.
47	농협 등 조합간 합병	§57의2②	○		'21.1.1.
48	농협 · 수협조합의 부실조합 재산 양수 등	§57의3①	○		
49	한국자산관리공사에 자산을 매각한 중소기업이 그 자산을 재취득	§57의3④	○		'22.1.1.
50	한국자유총연맹	§88②	○	○	
51	반환공여구역내 창업용 부동산('23년 시행)	§75의4	○		'23.1.1.
52	인구감소지역내 창업기업 등 부동산	§75의5	○	○	
53	지방농수산물공사	§15②	○	○	'26.1.1.
54	도시철도공사	§63⑤	○	○	

※ 자료: 행정안전부

※ 최소납부세제 **적용 예외** 현황

조문	감면 내용
§7	농기계류 등에 대한 감면
§8	농지확대개발을 위한 면제 등
§9	자영어민 등에 대한 감면
§13③	한국농어촌공사의 농업 관련 사업에 대한 감면
§16	농어촌 주택개량에 대한 감면
§17	장애인용 자동차에 대한 감면
§17의2	한센인 및 한센인정착농원 지원을 위한 감면
§20조	노인복지시설에 대한 감면
§29	국가유공자 등에 대한 감면

조문	감면 내용
§30③	독립기념관에 대한 감면
§33②	서민주택에 대한 감면
§35의2	농업인의 노후생활안정자금대상 농지에 대한 감면
§36	무주택자 주택공급사업 지원을 위한 감면
§41①~⑥	학교 및 외국교육기관에 대한 면제
§44②	전공대학에 대한 면제
§50	종교단체 또는 향교에 대한 면제
§55	문화재에 대한 감면
§62	광업 지원을 위한 감면
§63②④	철도시설 등에 대한 감면
§66	교환자동차 등에 대한 감면
§73	토지수용 등으로 인한 대체취득에 대한 감면
§74의2①	도심 공공주택 복합사업 등에 대한 감면
§76②	택지개발용 토지 등에 대한 감면
§77②	수자원공사의 단지조성용 토지에 대한 감면
§82	개발제한구역에 있는 주택의 개량에 대한 감면
§85의2①4	지방공기업 등에 대한 감면
§92	천재지변 등으로 인한 대체취득에 대한 감면

※ 자료: 행정안전부

[선보생각: 지방세 특례의 원칙]

제2조의2(지방세 특례의 원칙) 행정안전부장관 및 지방자치단체는 지방세 특례를 정하려는 경우에는 다음 각 호의 사항 등을 종합적으로 고려하여야 한다.
  1. 지방세 특례 목적의 공익성 및 지방자치단체 사무와의 연계성
  2. 국가의 경제·사회정책에 따른 지역발전효과 및 지역균형발전에의 기여도
  3. 조세의 형평성
  4. 지방세 특례 적용 대상자의 조세부담능력
  5. 지방세 특례 대상·적용 대상자 및 세목의 구체성·명확성
  6. 지방자치단체의 재정여건

7. 국가 및 지방자치단체의 보조금 등 예산 지원과 지방세 특례의 중복 최소화
8. 지역자원시설세 등 특정 목적을 위하여 부과하는 지방세에 대한 지방세 특례 설정 최소화

차분히 다시 읽어 보기 바란다. 다 좋은 원칙들로 보이는가? 문제는 다 좋은 데 지방세 특례의 원칙들이 서로 다른 방향을 보고 있는 것도 있다는 데 있다. 또한 같은 방향을 보고 있더라도 사람마다, 지역마다, 시대마다 원칙 간의 가중치가 다를 수 있다는 데 문제가 있다. 참의 값을 찾는 것은 그 만큼 어렵다. 그러기 위해 치열하게 논쟁하는 것이 아니겠는가. 하나하나 살펴보는 것에서부터 시작해보자.

1. 지방세 특례 목적의 공익성 및 지방자치단체 사무와의 연계성

공익은 논쟁적 개념이다. 단순히 참의 값을 알 수 없다는 뜻이 아니라 끝까지 공익을 추구해야 한다는 의미에서 논쟁적 개념이다. 우리는 논쟁을 통해 사익이 공익의 탈을 쓰고 공익 인근에서 틈만 노리는 경우를 차단해야 하고 사익에 눌려 공익이 기를 펴지 못할 때 공익에 힘을 보태주어야 한다. 지방세 특례 역시 마찬가지다.
지방자치단체 사무와의 연계성은 자치사무에 특례를 인정하라는 뜻이다. 국가사무는 국세의 영역이니 지방세는 나서지 말라는 것이다. 하지만 이 당연한 것도 국가사무와 자치사무의 구분이 그리 쉽지 않다는 문제가 있다.
참고로 법제적으로는 지방세 특례 목적의 공익성과 지방자치단체 사무와의 연계성을 같은 호에서 규정하는 것은 어색하다. 호를 구분하여 규정하는 것이 보다 바람직한 법제로 보인다.

2. 국가의 경제·사회정책에 따른 지역발전효과 및 지역균형발전

지역균형발전은 시대의 지상명제 중 하나다. 현재 우리에게 평화통일, 저출산 극복 다음의 과제 정도가 아닐까 싶다. 우리는 소득의 양극화와 함께 지역의 양극화도 겪고 있다. 수도권과 비수도권의 차이는 점점 커지고 있다. 수도권은 수도권 내에서 역차별을 받고 있다고 아우성이다. 수도권의 세계적 경쟁력을 높이면서 지역균형발전을 동시에 이루어 내야 한다. 또한 밑빠진 독에 물붓기가 되지 않기 위한 방안도 절실하다. 지방세는 과연 이런 과제에 대해 어떤 답을 내 놓아야 할 것인가? 어렵다.

3. 조세의 형평성

형평은 **비교**의 개념이다. 형평성에 맞는 것인지 아닌지 판단이 잘 서지 않을 때가 많다. 이럴 때 **'나'**를 대입해 보면 비교적 답이 명확히 나온다. 나'만' 해달라고

하는 것인지, 나'도' 해달라고 하는 것인지, 나'부터' 해달라고 하는 것인지를 잘 따져보아야 한다. 어느 '나'가 형평에 맞고 어느 '나'가 형평에 맞지 않은가?

4. 지방세 특례 적용 대상자의 조세부담능력

이 부분에 대해서는 할 말이 없다. 돈을 많이 버는 사람이 지방세를 많이 내야 한다는 말에 이의를 달고 싶지는 않다. 지방세를 내고 싶어도 낼 돈이 없다면 어찌하리. 문제는 없는 것인지 없는 척을 하는 것인지를 알이네이 힌나는 심이나. 가끔 세금을 많이 내는 것이 **충(忠)**이라는 생각이 든다. 선보도 충을 제대로 해보고 싶다.

5. 지방세 특례 대상·적용 대상자 및 세목의 구체성·명확성

지방세 특례의 법제를 함에 있어 지켜져야 하는 원칙으로 다른 원칙들과 성격을 달리한다. 세금을 다루는 세법은 형벌을 다루는 형법과 마찬가지로 **명확성의 원칙**이 다른 법보다 강하게 요구된다는 점을 상기시키는 규정으로 보면 되겠다.

6. 지방자치단체의 재정여건

지방자치단체의 재정여건이 좋으면 특례 인정범위를 확대하고 재정여건이 좋지 않으면 특례 인정범위를 축소하자는 의미이다. 하지만 반드시 위의 명제가 맞는 것은 아니다. 지방세를 감면해주면 사업이 활성화되어 지방세의 수입이 더 늘어날 수도 있기 때문이다. **래퍼 곡선**은 항상 지방세를 연구하는 사람들에게 자신을 한 번만 더 믿어달라고 유혹한다. 지방세 감면이 지역경제활성화를 통해 지방세 수입의 증대라는 **선순환**이 일어나도록 하는 방안을 찾는 것이 중요하다. 그 방안을 찾는 자 후대에 그 이름을 남기게 되리니.

7. 국가 및 지방자치단체의 보조금 등 예산 지원과 지방세 특례의 중복 최소화

무엇보다 **보조금 등 예산 지원**과 **지방세 특례**의 중복을 받고 있는 사업의 현황이 정리되어야 한다. 그리고 중복지원이 다 문제가 있다기 보다는 보조금 등 예산 지원이 더 바람직한 것인지, 지방세 특례의 적용이 더 바람직한지 또는 중복지원이 더 바람직한지 개별 사업별로 바람직한 방안을 마련해야 한다.

8. 지역자원시설세 등 특정 목적을 위하여 부과하는 지방세에 대한 지방세 특례 설정 최소화

지방세에서 목적세는 지방교육세와 지역자원시설세 두 가지 유형이 있다. 지방교육세는 취득세(부동산, 기계장비, 항공기 및 선박), 등록분 등록면허세, 레저세, 담배소비세, 주민세 개인분, 사업소분, 재산세, 자동차세(비업무용 승용자동차) 등 7개

지방세목에 부가하는 목적세이다.

지역자원시설세는 특정자원분, 특정시설분, 소방분 지역자원시설세로 나뉜다. 목적세는 보통세와 달리 특정 목적의 달성을 위한 조세이므로 지방세 특례 설정을 최소화할 필요는 있을 것이다. 하지만 목적세라는 이유만으로는 부족하다. 목적세 내에서의 차이를 고려해야 할 것이고 목적세를 통해 어느 정도 목적이 달성되었다면 오히려 보통세보다 감면 특례를 설정할 여지가 커진 것일 수도 있기 때문이다.

위에서 살펴본 특례들이 구체적인 사안에서 어떻게 적용되는 지를 살펴보는 것이 「지방세특례 제한법」을 재미나게 접근하는 방법이다. 사안 별로 자신만의 가중치를 하나하나 쌓아가는 것, 그것이 모여 지방세특례를 관통하는 나만의 시각을 정립하는 것, 바로 그것이 전문가가 되는 길이다.

나. 주요 개정 사항

(1) 총칙

① 조례에 따른 지방세 감면(제4조)

❑ 개정내용

조례에 따른 **지방세 감면**의 **범위** 등을 조정하여,

① 기존 서민생활 지원 등 공익, 특정지역의 개발, 감염병의 발생 등 **열거된 사유**에 대하여만 조례 감면이 가능하게 하던 것을 "지방자치단체가 **주민의 복리 증진** 등 **효율적인 정책 추진**을 위하여 필요하다고 인정될 경우" 조례 감면을 할 수 있도록 감면 사유를 **확대**

② **골프장·고급오락장** 등 **감면 제외대상**에 대하여도 **특별재난지역**으로 선포되어 **영업**이 **현저히 곤란**한 경우 조례를 통한 지방세 감면을 가능하게 함

③ 현행 규정상 **고시**로 위임되어 있는 **조례 감면 불가 사항**을 시행령으로 규정

④ 지방자치단체별 감면 세액이 지방세 **감면규모 총량**을 **초과**한 경우 그 **다음 다음 연도**의 지방세 감면규모를 삭감

구 분		현 행	개정내용
조례 감면 (§4)	가능 범위 (제1항)	공익, 특정 지역 지원, 감염병 지원 등 열거 사항만 가능	"주민의 복리 증진 등 효율적인 정책 추진을 위하여 필요하다고 인정될 경우" 일반적 허용
	제한 대상 (제2항)	[골프장·고급오락장 등 중과대상] (원칙) 조례 감면 불가 (예외) "감염병으로 영업 금지된 경우" 조례 감면 가능	[골프장·고급오락장 등 중과대상] (원칙) 조례 감면 불가 (예외) "감염병으로 영업 금지된 경우" + 특별재난지역이 선포된 경우로서 재산상 피해로 영업이 곤란한 경우" 조례 감면 가능
		[고시하는 사항] 국가의 경제시책에 비추어 합당하	[시행령에서 규정하는 사항] 국가의 경제시책에 비추어 합당하지 아

구 분		현 행	개정내용
		지 아니한 경우 등 행안부장관이 고시하는 사항	니한 경우 등 시행령에서 규정하는 사항
	한도 초과시 삭감 시기 (제7항)	다음 연도	다음 다음 연도

❏ **입법취지**

○ 인구·일자리 감소, 경기 침체 등 지역 문제 해결을 위한 **지방자치단체의 정책적 수단**으로서 **지방세 감면 활성화**를 위하여 조례를 통한 지방세 감면의 자율성 제고

❏ **논의과정**

○ **관련 법률안**

의안번호	제안자	제안일		주요내용
21251175	정부	2023.10.25.	가능 범위 (제1항)	"효율적인 정책 추진을 위하여 긴요하고 불가피하다고 인정되는 경우" 일반적 허용
			제한 대상 (제2항)	[골프장·고급오락장 등 중과대상] (원칙) 조례 감면 불가 (예외) "감염병으로 영업 금지된 경우" + "특별재난지역이 선포된 경우로서 재산상 피해로 영업이 곤란한 경우" 조례 감면 가능
				[시행령에서 규정하는 사항] 국가의 경제시책에 비추어 합당하지 아니한 경우 등 시행령에서 규정하는 사항
			한도 초과시 삭감 시기 (제7항)	다음 다음 연도

○ **전문위원 검토의견**

- **조례에 따른 지방세 감면 사유 확대**: 지역균형발전과 지방소멸 문제 해결의 필요성이 대두되면서 개별 지방자치단체의 **정책 수단**으로 기능하는 **조례 감면의 자율성 확대** 필요성 고려 시 타당한 것으로 보임

  ※ ('22년) 총 감면액 7조 3,711억원 중 조례 감면액은 4,402억원(6.0%)이며, 이 중 현행법의 위임에 따른 감면을 제외한 **지방자치단체 자체 조례 감면액**은 **108억원**으로 감면 한도 총량인 1조 5,906억원의 0.7%에 해당

- **다만,** "효율적인 정책 추진을 위하여 **긴요**하고 **불가피한 경우**" 조례 감면이 가능하다는 규정은 조례를 통한 지방세 감면사유를 확대하는 취지에도 불구하고 오히려 그 범위를 축소하는 측면이 있으므로, "**주민의 복리 증진 등 효율적인 정책 추진**을 위하여 필요하다고 인정될 경우"로 문구를 일부 수정할 필요가 있음

- **특별재난지역 선포 지역의 감면 제외대상에 대한 조례 감면**: 「지방세법」상 중과대상에 해당하는 제177조의 감면 제외대상은 감염병으로 영업이 금지된 경우만 조례 감면이 가능하여, 재난 피해로 영업 불가 시 감면을 받지 못하는 상황을 고려한 것으로 양 자간의 형평성 고려 시 타당한 것으로 보임

- **조례 감면 불가 사항 시행령 위임**: 현행법이 고시에 위임한 조례 감면 불가 사항을 현행 시행령에서 실질적으로 규정하고 있고, 조례 감면을 제한하는 사유는 법령에 의해 명확히 규정될 필요가 있는 점 등 고려 시 타당한 것으로 보임

- **조례감면 총량한도 초과시 삭감 시기 조정**: 현실적으로 감면한도 총량의 초과 여부 확인은 지방자치단체의 결산 시점인 익년도에 이루어지므로 이를 바탕으로 그 다음 해 지방세 감면규모 조정이 가능함을 고려한 취지로 타당한 것으로 보임

- **부칙**: 개정안은 2023년 회계연도에 감면된 지방세액이 지방세 감면규모를 초과한 경우부터 적용하는 적용례를 두고 있음

⇒ **수정의결** ("주민의 복리 증진 등 효율적인 정책 추진을 위하여 필요하다고 인정될 경우" 조례 감면 가능)

❑ 조문대비표

현 행	개 정 내 용	비 고
제4조(조례에 따른 지방세 감면) ① 지방자치단체는 다음 각 호의 어느 하나에 해당하는 때에는 3년의 기간 이내에서 지방세의 세율경감, 세액감면 및 세액공제(이하 이 조 및 제182조에서 "지방세 감면"이라 한다)를 할 수 있다. 1. 서민생활 지원, 농어촌 생활환경 개선, 대중교통 확충 지원 등 공익을 위하여 지방세의 감면이 필요하다고 인정될 때 2. 특정지역의 개발, 특정산업·특정시설의 지원을 위하여 지방세의 감면이 필요하다고 인정될 때 3. 「감염병의 예방 및 관리에 관한 법률」 제2조제1호에 따른 감염병의 발생으로 인하여 지방세의 감면이 필요하다고 인정될 때	제4조(조례에 따른 지방세 감면) ① 지방자치단체는 **주민의 복리 증진 등 효율적인 정책 추진을 위하여 필요하다고 인정될 경우** 제2조의2에 따라 3년의 기간 이내에서 지방세의 세율경감, 세액감면 및 세액공제(이하 이 조 및 제182조에서 "지방세 감면"이라 한다)를 할 수 있다.	ㅇ 조례에 따른 지방세 감면 사유 확대 – (정부안) 효율적인 정책 추진을 위하여 긴요하고 불가피한 경우
② 지방자치단체는 제1항에도 불구하고 다음 각 호의 어느 하나에 해당하는 지방세 감면을 할 수 없다. 다만, 국가 및 지방자치단체의 경제적 상황, 긴급한 재난관리 필요성, 세목의 종류 및 조세의 형평성 등을 고려하여 대통령령으로 정하는 경우에는 제1호에 해당하는 지방세 감면을 할 수 있다.	② -. -.	※ 제4조제2항(조례 감면 불가 사유) 1. 이 법에서 정하고 있는 지방세 감면을 확대(지방세 감면율·감면액을 확대하거나 지방세 감면 적용 대상자·세목·기간을 확대하는 것을 말한다)하는 지방세 감면 2. 「지방세법」 제13조 및 제28조제2

현 행	개 정 내 용	비 고
		항에 따른 중과세의 배제를 통한 지방세 감면 3.「지방세법」제106조제1항 각 호에 따른 토지에 대한 재산세 과세대상의 구분 전환을 통한 지방세 감면
1. ~ 3. (생 략)75)	1. ~ 3. (현행과 같음)	
4. 제177조에 따른 감면 제외대상에 대한 지방세 감면. 다만,「감염병의 예방 및 관리에 관한 법률」제49조제1항제2호에 따른 집합 제한 또는 금지로 인하여 영업이 금지되는 경우는 제외한다.	4. ─────────── ──────────. 다만, 다음 각 목의 어느 하나에 해당하는 경우에는 지방세 감면을 할 수 있다.	○ 특별재난지역 선포 지역의 감면 제외대상에 대한 조례 감면
〈신 설〉	가.「감염병의 예방 및 관리에 관한 법률」제49조제1항제2호에 따른 집합 제한 또는 금지로 인하여 영업이 금지되는 경우	
<신 설>	나.「재난 및 안전관리 기본법」제60조에 따른 특별재난지역으로 선포된 경우로서 해당 재난으로 입은 중대한 재산상 피해로 영업이 현저히 곤란하다고 인정되는 경우	
5. 과세의 형평을 현저하게 침해하거나 국가의 경제시책에 비추어 합당하지 아니한 지방세 감면 등으로서 대통령령으로 정하는 바에 따라 행정안전부	5. ─────────── ──────────── ─────────── 지방세 감면으로서 대통령령으로 정하는 사항	○ 조례 감면 불가 사항 시행령 위임

현　　　　행	개　정　내　용	비　고
장관이 정하여 <mark>고시</mark>하는 사항 ③ ～ ⑥ (생　략)[76]	③ ～ ⑥ (현행과 같음)	○ 조례 감면 총량 한도 초과시 삭감 시기 조정
⑦ 지방자치단체는 제6항의 조례에 따라 감면된 지방세액이 지방세 감면규모를 초과한 경우 <mark>그 다음</mark> 연도의 지방세 감면은 대통령령으로 정하는 바에 따라 축소·조정된 지방세 감면규모 이내에서 조례로 정할 수 있다. 다만, 지방세 감면규모를 초과하여 정하려는 경우로서 행정안전부장관의 허가를 받아 조례로 정한 지방세 감면에 대해서는 지방세 감면규모 축소·조정 대상에서 제외한다.	⑦ ---------------- ---------------- ---------------- - <mark>그 다음 다음</mark> ------ ---------------- ---------------- ---------------- ----------------. ---------------- ---------------- ---------------- ---------------- ---------------- --.	
⑧ (생　략)	⑧ (현행과 같음)	
부　　　칙 제1조(시행일) 이 법은 2024년 1월 1일부터 시행한다. 제2조(일반적 적용례) 이 법은 이 법 시행 이후 납세의무가 성립하는 경우부터 적용한다. 제3조(지방세 감면규모 초과에 따른 지방세 감면에 관한 적용례) 제4조제7항 본문의 개정규정은 2023년 회계연도에 감면된 지방세액이 지방세 감면규모를 초과한 경우부터 적용한다.		

---

75) **제4조(조례에 따른 지방세 감면)** ② 지방자치단체는 제1항에도 불구하고 다음 각 호의 어느 하나에 해당하는 지방세 감면을 할 수 없다. 다만, 국가 및 지방자치단체의 경제적 상황, 긴급한 재난관리 필요성, 세목의 종류 및 조세의 형평성 등을 고려하여 대통령령으로 정하는 경우에는 제1호에 해당하는 지방세 감면을 할 수 있다.
　　1. 이 법에서 정하고 있는 지방세 감면을 확대(지방세 감면율·감면액을 확대하거나 지방세 감면 적용대상자·세목·기간을 확대하는 것을 말한다)하는 지방세 감면
　　2. 「지방세법」 제13조 및 제28조제2항에 따른 중과세의 배제를 통한 지방세 감면
　　3. 「지방세법」 제106조제1항 각 호에 따른 토지에 대한 재산세 과세대상의 구분 전환을 통한 지방세 감면
76) ③ 지방자치단체는 지방세 감면(이 법 또는 「조세특례제한법」의 위임에 따른 감면은 제외한다)을 하려면 「지방세기본법」 제147조에 따른 지방세심의위원회의 심의를 거쳐 조례로 정하여야 한다. 이 경우 대통령령으로 정하는 일정규모 이상의 지방세 감면을 신설 또는 연장하거나 변경하려는 경우에는 대통령령으로 정하는 조세 관련 전문기관이나 법인 또는 단체에 의뢰하여 감면의 필요성, 성과 및 효율성 등을 분석·평가하여 심의자료로 활용하여야 한다.
　④ 제1항과 제3항에도 불구하고 지방자치단체의 장은 천재지변이나 그 밖에 대통령령으로 정하는 특수한 사유로 지

(2) 농어업을 위한 지원

① 농업경제지주회사에 대한 감면 등(제14조의3 신설)

❑ 개정내용
○ **농협경제지주회사 구매·판매, 생산·검사용 부동산**에 대한 취득세·재산세 **25% 감면을 신설하고, 농협중앙회**에 대하여는 **농어민 교육시설용 부동산**에 한정하여 감면

구 분		현 행	개 정 내 용
농협중앙회 및 농협경제지주회사 에 대한 감면 (§14, §14의2, §14의3)	감면대상	(중앙회) 1. 구매·판매사업용 부동산 2. 생산·검사사업용 부동산 3. 농어민 교육시설용 부동산	(농협 外 중앙회) (현행과 같음) (농협 중앙회) 3. 농어민 교육시설용 부동산 (농협경제지주) 1. 구매·판매사업용 부동산 2. 생산·검사사업용 부동산
	감면내용	취득세·재산세 25%	취득세·재산세 25%
	일몰기한	~2023년	~2026년
	개정 조문		§14① 개정 §14의2 삭제 §14의3 신설

❑ 입법취지
○ **수산업협동조합중앙회, 산림조합중앙회**와 동일하게 농업인을 위한 구매·판매 사업 등을 수행하는 농업경제지주회사에 대한 지방세 감면 신설

방세 감면이 필요하다고 인정되는 자에 대해서는 해당 지방의회의 의결을 얻어 지방세 감면을 할 수 있다.
⑤ 지방자치단체는 지방세 감면에 관한 사항을 정비하여야 하며, 지방자치단체의 장은 정비 결과를 행정안전부장관에게 제출하여야 한다. 이 경우 행정안전부장관은 그 정비 결과를 지방세 감면에 관한 정책 수립 등에 활용할 수 있다.
⑥ 지방자치단체는 제1항부터 제3항까지의 규정에 따라 지방세 감면을 하는 경우에는 전전년도 지방세징수 결산액에 대통령령으로 정하는 일정비율을 곱한 규모(이하 이 조에서 "지방세 감면규모"라 한다) 이내에서 조례로 정하여야 한다.

❑ **논의과정**

○ **관련 법률안**

의안번호	제안자	제안일	주요내용
2123562	윤미향의원 외 11인	2023.07.31.	현행 농협중앙회에 대한 감면에 **농협경제지주회사** 추가
2124357	송재호의원 외 14인	2023.09.08.	현행 농협중앙회에 대한 감면에 **농협경제지주회사 및 자회사** 추가
2125040	김교흥의원 외 12인	2023.10.06.	
2125175	정부	2023.10.25.	농협중앙회의 구매·판매, 생산·검사 사업에 대해 그 감면대상자를 **농협경제지주회사로 변경**하며 일몰기한 3년 연장

○ **전문위원 검토의견**

- **농협경제지주회사에 대한 감면 신설: 농협경제지주**는 농협중앙회가 수행하던 구매·판매사업 등을 분할하여 2012년에 신설된 회사로서, 수산업협동조합중앙회, 산림조합중앙회와 동일하게 농업인을 위한 구매·판매사업 등을 수행하므로 타 조합중앙회와의 **형평성** 및 **농업 보호·육성·지원**의 필요성 차원에서 감면 신설은 타당한 것으로 보이며, 현행 농협중앙회에 대한 감면 사업 유형인 ①**구매·판매**, ②**생산·검사**, ③**농어민 교육시설** 중 ①, ②사업은 농협경제지주에서 수행하므로, 정부안은 농협경제지주에는 ①, ②사업에 대한 감면을, 농협중앙회에는 ③사업에 대한 감면만을 적용하려는 것으로 **농협조직의 특수성**을 고려할 때 타당한 개정 방향으로 보임

- **농협경제지주회사 자회사에 대한 감면 신설:** 자회사 중 **유통자회사**의 경우 현행법(§15①)*에 따라 취득세·재산세의 **50%**씩 감면받고 있는 점을 감안하여 별도 감면의 필요성 여부를 검토할 필요

  * 한국농수산식품유통공사 및 유통자회사가 농수산물유통시설과 유통에 관한 교육훈련시설에 직접 사용하기 위한 부동산에 대한 취득세·재산세 50% 경감

○ **정부의견:** 농협중앙회의 구매·판매, 생산·검사 사업의 주체가 농협경제지주회사로 변경되어 운영되고 있는 현실을 감안하여 정부안을 반영할 필요

⇒ **원안의결** (정부안)

❏ 조문대비표

현　　행	개 정 내 용	비 고
제14조(농업협동조합 등의 농어업 관련 사업 등에 대한 감면) ① <u>농업협동조합중앙회, 수산업협동조합중앙회, 산림조합중앙회</u>가 구매·판매 사업 등에 직접 사용하기 위하여 취득하는 다음 각 호의 부동산(「농수산물유통 및 가격안정에 관한 법률」 제70조제1항에 따른 유통자회사에 농수산물 유통시설로 사용하게 하는 부동산을 포함한다. 이하 이 항에서 같다)에 대해서는 취득세의 100분의 25를, 과세기준일 현재 그 사업에 직접 사용하는 부동산에 대해서는 재산세의 100분의 <u>25</u>를 각각 <u>2023년 12월 31일</u>까지 경감한다.	제14조(농업협동조합 등의 농어업 관련 사업 등에 대한 감면) ① <u>농업협동조합중앙회(제3호만 해당한다)</u>－－－－－－－－－－－ －－－－－－－－－－－－－ －－－－－－－－－－－－－ －－－－－－－－－－－－－ －－－－－－－－－－－－－ －－－－－－－－－－－－－ －－－－－－－－－－－－－ －－－－－－－－－－－－－ －－－－－－－－－－－－－ －－－－－－－－－－－－－ －－－－－－－－－－－－－ －－－－－ <u>2026년 12월 31일</u>－－－－－－.	○ 농협중앙회 － 농어민 교육 시설용 부동산에 한하여 감면
1. ～ 3. (생　략)77)	1. ～ 3. (현행과 같음)	
<u>제14조의2(농협경제지주회사 등의 구매·판매 사업 등에 대한 감면) 「농업협동조합법」 제161조의2에 따라 설립된 농협경제지주회사와 법률 제10522호 농업협동조합법 일부개정법률 부칙 제6조에 따라 설립된 자회사가 구매·판매 사업 등에 직접 사용하기 위하여 취득하는 다음 각 호의 부동산(「농수산물 유통 및 가격안정에 관한 법률」 제70조제1항에 따른 유통자회사에 농수산물 유통시설로 사용하게 하는 부동산을 포함한다. 이하 이 항</u>	<u>〈삭　제〉</u>	○ 과거 감면규정 삭제

현 행	개 정 내 용	비 고
에서 같다)에 대해서는 취득세의 100분의 25를, 과세기준일 현재 그 사업에 직접 사용하는 부동산에 대해서는 재산세의 100분의 25를 각각 2017년 12월 31일까지 경감한다. 1. 구매·판매·보관·가공·무역 사업용 토지와 건축물 2. 생산 및 검사 사업용 토지와 건축물 3. 농어민 교육시설용 토지와 건축물 〈신 설〉	 제14조의3(농협경제지주회사의 구매·판매 사업 등에 대한 감면) 「농업협동조합법」 제161조의2에 따라 설립된 농협경제지주회사가 구매·판매 사업 등에 직접 사용하기 위하여 취득하는 다음 각 호의 부동산(「농수산물 유통 및 가격안정에 관한 법률」 제70조제1항에 따른 유통자회사에 농수산물 유통시설로 사용하게 하는 부동산을 포함한다. 이하 이 조에서 같다)에 대해서는 취득세의 100분의 25를, 과세기준일 현재 그 사업에 직접 사용하는 부동산에 대해서는 재산세의 100분의 25를 각각 2026년 12월 31일까지 경감한다. 1. 구매·판매·보관·가공·무역 사업용 토지와 건축물 2. 생산 및 검사 사업용 토지와 건축물	 ○ 제14조의3 신설 　– 구매·판매, 생산·검사사업용 부동산 감면 신설 　– 해당 사업에 대하여는 농협중앙회 감면사업에서 제외하도록 제14조 제1항 개정

현 행	개정내용	비고
부 칙 제1조(시행일) 이 법은 2024년 1월 1일부터 시행한다. 제2조(일반적 적용례) 이 법은 이 법 시행 이후 납세의무가 성립하는 경우부터 적용한다.		

② 그 밖의 일몰기한 연장 사항

연번	감면대상	주요 내용	일몰기한 연장	연장 취지	비고
1	자경농민의 농지 (제6조)	자경농민의 농지, 농지 조성용 임야, 농업용 시설에 대하여 취득세 50% 감면	~2026년 (3년)	농촌 지역의 경제 활성화 및 농업 경쟁력 강화 도모	
2	농기계류 등 (제7조)	①농업기계에 대한 취득세 면제, ②농업용수의 공급을 위한 관정시설에 대한 취득세·재산세 면제	~2026년 (3년)	농업생산성 확대 등 도모	최소납부세제 적용 배제
3	자영어민 등 (제9조제1항)	자영어민의 어업권·양식업권, 어선, 어업용 토지 및 건축물에 대하여 취득세 50% 감면	~2026년 (3년)	어촌 지역의 경제 활성화 및 어업 경쟁력 강화 도모	최소납부세제 적용 배제
4	농업법인 (제11조)	①초기 농업법인의 농지, 농지조성 임야, 농업용 시설에 대한 취득세 75% 감면, ② 농업법인의 영농·유통·	~2026년 (3년)	농민의 소득을 증대하고 국민에게 안전한 농산물의 안정적 공급을 위한 경쟁력 있는 농업법인 육성	

---

77) **제14조(농업협동조합 등의 농어업 관련 사업 등에 대한 감면)** ① 농업협동조합중앙회, 수산업협동조합중앙회, 산림조합중앙회가 구매·판매 사업 등에 직접 사용하기 위하여 취득하는 다음 각 호의 부동산(「농수산물유통 및 가격안정에 관한 법률」 제70조제1항에 따른 유통자회사에 농수산물 유통시설로 사용하게 하는 부동산을 포함한다. 이하 이 항에서 같다)에 대해서는 취득세의 100분의 25를, 과세기준일 현재 그 사업에 직접 사용하는 부동산에 대해서는 재산세의 100분의 25를 각각 2023년 12월 31일까지 경감한다.
1. 구매·판매·보관·가공·무역 사업용 토지와 건축물
2. 생산 및 검사 사업용 토지와 건축물
3. 농어민 교육시설용 토지와 건축물

연번	감면대상	주요 내용	일몰기한 연장	연장 취지	비고
		가공용 부동산에 대한 취득세·재산세 50% 감면			
5	어업법인 (제12조 제1항)	어업법인의 영어·유통·가공용 부동산에 대한 취득세·재산세 50% 감면	~2026년 (3년)	어업 생산성 및 경쟁력 강화 등 도모	

(3) 사회복지를 위한 지원

① 출산·양육을 위한 주택 취득에 대한 취득세 감면 등(제36조의5 신설)

❑ 개정내용

○ 2024년 1월 1일부터 2025년 12월 31일까지 **자녀를 출산한 부모**가 해당 자녀와 **거주 목적**으로 취득하는 취득당시가액 **12억원 이하 주택**에 대한 **취득세**를 감면하는 특례를 **신설**

구 분	현 행	개정내용		
출산·양육을 위한 주택 감면 (§36의5)	〈신 설〉	감면 대상자		'24년~'25년 자녀를 출산한 부모 (출산일 전 1년, 출산일 후 5년 내 취득하는 주택)
		감면 요건	주택가격	취득당시가액 12억원 이하
			주택 수	1가구 1주택 [일시적 다주택(3월내 1주택) 포함]
			거주의무	O
		감면세목		취득세
		감면내용		취득세 100%
		감면한도		500만원

구 분	현 행	개정내용	
		최소납부세제	적용 제외 (전액 면제)
		일몰기한	~2025년

❏ **입법취지**

○ 출산 가구의 주거 비용 및 양육 부담 완화를 통한 저출산 문제 해결

❏ **논의과정**

○ **관련 법률안**

의안번호	제안자	제안일	주요내용
2111358	김교흥의원 외 11인	2021.07.06.	18세 미만 1자녀 이상을 둔 사람 양육 목적 주택 취득시 취득세 10~50%* 경감 (*자녀수에 따른 차등 감면율 적용, 1명 : 10%, 2명 20%, 3명 : 30%, 4명이상 : 50%)
2120631	윤재갑의원 등 13인	2023.03.15.	18세 미만 1자녀 이상을 둔 사람 양육 목적 주택 취득시 취득세 30~80%* 경감 (*자녀수에 따른 차등 감면율 적용, 1명 : 30%, 2명 40%, 3명 : 50%, 4명이상 : 80%)
2123508	신동근의원 등 10인	2023.07.27.	18세 미만 3자녀를 둔 사람 양육 목적 시가표준액 9억원 이하 주택 취득 시 취득세 면제 (500만원한도)
2123532	신동근의원 등 10인	2023.07.28.	18세 미만 3자녀를 둔 사람 양육 목적 시가표준액 9억원 이하 주택 보유 시 재산세 면제 (100만원한도)
2125175	정부	2023.10.25.	'24년~'25년 중 자녀를 출산한 부모가 해당 자녀와 거주 목적으로 취득하는 주택에 대하여 취득세 면제 (500만원한도)

○ **대체토론**

－ 정부안에 따르면 **주택가격** 및 **유·무상취득**을 **불문하고 감면을 적용하는** 점, 취득세 500만원 감면은 **저소득** 및 **중간소득 계층의 출산 여부 의사결정** 에 영향을 미치기 어려운 점 등을 고려할 때 이는 **고소득·고자산 계층에 감세 혜택이 확대**되는 정책이므로 정부안에 대한 **반대**의견 제시

○ **전문위원 검토의견**

- **재산세 감면 신설 여부:** 신동근의원안Ⅱ은 재산세 감면 규정을 신설하고 있는데, 저출산 문제 해결에 대한 효과성, 재산세는 기초지자체의 주요 세원이므로 지방재정에 미치는 영향 등을 감안할 필요

- **감면 대상자:** 김교흥 · 윤재갑의원안 및 **정부안**은 18세 미만의 자녀가 **1명** 이상이기만 하면 감면이 적용되나, **신동근의원안 Ⅰ · Ⅱ**은 18세 미만 자녀 3명 이상을 양육하는 자에게 적용되므로 감면 대상자에 대한 결정이 필요하며, **정부안의 경우, 2024년~2025년에 자녀를 출산한 부모가 출산일 1년 전*, 출산 후 5년 내**에 취득하는 주택에 대하여 취득세를 면제하고 있으므로, 이러한 기간의 적정성 논의 필요

  * 출산일 1년 전에 취득한 주택이어도 2024.1.1. 이후 취득한 주택이어야 함(부칙 제5조제2항)

- **감면요건:** 신동근의원안 Ⅰ · Ⅱ은 감면이 적용되는 주택가격을 **시가표준액 9억 이하**로 설정하고 있는 점에 따라 감면 적용 주택가격 적용 여부 및 적정가격 결정이 필요하며, **기존 보유주택 여부**와 관련하여, **"1가구 1주택"**에 김교흥 · 윤재갑의원안은 일시적 2주택자 중 3년 내에 1주택이 되는 가구를, **신동근의원안 Ⅰ**은 일시적 2주택자 중 3개월 내에 1주택이 되는 가구를, **정부안**은 일시적 다주택자 중 3개월 내에 1주택이 되는 가구를 포함하고 있으므로 이에 대한 결정 필요

- **감면내용 및 감면한도:** 김교흥 · 윤재갑의원안은 자녀수에 따라 차등하여 감면율을 설정하되 감면한도가 없고, **신동근의원안 Ⅰ · 정부안**의 경우 취득세를 100% 면제하되 **500만원 한도**(취득가액: 5억원)에서 면제하고 있으므로 감면내용 및 그에 따른 감면한도에 대한 결정 필요

- **최소납부세제 적용 여부:** 신동근의원안Ⅱ · 정부안은 취득세를 100% 면제하여 최소납부세제 적용대상이 되는데, 신동근 Ⅱ 의원안은 최소납부세제를 적용하여 감면액의 15%를 과세하고 정부안은 이를 배제하고 있으므로, 최소납부세제 배제 또는 적용 여부에 대한 결정 필요

- **부칙:** 개정안은 이 법 시행 이후 자녀를 출산한 경우로서 해당 자녀의 부모가 1주택을 취득하는 경우부터 적용하고 있으며, 출산일 전 1년 이내에 주택을 취득하는 경우 이 법 시행 이후 취득하는 1주택의 경우부터 적용한다는 적용례를 두고 있음

○ **정부의견**
- 유례없는 출산율 저하에 도움이 되고자 출산하는 가구에 대해 500만원의 감면혜택을 주기 위하여 마련한 안으로, 정부안을 반영할 필요

○ **의원의견**
- **서울의 합계출산율**이 0.59에 이르는 등 국가 어젠다로 처해 있는 인구감소 위기 상황에서 개정안과 같은 정책은 불가피한 지원 정책
- 감면 대상자로 **일시적 다주택자**를 허용하되 **3월** 내에 종전 주택을 처분하도록 하는 개정안의 내용과 관련하여 현실성이 떨어지므로 **주택처분기간**을 6개월 또는 1년으로 **확대**하는 방안 고려 필요
- 개정안은 시급성·한시성·공익성 측면에 타당한 측면이 있으나, **일시적 다주택자**의 경우 **담세력**이 높아 취약계층이라고 보기 어려운 점을 감안할 필요
- **15조원** 이상의 **지방세입 감소**가 예상되는 상황에서 개정안 시행에 따라 발생하는 **600억원** 이상의 **지방재정 결손**에 대한 보전방안 질의
- **임대주택**에 거주하는 등 주택을 구입할 여력이 없는 계층은 동 지방세 감면 지원에서 배제되므로 특정 계층에만 혜택이 돌아가는 **역차별** 문제 발생 우려
- 국가 전체적인 저출산 대책 수립 시, 보다 **형평성** 있는 대책이 설계될 수 있도록 향후 저출산고령사회위원회 등의 논의 과정에서 행정안전부의 입장을 개진할 필요

⇒ **수정의결** (취득당시가액 12억원 이하[78])의 주택에만 감면 적용)

※ 참고: 생애최초 주택 구입에 대한 취득세 감면 규정과의 비교

		출산·양육을 위한 주택	생애최초 주택[79]
감면 대상자		'24년~'25년 자녀를 출산한 부모 (출산일 전 1년, 출산일 후 5년 내 취득하는 주택)	본인 및 배우자가 주택을 소유한 사실이 없는 경우로서 주택을 유상거래로 취득하는 경우
감면 요건	주택가격	취득당시가액 12억원 이하	취득당시가액 12억원 이하
	주택 수	1가구 1주택 [일시적 다주택(3월내 1주택) 포함]	1가구 1주택

---

78) 주택 구입 여력이 있는 특정 계층에 감세 혜택이 집중될 가능성 및 현행 생애최초 주택 구입에 대한 취득세 감면이 취득당시가액 12억원 이하의 주택에만 적용되는 점 등을 감안하여 취득당시가액 12억원 이하의 주택에만 감면을 적용하는 것으로 수정

	출산·양육을 위한 주택	생애최초 주택79)
거주의무	O	O
감면세목	취득세	취득세
감면내용	취득세 100%	취득세 100%
감면한도	500만원	200만원
최소납부세제	적용 제외 (전액 면제)	적용 (15% 납부)
일몰기한	~2025년	~2025년

---

79) 제36조의3(생애최초 주택 구입에 대한 취득세 감면) ① 주택 취득일 현재 본인 및 배우자(「가족관계의 등록 등에 관한 법률」에 따른 가족관계등록부에서 혼인이 확인되는 외국인 배우자를 포함한다. 이하 이 조 및 제36조의5에서 같다)가 주택(「지방세법」 제11조제1항제8호에 따른 주택을 말한다. 이하 이 조 및 제36조의5에서 같다)을 소유한 사실이 없는 경우로서 「지방세법」 제10조의3에 따른 취득당시가액이 12억원 이하인 주택을 유상거래(부담부증여는 제외한다)로 취득하는 경우에는 다음 각 호의 구분에 따라 2025년 12월 31일까지 지방세를 감면(이 경우 「지방세법」 제13조의2의 세율을 적용하지 아니한다)한다. 다만, 취득자가 미성년자인 경우는 제외한다.
1. 「지방세법」 제11조제1항제8호의 세율을 적용하여 산출한 취득세액(이하 이 조 및 제36조의5에서 "산출세액"이라 한다)이 200만원 이하인 경우에는 취득세를 면제한다.
2. 산출세액이 200만원을 초과하는 경우에는 산출세액에서 200만원을 공제한다.
② 2인 이상이 공동으로 주택을 취득하는 경우에는 해당 주택에 대한 제1항에 따른 총 감면액은 200만원 이하로 한다.
③ 제1항에서 "주택을 소유한 사실이 없는 경우"란 다음 각 호의 어느 하나에 해당하는 경우를 말한다.
1. 상속으로 주택의 공유지분을 소유(주택 부속토지의 공유지분만을 소유하는 경우를 포함한다)하였다가 그 지분을 모두 처분한 경우
2. 「국토의 계획 및 이용에 관한 법률」 제6조에 따른 도시지역(취득일 현재 도시지역을 말한다)이 아닌 지역에 건축되어 있거나 면의 행정구역(수도권은 제외한다)에 건축되어 있는 주택으로서 다음 각 목의 어느 하나에 해당하는 주택을 소유한 자가 그 주택 소재지역에 거주하다가 다른 지역(해당 주택 소재지역인 특별시·광역시·특별자치시·특별자치도 및 시·군 이외의 지역을 말한다)으로 이주한 경우. 이 경우 그 주택을 감면대상 주택 취득일 전에 처분했거나 감면대상 주택 취득일부터 3개월 이내에 처분한 경우로 한정한다.
   가. 사용 승인 후 20년 이상 경과된 단독주택
   나. 85제곱미터 이하인 단독주택
   다. 상속으로 취득한 주택
3. 전용면적 20제곱미터 이하인 주택을 소유하고 있거나 처분한 경우. 다만, 전용면적 20제곱미터 이하인 주택을 둘 이상 소유했거나 소유하고 있는 경우는 제외한다.
4. 취득일 현재 「지방세법」 제4조제2항에 따라 산출한 시가표준액이 100만원 이하인 주택을 소유하고 있거나 처분한 경우
5. 제36조의4제1항에 따라 전세사기피해주택을 소유하고 있거나 처분한 경우
④ 제1항에 따라 취득세를 감면받은 사람이 다음 각 호의 어느 하나에 해당하는 경우에는 감면된 취득세를 추징한다.
1. 대통령령으로 정하는 정당한 사유 없이 주택을 취득한 날부터 3개월 이내에 상시 거주(취득일 이후 「주민등록법」에 따른 전입신고를 하고 계속하여 거주하거나 취득일 전에 같은 법에 따른 전입신고를 하고 취득일부터 계속하여 거주하는 것을 말한다. 이하 이 조 및 제36조의5에서 같다)를 시작하지 아니하는 경우
2. 주택을 취득한 날부터 3개월 이내에 추가로 주택을 취득(주택의 부속토지만을 취득하는 경우를 포함한다)하는 경우. 다만, 상속으로 인한 추가 취득은 제외한다.
3. 해당 주택에 상시 거주한 기간이 3년 미만인 상태에서 해당 주택을 매각·증여(배우자에게 지분을 매각·증여하는 경우는 제외한다)하거나 다른 용도(임대를 포함한다)로 사용하는 경우
⑤ 제3항을 적용할 때 무주택자 여부 등을 확인하는 세부적인 기준은 행정안전부장관이 정하여 고시한다.

[선보생각: 저출산 문제]

저출산 문제의 심각성에 대해서는 두 가지 견해가 있다. 하나, 이제 지방소멸을 넘어 국가소멸을 걱정해야 할 수준에 이르렀다는 **심각설**이다. 둘, 4차 산업혁명, 환경파괴 등을 고려할 때 인구의 감소는 오히려 바람직하다는 **다행설**이다. 물론 심각설이 다수설이다. 다수설인 심각설의 입장에서 대책을 살펴보면 우리가 과연 저출산 문제를 심각한 문제로 보고 있는 것인지 의문이 든다. 아이를 낳으면 5백만원의 취득세를 면제해 준다고 하면 사람들이 아 낳으려니 낳을끼? 이세 웬만한 유인책으로는 유인이 되지 않는다. 그렇다면 선택해야 한다. 유인이 될 만큼의 지원을 하던지 아니면 그 돈으로 다행설의 입장을 반영한 투자(기술개발, 환경보호, 교육 등)를 해야 한다. 뭔가 화끈한 정책이 필요할 것으로 보이는데 그 한 방을 만들지 못하고 계속 짬만 날리고 있는 형국이다. 큰 그림속에서 선택과 집중을 해야 하는데 자기 분야에서 자그마한 대책을 양산하고 있다. 그럼 어느 정도의 대책을 마련해야 할까? 의외로 아주 쉽다. 아이를 낳으면 아이를 낳지 않은 부부보다 경제적으로 더 여유로운 삶을 살 수 있도록 해 주면 된다. 이해득실을 따질 때 이득이 되게 해주어야 한다. 재산세 정도는 평생 면제해 주어야 할 것이다. 그 무슨 말같지 않은 말이냐고. 대신 쓸데 없이 나가는 돈을 다 삭감하면 될 것이고, 재산세 낼 사람이 아예 없어지기 전에 재산세 안 내게 해주자는 것이다. 그래야 이 아이들이 커서 재산세를 낼 것이 아닌가. 조금만 장기적으로 생각해보자. 1년이 금방오고, 10년이 금방 오듯이 100년 금방 온다. 우리는 인류의 진보에 기여할 수 있는 지정학적 위치에 자리잡은 능력과 열정를 갖춘 민족이다. 이런 유전자가 점점 사라진다는 것은 호모사피엔스 역사에 너무나 안타까운 일이 아닐 수 없다.

❑ **조문대비표**

현 행	개 정 내 용	비 고
〈신 설〉	제36조의5(출산·양육을 위한 주택 취득에 대한 취득세 감면) ① 2025년 12월 31일까지 자녀를 출산한 부모(미혼모 또는 미혼부를 포함한다)가 해당 자녀와 상시 거주할 목적으로 출산일부터 5년 이내에 「지방세법」 제10조에 따른 취득 당시의 가액이 **12억원 이하**인 1주택을 취	○ 감면 대상 '24년~'25년 자녀를 출산한 부모가 출산일 전 1년, 출산일 후 5년 내 취득하는 주택

현 행	개 정 내 용	비 고
	득하는 경우(출산일 전 1년 이내에 주택을 취득한 경우를 포함한다)로서 다음 각 호의 요건을 모두 충족하는 경우에는 그 산출세액이 500만원 이하인 경우에는 취득세를 면제하고, 500만원을 초과하는 경우에는 산출세액에서 500만원을 공제한다. 1. 가족관계등록부에서 자녀의 출생 사실이 확인될 것 2. 해당 주택이 대통령령으로 정하는 1가구 1주택에 해당할 것(해당 주택을 취득한 날부터 **3개월 이내에 1가구 1주택이 되는 경우를 포함**한다) ② 제1항에 따라 취득세를 감면받은 사람이 다음 각 호의 어느 하나에 해당하는 경우에는 감면된 취득세를 추징한다. 1. 대통령령으로 정하는 정당한 사유 없이 주택의 취득일(출산일 전에 취득한 경우에는 출산일)부터 3개월 이내에 해당 자녀와 상시 거주를 시작하지 아니하는 경우 2. 해당 자녀와의 상시 거주 기간이 3년 미만인 상태에서 주택을 매각·증여(배우자에게 지분을 매각·증여하는 경우는 제외한다)하거나 다른 용도(임대를 포함한다)로 사용하는 경우	○ 감면요건 취득 당시의 가액 12억원 이하 ○ 감면내용 500만원 한도에서 취득세 면제 ○ 감면요건 자녀 출산 1가구 1주택 (일시적 다주택자가 3月 내 1가구 1주택이 되는 경우 포함) ○ 추징사유 - 3月 내 상시 거주를 시작하지 않는 경우 - 상시 거주기간 3년 미만 주택 매각·증여
부　　칙 제1조(시행일) 이 법은 2024년 1월 1일부터 시행한다.		○ 자녀 출산 후 5년 이내 주택 취득

현 행	개 정 내 용	비 고
제2조(일반적 적용례) 이 법은 이 법 시행 이후 납세의무가 성립하는 경우부터 적용한다. 제5조(출산·양육을 위한 주택의 취득세 감면에 관한 적용례) ① 제36조의5제1항의 개정규정은 이 법 시행 이후 자녀를 출산한 경우로서 해당 자녀의 부모가 1주택을 취득하는 경우부터 적용한다. ② 제1항에도 불구하고 제36조의5제1항의 개정규정 중 자녀의 출산일 전 1년 이내에 주택을 취득한 부분에 대한 개정규정은 이 법 시행 이후 취득하는 1주택의 경우부터 적용한다.		− 법 시행 이후 출산한 자녀부터 적용 ㅇ 주택 취득 후 1년 이내 자녀 출산 − 법 시행 당시 태아까지 보호 취지 − 법 시행 이후 취득한 주택부터 적용

② 국가유공자에 대한 자동차 감면의 감면대상자 추가(제29조제4항)

❑ 개정내용

○ **국가유공자등**의 **보철용 · 생업활동용 자동차**에 대한 취득세 · 자동차세 감면의 대상자에 **보훈보상대상자, 지원대상자를 추가**하며, 해당 대상자에는 **50%**의 감면율 적용

구 분			현 행	개정내용
국가 유공자 보철용 자동차 감면 (§29④)	감면 대상자		국가유공자등	+ 보훈보상대상자, 지원대상자
	감면 대상 자동차	승용	2천시시 이하	(현행과 같음)
			승차정원 7~10명 등	
		승합	승차정원 15명이하	
		화물	최대적재량 1톤이하	
		이륜	250시시 이하	
	감면 내용		취득세 · 자동차세 100%	(현행과 같음) 보훈보상대상자, 지원대상자는 취득세 · 자동차세 50%
	일몰 기한		~2024년	(현행과 같음)

※ **국가유공자**(국가유공자법 §4①): 국가의 수호 · 안전보장 또는 국민의 생명 · 재산의 보호와 직접 관련있는 직무수행이나 교육훈련 중 상이를 입고 전역하거나 퇴직한 사람

※ **보훈보상대상자**(보훈보상자법 §2①): 국가의 수호 · 안전보장 또는 국민의 생명 · 신체의 보호와 관련없는 직무수행이나 교육훈련 중 상이를 입고 전역하거나 퇴직한 사람

※ **지원대상자**(국가유공자법(제11041호 개정 전) §73의2): 본인의 과실이나 본인의 과실이 경합된 사유로 사망 또는 상이를 입은 자

❏ **입법취지**

○ 감면대상자에 **보훈보상대상자** 및 **지원대상자**를 추가하여 감면지원을 확대함으로써 국가유공자등의 이동권 보장

❏ **논의과정**

○ **관련 법률안**

의안번호	제안자	제안일	주요내용
2115707	하영제의원 외 10인	2023.05.24.	감면대상에 친환경자동차 추가
2122733	허종식의원 외 12인	2023.06.09.	감면대상 승용자동차의 기준을 2천시시에서 2천5백시시로 완화하면서 일몰기한을 2년 연장 (~'26년)
2125175	정부	2023.10.25.	감면대상자에 보훈보상대상자, 지원대상자를 추가하며, 해당 대상자에는 50%의 감면율 적용

○ **전문위원 검토의견**

− **감면대상에 친환경자동차 추가**: (하영제 I 의원안) 친환경자동차의 경우 **배기량**이 명확하지 않으므로 감면 대상에 추가하여 감면 가능여부에 대한 납세자의 혼선 가능성을 줄일 필요성, 친환경자동차에 대한 **별도 규정**으로도 감면이 가능한 점* 등을 종합적으로 고려하여 결정할 필요가 있어 보임

  * 전기차·수소차 140만원, 하이브리드차는 40만원을 한도로 취득세 면제(§66③④)

− **배기량 기준 완화 및 일몰기한 연장**: (허종식의원안) 과거보다 **차종** 및 상이 국가유공자등의 이동편의를 위한 **보조장비**가 더욱 **다양화**된 점, 배기량 기준이 저가 승용차와 고가 승용차를 나누는 절대적인 기준이 아닌 점 등 고려 시 개정안은 국가유공자등이 선택할 수 있는 **차종의 범위 확대**한다는 측면에서 타당한 취지로 보임.

− **다만, 자동차**에 대한 **취득세** 및 **자동차세**는 지방자치단체의 **주요 세입원***으로서 **지방재정**에 미치는 영향을 고려하여야 할 것으로 보이며, 현행 **장애인**등의 보철용·생업활동용 자동차에 대한 감면 규정**과의 **형평성**, 현행 감면 특례의 **일몰기한**은 **2024년**까지로, 일몰이 아직 도래하지 않은 점 등 고려할 필요

  * 2022년 기준 지방세 총액 118조 5,707억원 중 취득세 27조 7,259억원(23.4%), 자동차세 7조 3,302억원(6.2%)이었으며, 차량에 대한 취득세는 취득세 전체의

19.9%인 5조 5,128억원임

** 국가유공자등에 대한 자동차 감면과 마찬가지로 승차정원 6인 이하 승용차의 경우 배기량 2천시시 이하인 경우 면제(§29④)

- **감면대상자 확대:** (정부안) 보훈보상대상자 및 지원대상자는 국가유공자와 **신체적 장애** 측면에서 동일한 대상*으로 **이동권 제약 및 경제적 어려움**을 고려 시 지원의 필요성이 인정될 것으로 보임

  * 보훈보상대상자의 경우 상이등급 판정을 위한 신체검사에 있어 국가유공자의 신체검사를 준용하여 국가유공자와 동일한 기준(1~7급)으로 판정(「보훈보상자법」 §6)

- **감면율 조정:** (정부안) 국가 수호·안전보장이나 국민의 생명·재산의 보호와 직접 관련된 직무수행 중에 사망하거나 부상을 얻은 국가유공자와 보훈보상대상자·지원대상자와의 차이*를 감안하여 감면율을 **50%**로 **차등**하여 **설정**한 것으로, 타당성이 인정될 것으로 보임

  * 국가의 수호·안전보장 또는 국민의 생명·재산 보호와 직접적인 관련이 없는 직무수행이나 교육훈련 중 사망 또는 부상을 얻은 경우(「보훈보상자법」 §2)

⇒ **원안의결** (정부안)

❏ **조문대비표**

현 행	개 정 내 용	비 고
제29조(국가유공자 등에 대한 감면) ① ~ ③ (생 략)80) ④ 「국가유공자 등 예우 및 지원에 관한 법률」에 따른 국가유공자로서 상이등급 1급부터 7급까지의 판정을 받은 사람 또는 그 밖에 대통령령으로 정하는 사람(이하 "국가유공자등"이라 한다)이 보철용·생업활동용으로 사용하기 위하여 취득하여 등록하는(대통령령으로 정하는 바에 따라 대체취득하는 경우를 포함한다) 다음 각 호의 어느 하나에 해당하는 자동차로서 취득세 또는 자동차세 중 어느 하나의 세목(稅	제29조(국가유공자 등에 대한 감면) ① ~ ③ (현행과 같음) ④ ───────── ─────────── ─────────── ── 국가유공자(「**보훈보상대상자 지원에 관한 법률」 제2조제1항 각 호의 어느 하나에 해당하는 보훈보상대상자** 및 **법률 제11041호 국가유공자 등 예우 및 지원에 관한 법률 일부개정법률 부칙 제19조에 해당하는 사람**을 포함한다)로서 ──────── ─────────── ───────────	○ 감면 대상자에 보훈보상대상자 및 지원대상자 추가

현 행	개 정 내 용	비 고
目)에 대하여 먼저 감면 신청하는 1대에 대해서는 취득세 및 자동차세를 각각 2024년 12월 31일까지 면제한다. 다만, 제17조에 따른 장애인용 자동차에 대한 감면을 받은 경우는 제외한다.	－ 면제(「보훈보상대상자 지원에 관한 법률」 제2조제1항 각 호의 어느 하나에 해당하는 보훈보상대상자 및 법률 제11041호 국가유공자 등 예우 및 지원에 관한 법률 일부개정법률 부칙 제19조에 해당하는 사람으로서 상이등급 1급부터 7급까지의 판정을 받은 사람의 경우에는 **취득세 및 자동차세의 100분의 50**을 각각 경감) － － ． － ．	○ 보훈보상대상자 및 지원대상자에게는 감면율 50% 적용
1. ~ 4. (생 략)[81]	1.~ 4. (현행과 같음)	
⑤ 제4항을 적용할 때 국가유공자등 또는 국가유공자등과 공동으로 등록한 사람이 자동차 등록일부터 1년 이내에 사망, 혼인, 해외이민, 운전면허취소, 그 밖에 이와 유사한 부득이한 사유 없이 소유권을 이전하거나 세대를 분가하는 경우에는 <u>면제</u>된 취득세를 추징한다. 다만, 국가유공자등과 공동 등록할 수 있는 사람의 소유권을 국가유공자등이 이전받은 경우, 국가유공자등과 공동 등록할 수 있는 사람이 그 국가유공자등으로부터 소유권의 일부를 이전받은 경우 또는 공동 등록할 수 있는 사람 간에 등록 전환하는 경우는 제외한다.	⑤ － <u>감면</u>－ － － － － － － － － ． － ．	

현 행	개 정 내 용	비 고
부 칙 제1조(시행일) 이 법은 2024년 1월 1일부터 시행한다. 제2조(일반적 적용례) 이 법은 이 법 시행 이후 납세의무가 성립하는 경우부터 적용한다.		

---

80) 제29조(국가유공자 등에 대한 감면) ① 「국가유공자 등 예우 및 지원에 관한 법률」, 「보훈보상대상자 지원에 관한 법률」, 「5·18민주유공자예우 및 단체설립에 관한 법률」 및 「특수임무유공자 예우 및 단체설립에 관한 법률」에 따른 대부금을 받은 사람이 취득(부동산 취득일부터 60일 이내에 대부금을 수령하는 경우를 포함한다)하는 다음 각 호의 부동산에 대해서는 취득세를 2023년 12월 31일까지 면제한다.
  1. 전용면적 85제곱미터 이하인 주택(대부금을 초과하는 부분을 포함한다)
  2. 제1호 외의 부동산(대부금을 초과하는 부분은 제외한다)
  ② 제1호 각 목의 단체에 대해서는 제2호 각 목의 지방세를 2023년 12월 31일까지 면제한다.
  1. 대상 단체
    가. 「국가유공자 등 단체 설립에 관한 법률」에 따라 설립된 대한민국상이군경회, 대한민국전몰군경유족회, 대한민국전몰군경미망인회, 광복회, 4·19민주혁명회, 4·19혁명희생자유족회, 4·19혁명공로자회, 재일학도의용군동지회 및 대한민국무공수훈자회
    나. 「특수임무유공자 예우 및 단체설립에 관한 법률」에 따라 설립된 대한민국특수임무유공자회
    다. 「고엽제후유의증 등 환자지원 및 단체설립에 관한 법률」에 따라 설립된 대한민국고엽제전우회
    라. 「참전유공자 예우 및 단체설립에 관한 법률」에 따라 설립된 대한민국6·25참전유공자회 및 대한민국월남전참전자회
  2. 면제 내용
    가. 그 고유업무에 직접 사용하기 위하여 취득하는 부동산에 대한 취득세
    나. 그 고유업무에 직접 사용하기 위한 면허에 대한 등록면허세
    다. 과세기준일 현재 그 고유업무에 직접 사용하는 부동산에 대한 재산세(「지방세법」 제112조제1항제2호에 따른 재산세를 포함한다) 및 「지방세법」 제146조제3항에 따른 지역자원시설세
    라. 해당 단체에 대한 주민세 사업소분(「지방세법」 제81조제1항제2호에 따라 부과되는 세액으로 한정한다) 및 종업원분
  ③ 대통령령으로 정하는 바에 따라 상이등급 1급을 판정받은 사람들로 구성되어 국가보훈부장관이 지정한 국가유공자 자활용사촌에 거주하는 중상이자(重傷痍者)와 그 유족 또는 그 중상이자와 유족으로 구성된 단체가 취득·소유하는 자활용사촌 안의 부동산에 대해서는 취득세와 재산세(「지방세법」 제112조에 따른 부과액을 포함한다) 및 「지방세법」 제146조제3항에 따른 지역자원시설세를 각각 2023년 12월 31일까지 면제한다.

81) 1. 다음 각 목의 어느 하나에 해당하는 승용자동차
    가. 배기량 2천시시 이하인 승용자동차
    나. 승차 정원 7명 이상 10명 이하인 대통령령으로 정하는 승용자동차
    다. 「자동차관리법」에 따라 자동차의 구분기준이 화물자동차에서 2006년 1월 1일부터 승용자동차에 해당하게 되는 자동차(2005년 12월 31일 이전부터 승용자동차로 분류되어 온 것은 제외한다)
  2. 승차 정원 15명 이하인 승합자동차
  3. 최대적재량 1톤 이하인 화물자동차
  4. 배기량 250시시 이하인 이륜자동차

③ 비영리 재단법인 개설 의료기관에 대한 과세특례 신설(제38조제4항)

❏ **개정내용**

○ **종교단체**가 개설한 의료기관 **이외**에 「**민법」상의 비영리 재단법인**이 개설한 의
료기관*도 지방세 감면을 받을 수 있도록 감면대상을 확대함

    * 비영리 재단법인 개설 의료기관 수: 179개, '23.8.기준

구 분		현 행	개정내용	
의료법인 등에 대한 과세특례 (§38④)	감면 대상자	「민법」상 설립된 재단법인 중 종교단체	「민법」상 설립된 재단법인	
	감면대상	의료사업용 부동산	(현행과 같음)	
	감면내용	취득세 30% 재산세 50% (감염병전문병원은 취득세 40%, 재산세 60%)	종교단체	비종교단체
			(현행과 같음)	취득세 15%. 재산세 25% (감염병전문병원은 취득세 25%, 재산세 35%)
	일몰기한	~2024년	~2024년	

❏ **입법취지**

○ 비영리 재단법인이 개설·운영하는 의료기관에 대한 세제지원을 통해 국민건강
보호, 공공의료서비스의 공백 완화 등을 도모

❏ **논의과정**

○ **관련 법률안**

의안번호	제안자	제안일	주요내용
2123940	정우택의원 외 17인	2023.08.22.	「민법」상 설립된 재단법인 중 종교단체의 의료사업용 부동산에 대한 지방세 감면을 「민법」상 설립된 재단법인 전체에 대한 감면으로 확대

○ **전문위원 검토의견**

  − 종교단체인 재단법인과 종교단체가 아닌 재단법인에 사이의 **과세형평성**과
비영리 민간의료기관이 지니는 **공적 의료 기능** 등을 감안할 때 그 취지는

타당한 것으로 보임.

- **다만,**「**민법**」상 **사단법인**[*] 및 다른 민간 의료기관과의 **형평성**, 의료법인 등에 대한 감면의 일몰기한(~'24년)이 미도래한 점 등을 고려하여 감면 신설 여부를 결정하여야 할 것으로 보임

  [*] 비영리 사단법인의 경우도 「의료법」에 따른 의료기관 개설 가능(비영리 사단법인 개설 의료기관 수: 305개, '23.8.기준)

〈참고〉 설립주체별 의료기관의 지방세 감면 현황

구 분	개설주체	감면율
특수 법인	지방의료원(제38조의2)	취득세 75%, 재산세 75% (감염병전문병원 85%)
	근로복지공단(제27조)	취득세 50%, 재산세 50% (감염병전문병원 60%)
	한국보훈복지의료공단 (제30조제2항)	
	국립대병원 등[82](제37조)	
	국민건강 증진사업자[83](제40조)	
	대한적십자사(제40조의3)	
민간 법인	사회복지법인(제22조)	취득세 30%, 재산세 50% (감염병전문병원 취득세 40%, 재산세 60%)
	의료법상 의료법인(제38조제1항)	
	종교단체(제38조제4항)	
	학교법인(사립대학 부속병원) (제41조제7항)	

○ **정부의견**

- 비영리 사단법인이 개설한 의료기관과의 형평성 및 의료법인 등에 대한 감면의 일몰기한이 아직 도래하지 않은 점을 고려할 필요

○ **의원의견**

- 「민법」상의 비영리 재단법인이 개설한 의료기관도 의료법인이 설립한 의료기관과 유사한 **관리·감독**을 받고 있으며, 국민에 대한 **의료서비스의** 제공

---

82) 서울대학교병원, 서울대학교치과병원, 국립대학병원, 국립암센터, 국립중앙의료원, 국립대학치과병원, 한국원자력의학원
83) 인구복지협회, 한국건강관리협회, 대한결핵협회

측면에서 그 실질이 유사하므로 종교단체가 아닌 비영리 재단법인이 개설한 의료기관에도 과세 혜택을 부여하는 것이 **조세형평주의**에 적합

‑ 종교단체가 설립한 의료기관에 대한 현행 감면 규정이 종교단체의 의료사업을 종교상의 목적으로 보는 전제 하에 적용되는 것이 아니라면, **논리적 모순**이 발생하므로 다른 의료기관과의 **형평성** 측면에서 의료기관에 대한 감면 체계의 전반을 **재정비**할 필요

⇒ **수정의결** (취득세 15%, 재산세 25% 감면 1년간 한시 적용)

[선보생각: 비교의 대상 + α]

　조세의 형평성은 비교의 개념이므로 누구와 비교하느냐가 중요하다. 사단법인과 비교한다면 재단법인에게 특례를 인정할 수 없을 것이고, 종교단체인 재단법인과 비교한다면 특례를 인정해야 할 것이다. 이런 경우 가까운 대상부터 비교하는 것이 맞다고 본다. 즉, 재단법인은 사단법인보다는 종교단체인 재단법인과 비교하는 것이 우선되어야 할 것이다.

　한 가지 더 바란다면, 감면 특례를 적용받게 되는 재단법인에게 주어지는 혜택이 의료시설 현대화에 쓰여 의료 발전에 기여할 수 있었으면 한다. 조세 감면이 사익 간의 형평성 문제를 넘어 공익으로 수렴되는 모습을 보고 싶다.

❑ 조문대비표

현　　행	개　정　내　용	비　고
제38조(의료법인 등에 대한 과세특례) ① ~ ③ (생　략)[84]	제38조(의료법인 등에 대한 과세특례) ① ~ ③ (현행과 같음)	○ 종교단체가 아닌 비영리 재단법인의 의료사업용 부동산에 대한 감면 신설 ‑ 취득세 15% ‑ 재산세 25% (감염병전문병원의 경우 25%, 35%)
④ 종교단체(「민법」에 따라 설립된 재단법인으로 한정한다)가 「의료법」에 따른 의료기관 개설을 통하여 의료업에 직접 사용할 목적으로 취득하는 부동산에 대해서는 취득세를, 과세기준일 현재 의료업에 직접 사용하는 부동산에 대해서는 재산세를 다음 각 호에서 정하	④ **「민법」 제32조에 따라 설립된 재단법인**이 「의료법」에 따른 의료기관 개설을 통하여 의료업에 직접 사용할 목적으로 취득하는 부동산에 대해서는 **취득세의 100분의 15**(감염병전문병원의 경우에는 100분의 25)를, ‑‑‑‑‑‑‑‑‑ ‑‑‑‑‑‑‑‑‑ **재산세**	

현 행	개 정 내 용	비 고
는 바에 따라 각각 경감한다.	의 **100분의 25**(감염병전문병원의 경우에는 100분의 35)를 2024년 12월 31일까지 각각 경감한다. 다만, 종교단체의 경우에는 취득세의 100분의 30(감염병전문병원의 경우에는 100분의 40)을, 재산세의 100분의 50(감염병전문병원의 경우에는 100분의 60)을 2024년 12월 31일까지 각각 경감한다.	○ 종교단체인 비영리 재단법인의 의료사업용 부동산에 대한 감면 (현행 유지) － 취득세 30% － 재산세 50% (감염병전문병원의 경우 40%, 60%)
1. 2024년 12월 31일까지 취득세의 100분의 30(감염병전문병원의 경우에는 100분의 40)을, 재산세의 100분의 50(감염병전문병원의 경우에는 100분의 60)을 각각 경감한다.	1. 〈삭 제〉	
⑤ (생 략)85)	⑤ (현행과 같음)	

부 칙	
제1조(시행일) 이 법은 2024년 1월 1일부터 시행한다. 제2조(일반적 적용례) 이 법은 이 법 시행 이후 납세의무가 성립하는 경우부터 적용한다.	

---

84) **제38조(의료법인 등에 대한 과세특례)** ① 「의료법」 제48조에 따라 설립된 의료법인이 의료업에 직접 사용하기 위하여 취득하는 부동산에 대해서는 취득세를, 과세기준일 현재 의료업에 직접 사용하는 부동산에 대해서는 재산세를 다음 각 호에서 정하는 바에 따라 각각 경감한다.
　　1. 2024년 12월 31일까지 취득세의 100분의 30(감염병전문병원의 경우에는 100분의 40)을, 재산세의 100분의 50(감염병전문병원의 경우에는 100분의 60)을 각각 경감한다.
　　2. 삭제 〈2021. 12. 28.〉
　　② 「고등교육법」 제4조에 따라 설립된 의과대학(한의과대학, 치과대학 및 수의과대학을 포함한다)의 부속병원에 대하여는 주민세 사업소분(「지방세법」 제81조제1항제2호에 따라 부과되는 세액으로 한정한다) 및 종업원분을 2014년 12월 31일까지 면제한다.
　　③ 삭제 〈2018. 12. 24.〉
85) ⑤ 「지방자치법」 제5조제1항에 따라 둘 이상의 시·군이 통합되어 도청 소재지인 시가 된 경우 종전의 시(도청 소재지인 시는 제외한다)·군 지역에 대해서는 제1항 및 제4항에도 불구하고 통합 지방자치단체의 조례로 정하는 바에 따라 통합 지방자치단체가 설치된 때부터 5년의 범위에서 통합되기 전의 감면율을 적용할 수 있다.

④ 그 밖의 일몰기한 연장 사항

연번	감면대상	주요 내용	일몰기한 연장	연장 취지	비고
1	아동복지시설 (제19조의2)	지역아동센터로 직접 사용하는 부동산에 대하여 취득세·재산세 면제	~2026년 (3년)	저소득층 아동 대상 무료 돌봄서비스 제공, 저출산 문제 등의 해결을 위한 세제지원	
2	노인복지시설 (제20조)	① 경로당에 대하여 취득세·재산세·지역자원시설세 면제 ② 무료 노인복지시설에 대하여 취득세 면제·재산세 50% 감면 ③ 유료 노인복지시설에 대하여 취득세·재산세 25% 감면	~2026년 (3년)	노인복지시설의 안정적이고 계속적인 운영 도모	최소납부세제 적용 배제
3	청소년단체 등 (제21조)	① 청소년단체의 고유업무용 부동산에 대한 취득세 75% 감면, 재산세 면제 ② 비영리단체의 청소년 수련시설용 부동산에 대한 취득세 면제, 재산세 50% 감면	~2026년 (3년)	청소년 복지향상·역량 개발 및 지역주민 고용 지원, 지역경제 활성화	
4	국가유공자 (제29조제1항 ~제3항)	① 대부금으로 취득하는 부동산에 대한 취득세 면제 ② 국가유공자단체에 대한 취득세·등록면허세·주민세·재산세·지역자원시설세 면제 ③ 자활용사촌 내 부동산에 대한 취득세·재산세·지역자원시설세 면제	~2026년 (3년)	국가를 위하여 희생한 국가유공자 등과 그 유족에 대한 예우와 권익 보호, 주거·생계 안정 도모, 자활능력 제고	최소납부세제 적용 배제
5	대한적십자사 (제40조의3)	대한적십자사의 의료 외 사업용 부동산에 대한 취득세·재산세 50% 감면	~2026년 (3년)	대한적십자사가 행하는 구호·복지사업 등의 공익성 등 고려	

(4) 교육 및 과학기술 등에 대한 지원

① 지방대학의 수익용부동산에 대한 감면(제41조제8항 신설)

❑ 개정내용

○ **지방대학법인의 수익용부동산**에 대한 취득세·재산세 감면 특례를 **신설**

구 분		현 행	개정내용
지방대학의 수익용부동산 감면 (§41⑧)	감면 대상자	〈신 설〉	「지방대육성법」상 지방대학을 경영하는 자
	감면대상		신축하는 수익용부동산 또는 수익용토지를 매각하여 3년 이내에 대체취득하는 건축물 및 부속토지
	감면내용		취득세 50%, 재산세 50% (5년간)
	일몰기한		~2026년

❑ 입법취지

○ 지방대학이 보유한 수익용기본재산 중 수익성이 낮은 유휴토지를 건축물로 대체취득하거나, 해당 유휴토지 위에 건축물을 신축하는 경우에 대한 지방세 감면을 신설하여 **지방대학의 재정력 강화** 도모

❑ 논의과정

○ **관련 법률안**

의안번호	제안자	제안일	주요내용
2125175	정부	2023.10.25.	지방대학법인이 신축하는 수익용부동산 또는 수익용 토지를 매각하여 3년 이내에 대체취득하는 부동산에 대한 지방세 감면

○ **전문위원 검토의견**

－ 수도권의 인구집중현상 및 저출산에 따른 학령인구 감소 등으로 수도권 대학과 지방대학 간 **양극화**가 심화되고 있는 점, 학교법인은 매년 수익용기본재산에서 생긴 소득의 **100분의 80** 이상에 해당하는 가액을 **대학운영에 필요한 경비**로 충당하여야 하는 점 등을 고려할 때, 수익성 낮은 재산을 수익성

높은 재산으로 전환하는 과정에서 발생하는 지방세를 감면하여 지방대학의 **재정자립도**를 확보할 수 있다는 측면에서 개정안은 타당한 것으로 보임

〈참고조문〉

「지방대학 및 지역균형인재육성에 관한 법률」제2조(정의)

1. "지방대학"이란 「수도권정비계획법」 제2조제1호에 따른 수도권(이하 "수도권"이라 한다)이 아닌 지역에 소재하는 「고등교육법」 제2조 각 호에 따른 학교(원격대학 및 각종학교는 제외한다)를 말한다.

「대학설립·운영 규정」제7조(수익용기본재산)

① 학교법인은 대학의 연간 학교회계 운영수익총액에 해당하는 가액의 수익용기본재산을 확보하되, 다음 각 호에서 정한 금액 이상을 확보하여야 한다.
제8조(대학운영경비의 부담) ① 학교법인은 그가 설립·경영하는 대학에 대하여 매년 수익용기본재산에서 생긴 소득의 100분의 80이상에 해당하는 가액을 대학운영에 필요한 경비로 충당하여야 한다.
② 제1항의 규정에 의한 소득의 범위는 교육부령으로 정한다.

- 참고로, 이는 규제혁신추진단이 2022년 '지방대학의 경쟁력 강화 지원' 과제[*]를 발굴하여 마련한 개선방안의 일환임

* 〈참고〉 지방대학의 경쟁력 강화를 위한 3대 분야 7개 세부과제 개선안
  ◦ 대학재산 처분(용도변경·활용 포함) 사전허가제를 사후보고제로 전환 (교육부)
  ◦ 학교법인 해산 및 잔여재산 처분에 대한 특례 마련 (교육부)
  ◦ 지방대학의 취득세·재산세 일부 지원 (교육부·행안부)
  ◦ 대학 내 입주 가능 시설 확대 (교육부·국토부)
  ◦ 외국인 유학생 유치 여건 개선 (교육부·법무부)
  ◦ 국립대학의 교육·연구시설 위치 유연화 (교육부)
  ◦ 계약학과 설치규제 완화 (교육부)

- **토지 매각대금 이상의 건축물등 취득 허용 필요:** 개정안은 지방대학법인이 토지를 매각하여 **"매각대금의 범위에서 취득"** 하는 건축물 및 그 부속토지(이하 "건축물등")에 대한 감면 규정을 두고 있는데, 지방대학의 자율적인 재정건전성 강화를 위하여 매각대금 이상의 건축물등을 취득할 수 있도록 하되 **"매**

각대금 범위에서 지방세를 감면"하도록 수정하는 것이 바람직할 것으로 보임

○ **정부의견**

- 개정안은 지방대학의 자생력 강화를 위한 것으로, 전문위원 검토의견에 동의

⇒ **수정의결** (매각대금 이상의 건축물등을 취득할 수 있도록 하되 "매각대금 범위에서 지방세를 감면"하도록 수정)

❏ **조문대비표**

현 행	개 정 내 용	비 고
제41조(학교 및 외국교육기관에 대한 면제) ① ~ ⑦ (생 략)[86]	제41조(학교 및 외국교육기관에 대한 면제) ① ~ ⑦ (현행과 같음)	
〈신 설〉	⑧「지방대학 및 지역균형인재 육성에 관한 법률」에 따른 지방대학을 경영하는 자(이하 이 조에서 "지방대학법인"이라 한다)가 대통령령으로 정하는 수익용기본재산(이하 이 조에서 "수익용기본재산"이라 한다)으로 직접 사용(임대하는 경우를 포함한다. 이하 이 항에서 같다)하기 위하여 취득하는 다음 각 호의 어느 하나에 해당하는 부동산에 대해서는 취득세의 100분의 50을 경감하고(**제2호의 경우 매각대금의 범위 내로 한정**한다), 과세기준일 현재 해당 용도에 직접 사용하는 부동산에 대해서는 재산세 납세의무가 최초로 성립한 날부터 5년간 재산세의 100분의 50을 경감한다(**제2호의 경우 매각대금의 범위 내로 한정**한다). 다만, 해당 부동산을 취득한 날부터 2년 이내에 매각·증여하거나 다	○ 감면대상자 「지방대육성법」상 지방대학을 경영하는 자 ○ 감면내용 - 취득세 50% - 재산세 50%(5년간) ○ 감면대상 - 지방대학법인의 수익용 토지 위의 신축 부동산 - 수익용 토지를 매각하여 취득하는 부동산 (매각대금의 범위 내에

현 행	개 정 내 용	비 고
	른 용도로 사용하는 경우에는 경감된 취득세를 추징한다. 1. 해당 지방대학법인의 수익용기본재산인 토지 위에 2024년 1월 1일부터 2026년 12월 31일까지의 기간 동안 신축 및 소유권 보존등기를 경료한 건축물 2. 해당 지방대학법인이 2024년 1월 1일부터 2026년 12월 31일까지 수익용기본재산인 토지를 매각한 경우로서 그 매각일부터 3년 이내에 취득하는 건축물 및 그 부속토지	서 감면)
부 칙 제1조(시행일) 이 법은 2024년 1월 1일부터 시행한다. 제2조(일반적 적용례) 이 법은 이 법 시행 이후 납세의무가 성립하는 경우부터 적용한다.		

---

86) **제41조(학교 및 외국교육기관에 대한 면제)** ① 「초·중등교육법」 및 「고등교육법」에 따른 학교, 「경제자유구역 및 제주국제자유도시의 외국교육기관 설립·운영에 관한 특별법」 또는 「기업도시개발 특별법」에 따른 외국교육기관을 경영하는 자(이하 이 조에서 "학교등"이라 한다)가 해당 사업에 직접 사용하기 위하여 취득하는 부동산(대통령령으로 정하는 기숙사는 제외한다)에 대해서는 취득세를 2024년 12월 31일까지 면제한다. 다만, 다음 각 호의 어느 하나에 해당하는 경우 그 해당 부분에 대해서는 면제된 취득세를 추징한다.
1. 해당 부동산을 취득한 날부터 5년 이내에 수익사업에 사용하는 경우
2. 정당한 사유 없이 그 취득일부터 3년이 경과할 때까지 해당 용도로 직접 사용하지 아니하는 경우
3. 해당 용도로 직접 사용한 기간이 2년 미만인 상태에서 매각·증여하거나 다른 용도로 사용하는 경우
② 학교등이 과세기준일 현재 해당 사업에 직접 사용하는 부동산(대통령령으로 정하는 건축물의 부속토지를 포함한다)에 대해서는 재산세(「지방세법」 제112조에 따른 부과액을 포함한다) 및 「지방세법」 제146조제3항에 따른 지역자원시설세를 각각 2024년 12월 31일까지 면제한다. 다만, 수익사업에 사용하는 경우와 해당 재산이 유료로 사용되는 경우의 그 재산 및 해당 재산의 일부가 그 목적에 직접 사용되지 아니하는 경우의 그 일부 재산에 대해서는 면제하지 아니한다.
③ 학교등이 그 사업에 직접 사용하기 위한 면허에 대한 등록면허세와 학교등에 대한 주민세 사업소분(「지방세법」 제81조제1항제2호에 따라 부과되는 세액으로 한정한다. 이하 이 항에서 같다) 및 종업원분을 각각 2024년 12월 31일까지 면제한다. 다만, 수익사업에 관계되는 대통령령으로 정하는 주민세 사업소분 및 종업원분은 면제하지 아니한다.
④ 학교등에 생산된 전력 등을 무료로 제공하는 경우 그 부분에 대해서는 「지방세법」 제146조제1항 및 제2항에 따른 지역자원시설세를 2021년 12월 31일까지 면제한다.
⑤ 「사립학교법」에 따른 학교법인과 국가가 국립대학법인으로 설립하는 국립학교의 설립등기, 합병등기 및 국립대학법인에 대한 국유재산이나 공유재산의 양도에 따른 변경등기에 대해서는 등록면허세를, 그 학교에 대해서는

연구기관 등에 대한 감면 대상 기관 확대(제45조의2)

❑ **개정내용**

○ **기초과학연구원**과 **과학기술분야 정부출연연구기관** 이외에 감면의 적용을 받는 **기관**을 **확대**하고 감면율을 조정하며, 지방세 감면의 일몰기한을 연장

구 분		현 행	개 정 내 용
기초과학 연구기관 면제 (§45의2)	감면 대상자	기초과학연구원, 과학기술분야 정부출연연구기관	기초과학연구원, 과학기술분야 정부출연연구기관 + 국방과학연구소, 경제 · 인문사회 연구기관, 한국국방연구원, 한국해양과학기술원
	감면내용	취득세 · 재산세 100%	취득세 · 재산세 50%
	일몰기한	~2023년	~2026년

❑ **입법취지**

○ 기초과학연구분야의 안정적인 연구지원과 전자 · 기계 · 항공 등 국가과학기술 발전을 위해 기초과학연구원 및 과학기술분야 정부출연연구기관에 대한 일몰 기한을 연장하여 지방세 특례를 지속하는 한편, 지방세 감면 대상을 국방과학 연구소, 경제 · 인문사회연구, 한국국방연구원, 한국해양과학기술원까지 확대

주민세 사업소분(「지방세법」 제81조제1항제1호에 따라 부과되는 세액으로 한정한다)을 각각 2024년 12월 31일까지 면제한다.

⑥ 국립대학법인 전환 이전에 기부채납받은 부동산으로서 국립대학법인 전환 이전에 체결한 계약에 따라 기부자에게 무상사용을 허가한 부동산에 대해서는 그 무상사용기간 동안 재산세(「지방세법」 제112조에 따른 부과액을 포함한다) 및 「지방세법」 제146조제3항에 따른 지역자원시설세를 각각 2021년 12월 31일까지 면제한다.

⑦ 제1항부터 제6항까지의 규정에도 불구하고 「고등교육법」 제4조에 따라 설립된 의과대학(한의과대학, 치과대학 및 수의과대학을 포함한다)의 부속병원이 의료업에 직접 사용하기 위하여 취득하는 부동산에 대해서는 취득세를, 과세기준일 현재 의료업에 직접 사용하는 부동산에 대해서는 재산세를 다음 각 호에서 정하는 바에 따라 각각 경감한다.

1. 2024년 12월 31일까지 취득세의 100분의 30(감염병전문병원의 경우에는 100분의 40)을, 재산세의 100분의 50(감염병전문병원의 경우에는 100분의 60)을 각각 경감한다.

2. 삭제 〈2021. 12. 28.〉

❏ **논의과정**

○ **관련 법률안**

의안번호	제안자	제안일	주요내용
2115898	강대식의원 외	2022.06.13.	국방과학연구소를 감면대상에 추가
2117022	윤재옥의원 외	2022.08.25.	경제·인문사회 연구기관을 감면대상에 추가하면서 일몰기한을 2년 연장(~'25년)
2120182	노용호의원 외	2023.02.22.	일몰기한 4년 연장(~'27년)
2124437	서병수의원 외	2023.09.13.	일몰기한 3년 연장(~'26년)
2125175	정부	2023.10.25.	감면대상에 **국방과학연구소, 경제·인문사회 연구기관, 한국국방연구원, 한국해양과학기술원**을 추가하되, 감면율을 50%p 조정(100%→**50%**)하면서 일몰기한을 3년 연장(~'26년)

○ **전문위원 검토의견**

- **감면대상 확대**: 국방과학연구소, 경제·인문사회연구, 한국국방연구원, 한국해양과학기술원은 경제인문사회·국방·해양과학분야에 대한 연구개발 업무 수행을 통해 국가 발전에 이바지하는 **공익성** 등을 감안할 때, 현행 기초과학연구원 및 과학기술분야 정부출연연구기관과 마찬가지로 지방세 감면지원의 필요성이 인정될 수 있을 것으로 보임

- **감면율 조정**: 해당 공공기관들은 국가사무를 수행하고 정부예산을 지원받는 **국가 공공기관**에 해당하는 점, 특정 지방자치단체의 **재정부담**이 가중될 우려[*] 등을 고려하여 취득세·재산세 감면율을 100%에서 50%로 조정하는 것은 타당한 것으로 보임

  [*] 기존 감면대상 22개 중 15개 기관이 대전 유성구 소재 / 경제·인문사회 연구기관 24개 중 14개 기관이 세종시 소재

- **일몰기한 연장**: 연구개발·기술지원·원천기술확보 등 국가기술발전을 위한 공익적 기능 수행의 측면에서 특례 연장의 필요성은 인정됨.

- **다만**, 구체적인 일몰기한의 설정에 대해서는 통상적으로 **3년** 이내의 기간을 정해왔음을 참고하여 결정할 필요가 있을 것으로 보임

⇒ **원안의결** (정부안)

〈과학기술분야 정부출연연구기관 현황〉

1. 한국과학기술연구원	12. 한국식품연구원
2. 한국기초과학지원연구원	13. 삭제 〈2011.12.31〉
3. 한국천문연구원	14. 한국지질자원연구원
4. 한국생명공학연구원	15. 한국기계연구원
5. 한국과학기술정보연구원	16. 한국항공우주연구원
6. 한국한의학연구원	17. 한국에너지기술연구원
7. 한국생산기술연구원	18. 한국전기연구원
8. 한국전자통신연구원	19. 한국화학연구원
9. 한국건설기술연구원	20. 한국원자력연구원
10. 한국철도기술연구원	21. 한국재료연구원
11. 한국표준과학연구원	22. 한국핵융합에너지연구원

※ 현행법상 감면대상: 기초과학연구원 및 과학기술분야 정부출연연구기관

〈경제 · 인문사회 연구기관 현황〉

1. 한국개발연구원	13. 한국직업능력연구원
2. 한국조세재정연구원	14. 한국해양수산개발원
3. 대외경제정책연구원	15. 한국법제연구원
4. 통일연구원	16. 한국여성정책연구원
5. 한국형사 · 법무정책연구원	17. 한국청소년정책연구원
6. 한국행정연구원	18. 한국교통연구원
7. 한국교육과정평가원	19. 한국환경연구원
8. 산업연구원	20. 한국교육개발원
9. 에너지경제연구원	21. 한국농촌경제연구원
10. 정보통신정책연구원	22. 국토연구원
11. 한국보건사회연구원	23. 과학기술정책연구원
12. 한국노동연구원	24. 건축공간연구원

❑ **조문대비표**

현 행	개 정 내 용	비 고
제45조의2(기초과학연구 지원을 위한 연구기관 등에 대한 면제) 「국제과학비즈니스벨트 조성 및 지원에 관한 특별법」에 따른 기초과학연구원과 「과학기술분야 정부출연연구기관 등의 설립 · 운영	제45조의2(기초과학연구 지원을 위한 연구기관 등에 대한 감면) 다음 각 호의 법인이 연구사업에 직접 사용하기 위하여 취득하는 부동산에 대해서는 취득세의 100분의 50을, 과세기준일 현재 연	○ 감면내용 - 취득세 50% - 재산세 50%

현 행	개 정 내 용	비 고
및 육성에 관한 법률」에 따른 연구기관이 그 고유업무에 직접 사용하기 위하여 취득하는 부동산에 대해서는 **취득세**를, 과세기준일 현재 그 고유업무에 직접 사용하는 부동산에 대해서는 **재산세**를 각각 2023년 12월 31일까지 **면제**한다.	구사업에 직접 사용하는 부동산에 대해서는 재산세의 100분의 50을 각각 2026년 12월 31일까지 경감한다. 1. 「과학기술분야 정부출연연구기관 등의 설립·운영 및 육성에 관한 법률」에 따른 **과학기술분야 정부출연연구기관** 2. 「국방과학연구소법」에 따른 **국방과학연구소** 3. 「국제과학비즈니스벨트 조성 및 지원에 관한 특별법」에 따른 **기초과학연구원** 4. 「정부출연연구기관 등의 설립·운영 및 육성에 관한 법률」에 따른 **정부출연연구기관** 5. 「한국국방연구원법」에 따른 **한국국방연구원** 6. 「한국해양과학기술원법」에 따른 **한국해양과학기술원**	

부   칙

제1조(시행일) 이 법은 2024년 1월 1일부터 시행한다.

제2조(일반적 적용례) 이 법은 이 법 시행 이후 납세의무가 성립하는 경우부터 적용한다.

③ 환경친화적 자동차 충전시설에 대한 취득세 감면 신설(제47조의5 신설)

❏ 개정내용

○ **환경친화적 자동차 충전시설**을 설치하는 경우(설치의무 없는 자로 한정) 취득세의 100분의 25를 경감하는 특례를 신설

구 분		현 행	개정내용
환경친화적자동차 충전시설 취득세 면제 (§47의5 신설)	감면요건	〈신 설〉	환경친화적 자동차 충전시설의 설치의무 없는 자가 충전시설을 설치하는 경우
	감면내용		취득세 25%
	일몰기한		~2026년

❏ 입법취지

○ 친환경 자동차의 증가추세에도 불구하고 이를 뒷받침하는 충전소가 상대적으로 미흡한 실정임을 감안하여, 환경친화적 자동차 충전시설을 설치·운영하기 위해 취득하는 건축물에 취득세를 면제함으로써 **친환경 자동차의 보급 확대**에 기여

❏ 논의과정

○ **관련 법률안**

의안번호	제안자	제안일	주요내용
2125230	강병원의원 외 17인	2023.10.31.	신축·증축·개축하는 건축물로서 환경친화적 자동차 충전시설로 직접 사용하는 건축물에 대한 취득세 면제

○ **전문위원 검토의견**

– 최근 친환경 자동차의 보급이 점차 확대되고 있는 추세임을 고려할 때, 친환경 자동차 충전시설의 확대를 통해 친환경 자동차 운전자의 편의성을 제고하고 친환경 자동차의 보급을 확대할 수 있다는 측면에서 타당한 취지로 보임

– **예산지원과 지방세 특례 최소화 원칙 고려 필요:** 현재 친환경 자동차 충전시설을 설치하는 경우 「대기환경보전법」 및 「보조금 관리에 관한 법률」에 근거하여 설치비용의 **50%** 이상의 **보조금**을 지원*하고 있으므로 국가 및 지

방자치단체의 보조금 등 예산 지원과 지방세 특례의 중복을 최소화할 필요가
있는 점을 고려할 필요가 있음

* (보조금 예산규모) '23년 2,725억원, 62,400기 설치 목표 (환경부)
　　이외에도, 한국에너지공단 등에서 수행하는 급속충전기 1기당 설치비용 50% 이내 보
　　조금 교부 등의 보조사업이 진행중임

　－ **세제지원 효과성 측면 고려 필요**: 2021. 7. 27. 개정된 「**환경친화적 자동차
　　의 개발 및 보급 촉진에 관한 법률**」에 따라 전기차 충전시설이 의무 설치 대
　　상이 신축시설뿐만 아니라 2022. 1. 28. 이전에 건축허가를 받은 시설까지 포
　　함하는 등 **충전시설**의 **설치 범위**가 점차 **확대**되고 있어, 세제지원이라는 유
　　인을 통한 친환경 자동차 충전시설 확충의 **효과성**에 대한 검토가 필요할 것
　　으로 보임

　－ **일부 문구 수정 필요**: 개정안은 감면대상으로 「**지방세법 시행령**」을 인용하
　　여 규정하고 있는데, 시행령 개정에 따라 감면대상이 변화할 수 있으므로 이
　　를 가급적 지양하여야 할 필요성을 감안하여 **감면대상**을 **법률**에서 **직접 규
　　정**하는 방법을 고려할 수 있을 것으로 보임

○ **정부의견**
　－ 충전시설 설치비용의 50% 이상을 보조금으로 지급하고 있는 점과 의무 설
　　치 대상이 점차 확대되고 있는 점을 감안할 필요

○ **의원의견**
　－ 법령상 환경친화적 자동차 충전시설의 설치 의무 없는 자가 충전시설을 설치
　　하는 경우 지방세 감면을 유인 수단으로 활용할 수 있는 점을 고려할 필요

⇒ **수정의결** (「환경친화적 자동차의 개발 및 보급 촉진에 관한 법률」 제11조의2에 따른 **설치
　　의무 없는 자**가 충전시설을 설치할 경우 **취득세의 25%**를 감면)

〈참고조문〉

「환경친화적 자동차의 개발 및 보급 촉진에 관한 법률」제11조의2(환경친화적 자동차의 전용주
　차구역 등) ① 다음 각 호의 어느 하나에 해당하는 것으로서 대통령령으로 정하는 시설의
　소유자(해당 시설에 대한 관리의무자가 따로 있는 경우에는 관리자를 말한다)는 대통령령으
　로 정하는 바에 따라 해당 대상시설에 환경친화적 자동차 충전시설 및 전용주차구역을 설치
　하여야 한다.
　1. 공공건물 및 공중이용시설

　2. 공동주택

　3. 특별시장·광역시장, 도지사 또는 특별자치도지사, 특별자치시장, 시장·군수 또는 구청장
　　이 설치한 주차장

　4. 그 밖에 환경친화적 자동차의 보급을 위하여 설치할 필요가 있는 건물·시설 및 그 부대
　　시설

② 제1항에 따른 전용주차구역을 설치하는 자는 대통령령으로 정하는 기준에 따라 해당 전용
주차구역에 환경친화적 자동차 충전시설을 갖추어야 한다.

③ 시·도지사는 「혁신도시 조성 및 발전에 관한 특별법」 제2조제3호에 따른 혁신도시 또는
대통령령으로 정하는 인접지역에 수소충전소를 1기 이상 설치하여야 한다.

④ 제3항에 따라 설치하는 수소충전소의 종류 및 규격 등 필요한 사항은 대통령령으로 정한다.

⑤ 제1항 및 제2항에 따라 설치하여야 하는 전용주차구역의 규모와 충전시설의 종류 및 설
치수량 등은 대상시설의 규모, 용도 등을 고려하여 대통령령으로 정한다.

⑥ 국가와 지방자치단체는 민간의 전용주차구역 및 충전시설 설치 부담을 덜고 그 설치를 촉
진하기 위하여 금융 지원과 기술 지원 등 필요한 조치를 마련할 수 있다.

⑦ 누구든지 다음 각 호의 어느 하나에 해당하지 아니하는 자동차를 환경친화적 자동차 충전
시설의 충전구역에 주차하여서는 아니 된다.

1. 전기자동차

2. 외부 전기 공급원으로부터 충전되는 전기에너지로 구동 가능한 하이브리드자동차

⑧ 누구든지 다음 각 호의 어느 하나에 해당하지 아니하는 자동차를 환경친화적 자동차의 전
용주차구역에 주차하여서는 아니 된다.

1. 전기자동차

2. 하이브리드자동차

3. 수소전기자동차

⑨ 누구든지 환경친화적 자동차 충전시설 및 충전구역에 물건을 쌓거나 그 통행로를 가로막
는 등 충전을 방해하는 행위를 하여서는 아니 된다. 이 경우 충전 방해행위의 기준은 대통령
령으로 정한다.

⑩ 시장·군수·구청장은 교통, 환경 또는 에너지 관련 공무원 등 소속 공무원에게 제7항 및
제8항을 위반하여 환경친화적 자동차 충전시설의 충전구역 및 전용주차구역에 주차하고 있는
자동차를 단속하게 할 수 있다.

⑪ 국가, 지방자치단체, 공공기관, 지방공기업 및 그 밖에 대통령령으로 정하는 기관의 장은
소관 업무의 수행 또는 보안 등에 지장이 없는 범위에서 해당 기관이 구축·운영하는 환경친
화적 자동차 충전시설을 개방하고, 개방하는 환경친화적 자동차 충전시설의 위치, 개방시간
및 이용조건 등의 정보를 공개하여야 한다.

⑫ 제11항에 따른 환경친화적 자동차 충전시설의 개방 및 정보공개의 범위와 방법 등에 필
요한 사항은 대통령령으로 정한다.

❏ **조문대비표**

현　　　행	개 정 내 용	비 고
〈신　설〉	제47조의5(환경친화적 자동차 충전시설에 대한 감면) ① 환경친화적 자동차 충전시설을 설치하는 자(「**환경친화적 자동차의 개발 및 보급 촉진에 관한 법률**」 **제11조의2에 따른 설치 의무가 없는 자로 한정**한다)가 지방세법 제6조제4호에 따른 에너지 공급시설 중 환경친화적 자동차 충전시설을 설치하는 경우 그 시설에 대하여 **취득세의 100분의 25**를 2026년 12월 31일까지 경감한다. ② 제1항에 따라 취득세를 경감받은 경우로서 다음 각 호의 어느 하나에 해당하는 경우에는 경감된 취득세를 추징한다. 1. 정당한 사유 없이 그 취득일부터 1년이 경과할 때까지 해당 용도로 직접 사용하지 아니하는 경우 2. 해당 용도로 직접 사용한 기간이 2년 미만인 상태에서 매각·증여하거나 다른 용도로 사용하는 경우	○ 감면대상자 「환경친화적 자동차의 개발 및 보급 촉진에 관한 법률」 제11조의2에 따른 설치 의무가 없는 자 ○ 감면대상 환경친화적 자동차 충전시설 ○ 감면내용 － 취득세 25%

　　　　　　　　　　　　　　부　　　　칙

제1조(시행일) 이 법은 2024년 1월 1일부터 시행한다.

제2조(일반적 적용례) 이 법은 이 법 시행 이후 납세의무가 성립하는 경우부터 적용한다.

④ 그 밖의 일몰기한 연장 사항

연번	감면대상	주요 내용	일몰기한 연장	연장 취지	비고
1	산학협력단 (제42조제3항, 제44조제3항)	산학협력단의 고유업무용 부동산에 대한 취득세 · 재산세 75% 감면	~2026년 (3년)	국가, 자치단체, 산업체, 학교 등의 산학협력 촉진 및 활성화를 통해 전문인력을 양성함으로써 대학과 지역경제 발전 및 일자리 창출에 기여하는 산학협력단 지원	
2	녹색건축 인증 건축물 등 (제47조의2)	① 녹색건축 인증 및 에너지 효율등급 인증 건축물에 대한 취득세 3~10% 감면 ② 제로에너지 인증 건축물에 대한 취득세 15~20% 감면 ③ 에너지 절약형 친환경주택에 대한 취득세 10% 감면	~2026년 (3년)	친환경 건축물 신축을 장려하여 환경문제 해결에 기여	

(5) 문화 및 관광 등에 대한 지원

① 문화예술 · 체육 분야 공공기관에 대한 감면 신설(제52조의2 신설)

❑ 개정내용

○ 문화예술 · 체육 분야 공공기관에 대한 **취득세 · 재산세** 감면 특례를 신설

구 분		현 행	개정내용
체육진흥기관 등에 대한 감면 (§52의5)	감면대상	〈신 설〉	대한체육회, 대한장애인체육회, 서울올림픽기념국민체육진흥공단, 한국콘텐츠진흥원, 예술의 전당, 영화진흥위원회, 한국영상자료원, 태권도진흥재단
	감면내용		취득세 · 재산세 50%
	일몰기한		~2026년

❏ **입법취지**

○ 문화예술·체육 분야 공공기관에 대한 지방세 감면을 통하여 대중의 문화향유 및 체육진흥활동 활성화, 관련 산업 발전 지원

❏ **논의과정**

○ **관련 법률안:** 개정내용대로 정부안 제출(의안번호 2125175)

○ **전문위원 검토의견**

   – 대중의 문화향유 및 체육진흥활동에 기여하며, 문화예술 및 체육산업의 발전을 위한 공익적 기능 수행 측면에서 지방세 감면 특례의 신설 필요성이 인정될 수 있을 것으로 보임.

   – **다만,** 다른 부처 공공기관과의 **형평성**을 고려할 필요가 있을 것으로 보임

⇒ **원안의결** (정부안)

❏ **조문대비표**

현 행	개 정 내 용	비 고

〈신 설〉	제52조의2(체육진흥기관 등에 대한 감면) 다음 각 호의 법인이 체육진흥사업 또는 문화예술사업에 직접 사용하기 위하여 취득하는 부동산에 대해서는 **취득세의 100분의 50**을, 과세기준일 현재 해당 사업에 직접 사용하는 부동산에 대해서는 **재산세의 100분의 50**을 각각 2026년 12월 31일까지 경감한다.
	1. 「국민체육진흥법」에 따른 **대한체육회, 대한장애인체육회** 및 **서울올림픽기념국민체육진흥공단**
	2. 「문화산업진흥 기본법」에 따른 **한국콘텐츠진흥원**
	3. 「문화예술진흥법」에 따른 **예술의 전당**
		○ 감면내용
		  – 취득세 50%
		  – 재산세 50%

현　　행	개　정　내　용	비　고
	4. 「영화 및 비디오물의 진흥에 관한 법률」에 따른 **영화진흥위원회** 및 **한국영상자료원** 5. 「태권도 진흥 및 태권도공원 조성 등에 관한 법률」에 따른 **태권도진흥재단**	
<div align="center">부　　칙</div> 제1조(시행일) 이 법은 2024년 1월 1일부터 시행한다. 제2조(일반적 적용례) 이 법은 이 법 시행 이후 납세의무가 성립하는 경우부터 적용한다.		

(6) 기업구조 및 재무조정 등에 대한 지원

❶ 그 밖의 일몰기한 연장 사항

연번	감면대상	주요 내용	일몰기한 연장	연장 취지	비고
1	한국자산관리공사 등 (제57조의3, 제57조의4)	① 한국자산관리공사가 부실징후기업 등의 경영정상화 목적으로 중소기업 보유 자산 취득시 취득세 50% 경감 ② 중소기업이 자산관리공사에 매각한 자산 10년 내에 재취득 시 취득세 면제 ③ 주택담보대출 상환 연체자에게 임대하기 위하여 취득하는 주택에 대한 취득세·재산세 50% 감면	~2026년 (3년)	부실징후기업 등에 대한 자금 유동성 지원을 통한 경영정상화 등 한국자산관리공사의 공익적 사업 및 주택담보대출 연체차주의 신용회복 및 주거안정 지원	
2	벤처기업 등 (제58조,	① 벤처기업집적시설·신기술창업집적지역	~2026년 (3년)	벤처기업의 안정적인 사업 영위 지원 및	

연번	감면대상	주요 내용	일몰기한 연장	연장 취지	비고
	제78조)	사업시행자에 대한 취득세·재산세 35% 감면 (지방: 재산세 60%) ② 벤처기업 집적시설 입주기업에 대한 취득세·재산세 50% 감면 (지방: 재산세 60%) ③ 신기술창업집적지역 신축·증축자에 대한 취득세·재산세(3년) 50% 감면 (지방: 재산세 60%)		신기술창업집적지역 활성화를 통한 지역균형발전 도모	
		산업기술단지 입주기업	~2025년 (2년)		제78조제9항으로 조문이관
3	창업중소기업 등 (제58조의3)	창업(벤처)중소기업에 대한 취득세 75%, 재산세 100%(3년간), 50%(2년간) 감면	~2026년 (3년)	창업하는 중소기업과 벤처기업의 사업 조기 안정 및 지속성장 지원	
4	중소기업협동조합 등 (제60조)	① 창업보육센터 사업자(학교 이외)에 대한 취득세·재산세 50% 감면 (지방: 재산세 60%) ② 창업보육센터 사업자(학교)에 대한 취득세 75% 감면, 재산세 면제	~2026년 (3년)	창업기업의 초기 정착 지원을 통한 일자리 창출 및 지역경제 활성화	

(7) 수송 및 교통에 대한 지원

1 친환경 인증 선박에 대한 취득세율 경감 특례 신설(제36조의5 신설)

❏ 개정내용

○ 「환경친화적 선박의 개발 및 보급 촉진에 관한 법률」에 따라 **환경친화적 선박**의 **인증등급**이 3등급 이상인 선박을 취득하는 경우 **인증등급**에 따른 **취득세율 경감 특례**를 신설

구 분		현 행	개정내용
친환경선박에 대한 감면 (§64④)	감면대상	〈신 설〉	친환경 인증등급 3등급 이상의 선박
	감면내용		1등급 : 취득세 2.0%p 세율인하 2등급 : 취득세 1.5%p 세율인하 3등급 : 취득세 1.0%p 세율인하
	일몰기한		~2026년

─── 〈 환경친화적 선박 개념 〉 ───

- (법적근거) 「환경친화적 선박의 개발 및 보급 촉진에 관한 법」 제2조제3호
  - 1) 해양오염저감기술(스크러버, SCR 등) 또는 선박에너지 효율향상기술(에너지 저감장치, 연료탱크 경량화 등) 적용 선박
  - 2) 환경친화적 에너지(LNG, CN6 등), 충전받은 전기에너지, 연료와 전기에너지를 조합, 수소 등을 사용하는 연료전지 추진 선박

─── 〈 환경친화적 선박 인증제도 〉 ───

- (법적근거) 「환경친화적 선박의 개발 및 보급 촉진에 관한 법률」 제6조
- (제도개념) 「환경친화적 선박의 기준 및 인증에 관한 규칙(해양수산부령 제382호)」에 따른 신기술·제품 등을 적용한 환경친화적 선박 및 인증 등급 부여하는 국가인증제도
- (인증기준) 「환경친화적 선박 및 기자재 인증제도 운영요령」별표1 '환경친화적 선박 인증심사 세부기준'을 토대로 친환경선박 평가위원회에서 점수 산출 후 인증등급 부여
  ※ 선박에 적용된 기술 난이도, 대기오염물질 저감율 등을 고려하여 인증등급 부여(~5등급)
  (점수 환산 100점 기준: 65점 이상 1등급, 50점 이상 2등급, 35점이상 3등급)

❑ **입법취지**

○ 친환경선박에 대한 취득세 특례를 신설하여 친환경선박의 보급 활성화를 촉진하는 등 탄소중립 정책의 원활한 추진을 지원

❑ **논의과정**

○ **관련 법률안**

의안번호	제안자	제안일	주요내용
2125175	정부	2023.10.25.	친환경 인증등급 3등급 이상의 선박에 대한 취득세율 경감 특례 신설(등급에 따른 차등 감면)

○ **전문위원 검토의견**

– **특례 신설 필요성**: 선박의 탄소중립 실현을 위한 **국제환경규제 강화**가 **가속화**[*] 되고 있는 상황에서 **민간부문**에 친환경선박 도입을 유인할 필요성, 선박배출 온실가스 및 미세먼지 감축으로 국내 항만 내 **대기환경**을 **개선**할 수 있는 공익성 등을 감안할 때 특례 신설의 필요성이 인정될 수 있을 것으로 보임

  * 국제해사기구(IMO)는 '50년까지 국제해운 탄소중립(순 배출량 '0') 목표 설정('23.7)

– **세율 경감**: 개정안은 선박의 **취득방법** 및 선박의 **규모**에 따라 **표준세율**에 **차이**가 있음을 감안하여 특례의 방식을 세액감면이 아닌 **세율경감**으로 정한 것으로 보이며, 인증등급별로 경감의 정도를 달리 설정함으로써 더욱 높은 등급의 인증을 받을 수 있는 **유인**이 될 수 있을 것으로 보임

「지방세법」

제12조(부동산 외 취득의 세율) ① 다음 각 호에 해당하는 부동산등에 대한 취득세는 제10조의2부터 제10조의6까지의 규정에 따른 과세표준에 다음 각 호의 표준세율을 적용하여 계산한 금액을 그 세액으로 한다.

1. 선박

  가. 등기·등록 대상인 선박(나목에 따른 소형선박은 제외한다)

   1) 상속으로 인한 취득: 1천분의 25

   2) 상속으로 인한 취득 외의 무상취득: 1천분의 30

   3) 원시취득: 1천분의 20.2

   4) 수입에 의한 취득 및 주문 건조에 의한 취득: 1천분의 20.2

   5) 삭제 〈2014. 1. 1.〉

   6) 그 밖의 원인으로 인한 취득: 1천분의 30

나. 소형선박
　　1) 「선박법」 제1조의2제2항에 따른 소형선박: 1천분의 20.2
　　2) 「수상레저기구의 등록 및 검사에 관한 법률」 제3조에 따른 동력수상레저기구: 1천분
　　　 의 20.2
다. 가목 및 나목 외의 선박: 1천분의 20

－ **다만,** 현재 친환경선박에 대한 **보조금**이 지원중*인바, **보조금 등의 예산 지원**
　과 지방세 특례 중복의 최소화 원칙을 감안하되, 보조금 지원만으로 한계가
　있을 수 있는 점** 등을 종합적으로 고려하여 감면 신설 여부를 결정할 필요
　가 있을 것으로 보임
　　* ('21) 사업을 신설하여 친환경선박 총 3척 선정 및 선가 최대 20% 지원
　　　('22) 보조율을 상향(선가 최대 30%)하고 친환경선박 총 5척 선정·지원
　　　('23) 친환경선박 총 7척 선정 및 보조금 지원 예정
　　** 해양수산부에서 실시한 민간 내항선박 친환경 전환수요조사 (2023.5. 실시)에 따르면
　　　 2024년부터 매년 약 24대의 친환경선박 전환이 예정되어 있고, 평균 건조단가는 약
　　　 192억원임
○ **정부의견**
　－ 개정안은 친환경 선박의 보급을 활성화하기 위한 것으로, 현재 친환경 자동
　　차에 대하여도 보조금과 별도로 취득세 감면이 지원되고 있는 점, 보조금을
　　제외하여도 친환경 선박 한 척당 약 150억원이 지출되어 친환경 선박 취득
　　에 상당한 부담이 되고 있는 점 등을 고려하여 정부안을 반영할 필요
　⇒ **원안의결** (정부안)

❑ **조문대비표**

현　　　행	개　정　내　용	비　고
제64조(해운항만 등 지원을 위한 과세특례) ① ～ ③ (생　략)87) <u>〈신　설〉</u>	제64조(해운항만 등 지원을 위한 과세특례) ① ～ ③ (현행과 같음) <u>④「환경친화적 선박의 개발 및 보급 촉진에 관한 법률」 제6조 제1항에 따라 환경친화적 선박의 인증등급(이하 **"친환경선박 인증등급"**이라 한다)이 **3등급 이**</u>	○ 감면대상 　3등급 이상의 친환경선박 인증등급을 취득한 선박

현 행	개 정 내 용	비 고
	<u>상</u>인 선박을 취득하는 경우(선박 취득일부터 60일 이내에 친환경선박 인증등급 3등급 이상으로 인증을 받은 경우를 포함한다)에는 2026년 12월 31일까지 「지방세법」제12조제1항제1호의 세율에서 다음 각 호의 구분에 따른 율을 경감하여 취득세를 과세한다. 다만, 그 취득일부터 5년 이내에 환경친화적 선박의 인증이 취소되는 경우에는 경감된 취득세를 추징한다. 1. 친환경선박 인증등급이 1등급인 경우: **1천분의 20** 2. 친환경선박 인증등급이 2등급인 경우: **1천분의 15** 3. 친환경선박 인증등급이 3등급인 경우: **1천분의 10**	○ 감면내용 - 1등급: 2.0%p - 2등급: 1.5%p - 3등급: 1.0%p 　세율인하

<table>
<tr><td colspan="2" style="text-align:center">부　　칙</td><td></td></tr>
<tr><td colspan="2">제1조(시행일) 이 법은 2024년 1월 1일부터 시행한다.
제2조(일반적 적용례) 이 법은 이 법 시행 이후 납세의무가 성립하는
　경우부터 적용한다.</td><td></td></tr>
</table>

---

87) 제64조(해운항만 등 지원을 위한 과세특례) ① 「국제선박등록법」에 따른 국제선박으로 등록하기 위하여 취득하는 선박에 대해서는 2024년 12월 31일까지 「지방세법」제12조제1항제1호의 세율에서 1천분의 20을 경감하여 취득세를 과세하고, 과세기준일 현재 국제선박으로 등록되어 있는 선박에 대해서는 재산세의 100분의 50을 2024년 12월 31일까지 경감한다. 다만, 선박의 취득일부터 6개월 이내에 국제선박으로 등록하지 아니하는 경우에는 감면된 취득세를 추징한다.

② 연안항로에 취항하기 위하여 취득하는 대통령령으로 정하는 화물운송용 선박과 외국항로에만 취항하기 위하여 취득하는 대통령령으로 정하는 외국항로취항용 선박에 대해서는 2024년 12월 31일까지 「지방세법」제12조제1항제1호의 세율에서 1천분의 10을 경감하여 취득세를 과세하고, 과세기준일 현재 화물운송에 사용하는 선박에 대해서는 재산세의 100분의 50을 경감하며, 외국항로취항용에 사용하는 선박에 대해서는 해당 선박의 취득일 이후 해당 선박에 대한 재산세 납세의무가 최초로 성립하는 날부터 5년간 재산세의 100분의 50을 경감한다. 다만, 다음 각 호의 어느 하나에 해당하는 경우 그 해당 부분에 대해서는 경감된 취득세를 추징한다.

1. 정당한 사유 없이 그 취득일부터 1년이 경과할 때까지 해당 용도로 직접 사용하지 아니하는 경우
2. 해당 용도로 직접 사용한 기간이 2년 미만인 상태에서 매각·증여하거나 다른 용도로 사용하는 경우

③ 연안항로에 취항하기 위하여 대통령령으로 정하는 화물운송용 선박 중 천연가스를 연료로 사용하는 선박을 취득하는 경우에는 2024년 12월 31일까지 「지방세법」제12조제1항제1호의 세율에서 1천분의 20을 경감하여 취득세를 과세한다. 다만, 다음 각 호의 어느 하나에 해당하는 경우 그 해당 부분에 대해서는 경감된 취득세를

② 항공운송사업 등에 대한 과세특례(제65조)

❏ 개정내용

○ **자산총액이 대통령령으로 정하는 금액 이상인 자***가 취득하는 **항공기의 재산세** 감면의 일몰기한을 현행 2023년 12월 31일까지에서 2024년 12월 31일까지로 1년 연장

* 자산총액이 대통령령으로 정하는 금액 이상인 자:「자본시장과 금융투자업에 관한 법률」제159조에 따라 사업보고서를 제출해야 하는 법인으로서 직전사업연도 재무상태표의 **자산총액** (새로 설립된 회사로서 직전사업연도의 재무상태표가 없는 경우에는「지방세기본법」제34조에 따른 납세의무 성립시기의 납입자본금으로 한다)의 **합계액이 5조원 이상인 자**

❏ 입법취지

○ 대형항공사에 대한 재산세 감면의 지속을 통해 코로나19 위기에서의 회복을 도모하고, 고유가·고환율로 인하여 경영에 어려움을 겪고 있는 국내 항공업계 지원

❏ 논의과정

○ **관련 법률안**

의안번호	제안자	제안일	주요내용
2122121	김교흥의원 외 12인	2023.05.18.	일몰기한 3년 연장(~'27년)
2122514	김용판의원 외 11인	2023.06.07.	자산총액에 관계없이 동일한 감면을 적용받을 수 있도록 단서 규정을 삭제하면서 일몰기한 5년 연장(~'29년)
2125175	정부	2023.10.25.	자산총액 5조원 이상인 항공사의 항공기에 대한 재산세 감면 종료

○ **전문위원 검토의견**

‒ **자산총액 5조원 이상 항공사 재산세 감면 연장**: 현재 자산총액 5조원 이상인 대형항공사는 2개로, **2019년** 대형항공사를 재산세 감면대상에서 제외할 당시 특정 항공사에 대한 **징벌적 조치**라는 의견이 존재하였던 점, 지난 2년간 **코로나19**로 인해 급감하였던 영업이익 및 여객 운송실적이 온전히 회복되었다고 보기는 어려운 점, 항공운송사업의 **글로벌 경쟁력**을 제고할 필요성 등을 감안할 때 대형항공사 항공기에 대한 지속적인 재산세 부담 완화를 통

추징한다.

해 재정적으로 지원할 필요성이 인정될 수 있을 것으로 보임

- **다만,** 대형항공사와 저비용항공사는 자산규모 및 **담세력** 등에서 차이가 존재하는 점과 **2019년** 법안심사 당시 대형항공사를 재산세 감면대상에서 제외하면서 대형항공사에 대한 지방세 감면 혜택을 축소시켜 나가기로 하였으나, 이후 **2021년** 법안 심사 과정에서 대형항공사의 경우 다시 재산세 감면을 적용하되, **코로나19** 상황을 고려하여 2년의 **한시감면**을 도입하기로 했던 점을 고려하여야 할 것으로 보임

- **포괄위임 및 기준 설정의 문제: (정부안)** 감면 여부를 "대통령령으로 정하는 자산총액 이상"으로 규정하는 경우 감면 해당 여부가 시행령 개정에 따라 유동적이므로 **포괄위임**의 문제가 있으며, 감면 여부의 **기준**을 **자산총액**으로 설정하는 것이 바람직한지 논의가 필요할 것으로 보임

- **일몰기한 연장:** 저비용항공사에 대한 취득세·재산세 감면 및 대형항공사에 대한 취득세 감면 규정(제65조본문)의 **일몰기한**은 **2024년**까지로 아직 일몰이 **미도래**한 점을 고려하여 일몰기한 연장 여부를 결정하여야 할 것으로 보이며, 구체적인 일몰기한의 설정에 대해서는 통상적으로 **3년** 이내의 기간을 정해왔음을 참고하여 결정할 필요가 있을 것으로 보임

〈참고1〉 항공여객 운송실적

(단위: 명, %)

구 분	'19년	'20년	'21년	'22년	'23년 3월	'23년 9월
국내	2,763,642	1,714,754	2,941,513	2,510,822	2,601,379	2,591,073
'19년 대비	–	-38.0	6.4	-9.1	2.3	1.2
국제	7,600,593	229,286	415,971	4,050,748	4,709,779	5,927,733
'19년 대비	–	-97.0	-94.5	-46.7	-37.7	-12.9
합계	10,364,235	1,944,040	3,357,484	6,561,570	7,311,158	8,518,806
'19년 대비	–	-81.2	-67.6	-36.7	-27.6	-9.0

※ 자료: 국토교통부, 한국항공협회(스마트에어포털)

〈참고2〉 2023년 상반기 국내 주요 항공사 재무현황 및 손익계산서

(단위: 십억원, %)

구 분	대형항공사(FSC)		저비용항공사(LCC)			
	대한항공	아시아나	제주항공	진에어	에어부산	티웨이
자산	28,753.40	12,743.70	1,781.90	839.00	1,234.50	1,162.20
부채	19,214.94	12,051.54	1,484.62	667.77	1,081.43	1,044.00
자본	6,978.10	692.11	297.29	171.21	153.10	118.18
부채비율	197	1,741	499	390	706	883
매출	6,731.30	3,025.40	792.10	611.60	411.40	286.10
영업이익	883.00	201.40	93.90	102.70	81.70	19.60
영업이익률	13	7	12	17	20	7
순이익	726.90	-60.20	68.10	70.80	31.10	9.60

※ 자료: DART, 해당 항공사 각 연도 사업보고서 및 반기보고서

○ 의원의견

– **코로나19**로 인한 항공업계의 어려움이 아직 해소되지 않은 점을 고려할 때 대형항공사에 대한 감면 연장 필요

– 대형항공사의 경우 1987년부터 항공업계에 대한 **장기 지원**을 통하여 이미 국제 경쟁력을 확보한 점, 한시 지원 사유였던 **코로나19** 종료 이후 항공 여객의 증가로 수익이 약 **99.6% 회복**된 점을 고려할 때 대형항공사에 대한 재산세 감면의 일몰을 종료함이 타당

– 동종 업종 간 **자산 규모**를 근거로 특정 업체만 세제 감면에서 배제하는 것은 **형평성**에 어긋나며, 대형항공사 중 부채 규모가 13조 700억원, 부채 비율이 2097%에 이르는 항공사가 있는 점을 감안하면 자산규모를 기준으로 감면 여부를 판단하는 것은 바람직하지 않음

– 주요 경쟁국과 비교할 때 사업용 항공기에 대하여 재산세를 부과하는 **해외사례**는 많지 않은 점. 현재 **해상운송** 사업의 경우 지방세 감면 중으로 유사 산업 간의 형평성 문제를 야기할 수 있는 점 등을 고려하여 단서조항 삭제 필요

– 해외 항공 시장에서의 경쟁력을 제고할 필요성이 인정되므로 대형항공사에 대한 지방세 감면 연장 필요

⇒ **수정의결** (대형항공사에 대한 재산세 감면의 일몰기한을 1년 연장)

※ 참고: 해운항만 등 지원을 위한 과세특례

구 분			현 행
해운항만 등 지원을 위한 과세특례 (§64)	제1항	감면대상	국제선박
		감면내용	취득세율 2.0%p 경감 재산세 50% 감면
		일몰기한	~2024년
	제2항	감면대상	연안항로 취항 화물운송용 선박, 외국항로취항용 선박
		감면내용	취득세율 1.0%p 경감 재산세 50% 감면 (외국항로취항용 선박은 재산세 5년간)
		일몰기한	~2024년
	제3항	감면대상	연안항로 취항 화물운송용 선박 중 천연가스 연료 사용 선박
		감면내용	취득세율 2.0%p 경감
		일몰기한	~2024년
	제4항	감면대상	친환경 인증등급 3등급 이상의 선박
		감면내용	1등급 : 취득세 2.0%p 세율인하 2등급 : 취득세 1.5%p 세율인하 3등급 : 취득세 1.0%p 세율인하
		일몰기한	~2026년

❏ 조문대비표

현 행	개 정 내 용	비 고
제65조(항공운송사업 등에 대한 과세특례) 「항공사업법」에 따라 면허를 받거나 등록을 한 자가 국내항공운송사업, 국제항공운송사업, 소형항공운송사업 또는 항공기사용사업에 사용하기 위하여 취득하는 항공기에 대해서는 2024년 12월 31일까지 「지방	제65조(항공운송사업 등에 대한 과세특례) －－－－－－－－－ －－－－－－－－－－－－ －－－－－－－－－－－－ －－－－－－－－－－－－ －－－－－－－－－－－－ －－－－－－－－－－－－	

현 행	개 정 내 용	비 고
세법」 제12조제1항제4호의 세율에서 1천분의 12를 경감하여 취득세를 과세하고, 과세기준일 현재 그 사업에 직접 사용하는 항공기에 대해서는 해당 항공기 취득일 이후 재산세 납세의무가 최초로 성립한 날부터 5년간 재산세의 100분의 50을 경감한다. 다만, 자산총액이 대통령령[88]으로 정하는 금액 이상인 자가 취득하는 항공기는 해당 항공기 취득일 이후 재산세 납세의무가 최초로 성립한 날부터 5년간 재산세의 100분의 50을 <u>2023년 12월 31일</u>까지 경감한다.	- - - - - - - - - - - - - - (중략) - - - - - - <u>2024년 12월 31일</u> - - - - - - - .	○ 대형항공사 항공기에 대한 지방세 감면의 일몰기한 연장 2023년→2024년

부 칙

제1조(시행일) 이 법은 2024년 1월 1일부터 시행한다.
제2조(일반적 적용례) 이 법은 이 법 시행 이후 납세의무가 성립하는 경우부터 적용한다.

88) 「지방세특례제한법 시행령」 제30조의2(항공운송사업 등의 과세특례 제외 기준) 법 제65조 단서에서 "대통령령으로 정하는 금액 이상인 자"란 「자본시장과 금융투자업에 관한 법률」 제159조에 따라 사업보고서를 제출해야 하는 법인으로서 직전사업연도 재무상태표의 자산총액(새로 설립된 회사로서 직전사업연도의 재무상태표가 없는 경우에는 「지방세기본법」 제34조에 따른 납세의무 성립시기의 납입자본금으로 한다)의 합계액이 5조원 이상인 자를 말한다.

중고자동차 취득세 추징 유예기간 확대 및 추징 예외사유 신설(제68조)

❑ 개정내용

○ 중고자동차 중 승합·화물·특수자동차에 대하여 취득세 추징의 유예기간을 현행 2년에서 3년으로 확대하고, 매매용·수출용 중고자동차가 재난으로 인한 피해로 폐차 또는 폐기된 경우를 취득세 추징의 예외사유로 신설

구 분		현 행	개정내용
매매용 중고 자동차등 감면 (§68①②)	감면 내용	[자동차·건설기계] 취득세 100%	(현행과 같음)
	추징 요건	2년 이내에 매각· 수출하지 않은 경우	2년(승합·화물·특수차는 3년) 이내에 매각·수출하지 않은 경우
	추징 예외 사유	자동차 검사에서 부적합 판정을 받은 경우	자동차 검사에서 부적합 판정을 받은 경우 + 중고자동차를 재난 피해로 폐차한 경우
	일몰 기한	~2024년	(현행과 같음)
수출용 중고 자동차등 감면 (§68③④)	감면 내용	[선박·기계장비·항공기] 취득세 2%p 세율인하 [자동차·건설기계] 취득세 100%	(현행과 같음)
	추징 요건	2년 이내에 수출하지 않은 경우	(현행과 같음)
	추징 예외 사유	<신 설>	중고자동차를 재난 피해로 폐차한 경우
	일몰 기한	~2024년	(현행과 같음)

❑ 입법취지

○ 매각이 어려운 중고자동차의 취득세 추징 유예기간을 연장하고, 재난으로 피해를 입어 중고자동차를 판매할 수 없는 경우 감면된 취득세가 추징되지 않도록

하여 **중고자동차 매매 산업의 활성화**를 도모

❑ 논의과정

○ 관련 법률안

의안번호	제안자	제안일	주요내용
2119386	정우택의원안 I	2023.01.10.	중고 승합·화물·특수자동차의 추징 유예기간을 1년 연장(2년→3년)하고, 매매용 중고자동차에 대한 최소납부세제 적용기준을 100만원 상향(200만원→300만원)
2123841	정우택의원안 II	2023.08.16.	매매용 중고자동차 전체에 대한 추징 유예기간을 1년 연장(2년→3년)하고 매매용·수출용 중고자동차에 대하여 재난으로 피해를 입어 폐차·폐기한 경우에는 취득세 추징 예외사유로 규정하며, 매매용 중고자동차에 대한 최소납부세제의 적용을 제외하려는 것임

○ 전문위원 검토의견

- **취득세 추징 유예기간 확대:** 고금리 및 경기침체의 영향으로 중고자동차의 매각이 어려움을 감안하여 추징 유예기간을 현행 **2년**에서 **3년**으로 조정하려는 것으로, 중고자동차 업계의 현실적인 어려움을 반영한 과세제도 정비가 가능하다는 점에서 타당한 취지인 것으로 보임. **다만**, 지난 **2013년** 법 개정 당시 취득세 추징 유예기간을 **1년**에서 **2년**으로 **완화**하였던 점을 고려하여야 할 것으로 보임

- **재난피해 취득세 추징 예외사유 규정:** 예측할 수 없는 재난으로 피해를 입어 중고자동차를 판매할 수 없게 된 상황에서 감면된 취득세를 추징하는 것은 과도한 측면이 있음을 고려할 때 개정안의 취지는 타당한 것으로 보임. **다만**, 개정안은 수출용 중고자동차, 중고선박, 중고기계장비 및 중고항공기 중 중고자동차에 대하여만 재난피해로 인한 취득세 추징의 예외사유를 규정하고 있는바, 수출용 중고선박 등과의 **형평성** 문제가 있을 수 있음을 고려하여야 할 것으로 보임

- **최소납부세제 기준 완화·적용 배제 여부:** 일시 취득하는 중고자동차 매매업의 특성, 금리 인상에 따른 판매부진 및 재고비용 상승 등으로 어려움을 겪는 중고자동차등 업계의 세 부담 경감 차원에서 개정안의 취지는 타당한 것

으로 보임. **다만,** 최소납부세제는 **취득세 200만원, 재산세 50만원**의 일관적인 기준을 정립하고 그 기준을 초과한 경우 담세력이 있는 것으로 간주하여 세금의 일부를 납부하도록 하여 국민개세주의, 조세형평성 가치를 실현하려는데 그 목적이 있는 제도로서, **(기준 완화)** 중고자동차등에 대하여만 적용배제 기준을 300만원으로 상향하는 것에 대하여는 신중한 검토가 필요할 것으로 보이며, **(적용 배제)** 현행법상 최소납부세제 적용 예외 현황을 살펴보면 농·어업, 사회복지, 교육 및 문화 등 공익성이 큰 분야에서 적용이 배제되고 있음을 고려하여야 할 것으로 보임

※ 최소납부세액에 따른 중고차가액 상한: 200만원: 2,850만원 → 300만원: 4,280만원

- **일몰 미도래:** 현행 감면 특례의 일몰 기한은 **2024년**까지로, 일몰이 아직 도래하지 않은 점도 고려할 필요가 있을 것으로 보임

〈참고〉 매매용 중고자동차등 감면 현황

(단위: 건, 억원)

년도	감면 규모(A)		최소납부세제 적용(B)		비중(B/A)	
	건수	금액	건수	금액	건수	금액
2020	1,372,650	9,942	73,070	342	5.3%	3.4%
2021	1,426,705	11,391	102,914	496	7.2%	4.4%
2022	1,430,101	12,514	137,827	685	9.6%	5.4%

○ **정부의견**
- 승합·화물·특수차에 대한 취득세 추징 유예기간 확대 및 재난 피해가 확인되어 폐차하는 경우 추징 예외 사유 규정은 타당한 것으로 생각되나, 최소납부세제가 적용되는 취득세 기준을 200만 원에서 300만 원으로 상향하는 내용에 대하여는 신중한 검토 요청

○ **의원의견**
- **승용자동차**의 경우 통계수치상 2년 이후 판매되는 차량이 승합·화물·특수자동차에 비해 상대적으로 적게 드러나는 이유는 매입 후 2년이 도래하기 전에 취득세 추징을 피하기 위하여 **매매업자 간 품앗이** 형태로 매입을 잡아 주기 때문으로, 승합·화물·특수자동차 이외의 **전체 차량**에 대해서 추징 유예

기간 **확대** 필요

- 수출용 중고차가 점차 증가하는 상황에서 **수출 진흥의 필요성**을 감안할 때 지방세제 지원 필요

⇒ 수정의결 (승합·화물·특수자동차에 대하여 취득세 추징의 유예기간을 3년으로 확대하고, 매매용·수출용 중고자동차가 재난으로 인한 피해로 폐차 또는 폐기된 경우를 취득세 추징의 예외사유로 규정)

❑ 조문대비표

현 행	개 정 내 용	비 고
제68조(매매용 및 수출용 중고자동차 등에 대한 감면) ① (생 략)	제68조(매매용 및 수출용 중고자동차 등에 대한 감면) ① (현행과 같음)	
② 제1항에 따라 취득한 중고자동차등을 그 취득일부터 2년 이내에 매각하지 아니하거나 수출하지 아니하는 경우에는 면제된 취득세를 추징한다. 다만, 취득일부터 1년이 경과한 중고자동차로서 「자동차관리법」 제43조제1항제2호 또는 제4호에 따른 자동차 검사에서 부적합 판정을 받고 「자동차관리법」 제2조제5호 및 「건설기계관리법」 제2조제1항제2호에 따라 폐차 또는 폐기한 경우에는 감면된 취득세를 추징하지 아니한다.	② ──────────────────2년(「자동차관리법」 제3조제1항에 따른 승합자동차, 화물자동차 또는 특수자동차의 경우에는 3년)──────. ────중고자동차로서 다음 각 호의 어느 하나에 해당하여───.	○ 매매용 중고자동차(승합·화물·특수) 취득세 추징 유예기간 확대 2년 → 3년
〈신 설〉	1. 취득일부터 1년이 경과한 중고자동차로서 「자동차관리법」 제43조제1항제2호 또는 제4호에 따른 자동차 검사에서 부적합 판정을 받은 경우	○ 매매용 중고자동차 감면된 취득세의 추징 유예사유로 - 재난으로 인하여 피해를 입은 경우 추가
〈신 설〉	2. 「재난 및 안전관리 기본법」 제3조제1호에 따른 재난으로	

	인하여 피해를 입은 경우	
③ (생　략)	③ (현행과 같음)	
④ 제3항에 따른 중고선박, 중고기계장비, 중고항공기 및 중고자동차를 취득일부터 2년 이내에 수출하지 아니하는 경우에는 감면된 취득세를 추징한다. 〈단서 신설〉	④ ------------- ------------- ------------- ------------- -------------. 다만, 중고자동차로서 「재난 및 안전관리 기본법」 제3조제1호에 따른 재난으로 인하여 피해를 입어 「자동차관리법」 제2조제5호 및 「건설기계관리법」 제2조제1항제2호에 따라 폐차 또는 폐기한 경우에는 감면된 취득세를 추징하지 아니한다.	○ 수출용 중고자동차 감면된 취득세의 추징 유예사유로 - 재난으로 인하여 피해를 입은 경우 신설
<center>부　　칙</center> 제1조(시행일) 이 법은 2024년 1월 1일부터 시행한다. 제2조(일반적 적용례) 이 법은 이 법 시행 이후 납세의무가 성립하는 　　경우부터 적용한다.		

④ 도시첨단물류단지에 대한 감면 신설(제71조의2 신설)

❏ 개정내용

○ **도시첨단물류단지*** 개발사업의 **시행자** 및 **입주기업**에 대한 지방세 **감면**을 **신설**

구 분		현 행	개정내용	
물류단지 등에 대한 감면 (§71①)	감면 대상	〈신 설〉	도시첨단물류단지 물류사업용 부동산	
	감면 대상자		개발사업 시행자	입주기업
	감면 내용		취득세 15% (조례 +10% 추가 可)	취득세 40% (조례 +10% 추가 可)
	일몰 기한		~2025년	

　* 도시첨단물류단지: 도시물류, 기업과 소비자간 거래(B2C)의 급증에 대응하여 낙후된 도심 물류·유통시설을 물류·유통·첨단산업 융복합단지로 재정비할 수 있도록 도입된 제도로서, 2015.5. 제3차 규제개혁장관회의에서 도시첨단물류단지의 도입이 발표되고, 같은 해 12월 「물류시설법」이 개정되면서 법적 근거가 마련되었음

※ 참고로, 현행법은 도시첨단물류단지가 아닌 일반물류단지의 개발사업시행자 및 입주기업에 대한 지방세 감면 규정을 두고 있음

「지방세특례제한법」

제71조(물류단지 등에 대한 감면) ① 「물류시설의 개발 및 운영에 관한 법률」 제27조에 따른 물류단지개발사업의 시행자가 같은 법 제22조제1항에 따라 지정된 물류단지(이하 이 조에서 "물류단지"라 한다)를 개발하기 위하여 취득하는 부동산에 대해서는 취득세의 100분의 35를, 과세기준일 현재 해당 사업에 직접 사용하는 부동산에 대해서는 재산세의 100분의 25를 각각 2025년 12월 31일까지 경감한다. 이 경우 지방자치단체의 장은 재산세에 대해서는 해당 지역의 재정 여건 등을 고려하여 100분의 10의 범위에서 조례로 정하는 율을 추가로 경감할 수 있다.

② 물류단지에서 대통령령으로 정하는 물류사업(이하 이 항에서 "물류사업"이라 한다)을 직접 하려는 자가 물류사업에 직접 사용하기 위해 취득하는 대통령령으로 정하는 물류시설용 부동산(이하 이 항에서 "물류시설용 부동산"이라 한다)에 대해서는 2025년 12월 31일까지 취득

세의 100분의 50을 경감하고, 2025년 12월 31일까지 취득하여 과세기준일 현재 물류사업에 직접 사용하는 물류시설용 부동산에 대해서는 그 물류시설용 부동산을 취득한 날부터 5년간 재산세의 100분의 35를 경감한다.

③ 「물류시설의 개발 및 운영에 관한 법률」 제7조에 따라 복합물류터미널사업(「사회기반시설에 대한 민간투자법」 제2조제5호에 따른 민간투자사업 방식의 사업으로 한정한다. 이하 이 항에서 같다)의 등록을 한 자(이하 이 항에서 "복합물류터미널사업자"라 한다)가 사용하는 부동산에 대해서는 다음 각 호에서 정하는 바에 따라 지방세를 경감한다.

1. 복합물류터미널사업자가 「물류시설의 개발 및 운영에 관한 법률」 제9조제1항에 따라 인가받은 공사계획을 시행하기 위하여 취득하는 부동산에 대해서는 2025년 12월 31일까지 취득세의 100분의 25를 경감한다. 다만, 그 취득일부터 3년이 경과할 때까지 정당한 사유 없이 그 사업에 직접 사용하지 아니하는 경우에는 경감된 취득세를 추징한다.

2. 복합물류터미널사업자가 과세기준일 현재 복합물류터미널사업에 직접 사용하는 부동산에 대해서는 2022년 12월 31일까지 재산세의 100분의 25를 경감한다.

❏ **입법취지**

○ 도시첨단물류단지 개발사업 시행자 및 입주기업에 대해 일반물류단지와 같은 수준의 감면을 신설하여 도시물류 서비스 개선과 신산업 활성화 등에 기여

　－ 제도 도입('15.12) 이후, 도시첨단물류단지 시범단지 6개소 선정('16.6), 현재 서울 1개소(양천) 지정, 1개소(서초)에서 단지 지정절차 진행 중

　－ (시범단지 6개소) 서울 서초 · 양천 · 금천, 충북 청주, 광주 북구, 대구 달서

❏ **논의과정**

○ **관련 법률안**

의안번호	제안자	제안일	주요내용
2124707	최기상의원 외 11인	2023.09.26.	일반물류단지에 대한 지방세 감면과 마찬가지로, **도시첨단물류단지 개발사업의 시행자**에 대하여 취득세의 35%, 재산세 25%를 감면하고(조례 +10% 추가 可), 입주기업에 대하여는 취득세의 50%, 재산세의 35%를 5년간 감면

○ **전문위원 검토의견**

　－「물류시설의 개발 및 운영에 관한 법률」에서 물류단지를 **일반물류단지**와 **도시첨단물류단지**로 구분하고 있음에도 현행법은 일반물류단지에 대한 감면 규정만을 두고 있는 점, 급증하는 물류 수요에 대비한 도심 내 물류시설 육

성의 필요성 등을 감안할 때, 개정안의 취지는 타당한 것으로 보임
- **다만,** 급격히 성장하는 물류산업에 대한 추가적인 지방세 감면이 지방재정에 미치는 영향 및 현행 물류단지에 대한 감면의 **일몰기한(~'25년)**이 아직 **미도래**한 점 등을 감안하여 감면 신설 여부를 결정하여야 할 것으로 보임

〈참고1〉 일반물류단지와 도시첨단물류단지의 비교

	기존 물류단지	도시첨단물류단지
개발목적	물동량 처리 중심의 지역물류서비스 제공, 오프라인 판매시설 중심	물동량 창출 및 집적화를 통한 도심물류서비스 제공, 온라인/오프라인 연계형 판매시설 중심(옴니채널)
규모	중대형규모(10만㎡ 이상)	중소형규모(3만~10만㎡)
건축물	토지용도별 개별 건축	입체형복합 건축
주기능	기업물류(B2B): 제조 및 생산, 유통 및 도소매 물류	생활물류(B2C): 전자상거래 기반 생활밀착형 물류
크기/가치	중대형, 중저가 화물	소형, 고부가가치 화물
운송/차량	간선운송, 중대형 화물차 이용	지선운송, 중소형 화물차 이용
회전율	1일~수개월	반일~수일
수익원천	물류시설 운영수입	물류 효율화/서비스 개선, 수배송 시간 절감

〈참고2〉 도시첨단물류시범단지 현황

용도	지역	단지 명칭	면적(㎡)	추진현황
유통업무설비	서울(금천구)	시흥산업용재유통센터	156,071	토지소유주(1,300명)와 개발방향 협의 중
일반물류터미널	서울(서초구)	한국트럭터미널	86,002	'25년 착공, '28년 준공 예정
	서울(양천구)	서부트럭터미널	98,895	시범단지 선정
	충북(청주시)	청주화물터미널	18,497	사업시행자 개발 검토 중
	광주(북 구)	광주화물터미널	35,326	
	대구(달서구)	대구화물터미널	70,022	

〈참고3〉 물류단지에 대한 감면 현황(제71조)

(단위: 건, 억원)

구 분		'22년		'21년		'20년	
		건수	금액	건수	금액	건수	금액
합계		461	32.8	403	34.0	354	29.0
사업 시행자	소계	315	21.1	193	10.6	129	19.4
	취득세	280	15.6	166	6.9	112	15.8
	재산세	35	5.5	27	3.7	17	3.6
입주 기업	소계	146	11.7	210	23.4	225	9.6
	취득세	41	8.5	65	19.4	44	4.3
	재산세	105	3.2	145	4.0	181	5.3

○ **정부의견**

- 도시첨단물류단지는 입체복합형 건축물의 형태로 건설될 예정으로, 사업계획 단계에서 도시첨단물류시설의 범위가 확정되기 어려운 점을 고려하여 2025년 기존 물류단지들에 대한 감면의 일몰기한 도래 시 전체적으로 검토할 필요

○ **의원의견**

- 감면 대상은 물류사업용 부동산이고, 개발사업 시행자·입주기업들에 대한 지방세 감면을 통해 사업성을 높이려는 개정안의 취지를 고려할 필요

⇒ **수정의결** (도시첨단물류단지 개발사업 시행자 취득세 15%, 입주기업 취득세 40%를 2025년 12월 31일까지 감면)

❏ **조문대비표**

현 행	개 정 내 용	비 고
〈신 설〉	제71조의2(도시첨단물류단지에 대한 감면) ① 「물류시설의 개발 및 운영에 관한 법률」 제22조의2제1항에 따라 지정된 도시첨단물류단지(이하 이 조에서 "도	

현 행	개 정 내 용	비 고
	시첨단물류단지"라 한다) 개발에 직접 사용하기 위하여 취득하는 토지 및 물류시설(「물류시설의 개발 및 운영에 관한 법률」 제2조제1호가목부터 다목까지의 시설을 말한다. 이하 이 조에서 "물류시설"이라 한다)용 건축물에 대해서는 **취득세의 100분의 15**를 2025년 12월 31일까지 경감한다. 다만, 다음 각 호의 어느 하나에 해당하는 경우 그 해당 부분에 대해서는 경감된 취득세를 추징한다. 1. 정당한 사유 없이 그 취득일부터 2년이 경과할 때까지 해당 용도로 직접 사용하지 아니하는 경우 2. 「물류시설의 개발 및 운영에 관한 법률」 제46조에 따른 준공인가를 받은 날부터 3년 이내에 정당한 사유 없이 물류시설용으로 분양 또는 임대하지 아니하거나 직접 사용하지 아니한 경우 3. 해당 용도로 직접 사용한 기간이 2년 미만인 상태에서 매각·증여하거나 다른 용도로 사용하는 경우 ② 도시첨단물류단지에서 법 제71조제2항에 따른 물류사업을 직접 하려는 자가 물류사업에 직접 사용하기 위해 취득하는 물류시설용 부동산에 대해서는	○ 도시첨단물류단지 개발사업용 부동산 − 취득세 15% 감면 − 일몰기한:∼'25년 ○ 도시첨단물류단지 물류사업용 부동산 − 취득세 40% 감면 − 일몰기한:∼'25년

현　　　행	개 정 내 용	비　고
	취득세의 **100분의 40**(제1항에 따른 자가 직접 사용하는 경우에는 100분의 15)을 2025년 12월 31일까지 경감한다. 다만, 다음 각 호의 어느 하나에 해당하는 경우 그 해당 부분에 대해서는 경감된 취득세를 추징한다. 1. 정당한 사유 없이 그 취득일부터 2년이 경과할 때까지 해당 용도로 직접 사용하지 아니하는 경우 2. 해당 용도로 직접 사용한 기간이 2년 미만인 상태에서 매각·증여하거나 다른 용도로 사용하는 경우 ③ 제1항 및 제2항을 적용할 때 지방자치단체의 장은 해당 지역의 재정 여건 등을 고려하여 **100분의 10의 범위에서 조례로 정하는 율을 추가로 경감**할 수 있다.	○ 10%p 범위에서 조례 추가 감면 가능
부　　　　칙 제1조(시행일) 이 법은 2024년 1월 1일부터 시행한다. 제2조(일반적 적용례) 이 법은 이 법 시행 이후 납세의무가 성립하는 　경우부터 적용한다.		

(8) 국토 및 지역개발에 대한 지원

1 해외진출기업의 국내복귀에 대한 감면(제79조의2 신설)

❑ 개정내용

○ 해외진출기업이 **국내복귀*****기업**으로 선정되어 **과밀억제권역**** 외의 지역으로 복귀하기 위하여 취득하는 부동산에 대한 지방세 감면 특례를 **신설**

구 분		현 행	개정내용
해외진출기업의 국내복귀에 대한 감면 (§79의2)	감면 대상	〈신 설〉	사업용 부동산
	감면 요건		1. 해외 사업장을 청산·양도할 것 2. 과밀억제권역 외의 지역에서 사업장을 신설 또는 증설할 것 3. 해외 사업장에서 영위하던 업종과 동일한 업종을 영위할 것
	감면 내용		취득세 50%* 재산세 75%(5년) * (취득세) 조례로 50%p 추가 可
	일몰 기한		~2026년

* **국내복귀**: 해외진출기업이 해외사업장을 청산·양도 또는 축소하거나, 첨단산업에 해당하거나 국내 공급망 안정에 필수적인 해외사업장에서 생산하는 제품·서비스와 같거나 유사한 제품·서비스를 생산하는 사업장을 국내에 신설·증설하는 것
** 수도권은 과밀억제권역, 성장관리권역, 자연보전권역으로 구분됨(「수도권정비계획법」)

※ 참고: 「수도권정비계획법」에 따른 권역별 규제 등 현황

구 분	과밀억제권역	성장관리권역	자연보전권역
지정목적	인구·산업 집중에 따른 이전·정비	인구·산업 유치 및 도시개발 적정 관리	한강 수계 수질·녹지 등 자연환경 보전
행정구역	[16시]	[14시, 1군]	[6시, 2군]

구 분	과밀억제권역	성장관리권역	자연보전권역
	서울, 인천 일부, 의정부, 구리, 남양주 일부, 하남, 고양, 수원, 성남, 안양, 부천, 광명, 과천, 의왕, 군포, 시흥 일부	김포, 인천 일부(강화·옹진·경자구역 등), 동두천, 안산, 오산, 평택, 파주, 남양주 일부, 용인 일부, 연천, 포천, 양주, 화성, 안성 일부, 시흥 내 반월특수지역	이천, 남양주시 일부, 용인 일부, 가평, 양평, 여주, 광주, 안성 일부
규제현황	▶ 대학·공공청사 등 인구 집중유발시설 신·증설 제한 ▶ 공업지역 추가지정 제한	▶ 중·대규모 대학(수도권 내 이전 제외) 등 인구집중 유발시설 신·증설 제한	▶ 공업용지 조성 제한 (6만㎡초과) ▶ 대학 신설 및 이전 제한

❏ **입법취지**
○ 공급망 안정을 위한 첨단기술 보유 해외기업의 국내복귀에 따른 **지역경제 활성화**

❏ **논의과정**
○ **관련 법률안:** 개정내용대로 정부안 제출(의안번호 2125175)
○ **전문위원 검토의견**
  − 해외진출기업이 국내복귀기업으로 선정되어 해외 사업장을 폐쇄·양도하고 국내로 복귀하는 경우 지방세 감면을 통하여 지원하려는 것으로, 복귀기업이 과밀억제권역 외의 지역에서 공장 신·증설 등을 통해 복귀함에 따라 지역경제 활성화에 기여하는 점 등을 감안할 때 타당한 입법취지로 보임
  − **조례 추가 경감:** 취득세 경감 시 해당 지역의 재정여건 등을 고려하여 **100분의 50**의 범위에서 **조례**로 정하는 율을 추가로 경감할 수 있도록 하는 것은 각 지방자치단체별 재정여건, 지역경제 현황, 국내복귀기업 유치의 필요성 등을 감안하여 감면의 자율성을 부여하는 것으로 타당한 것으로 보임
  − **해외사업장 축소 포함 여부 논의 필요:** 「해외진출기업의 국내복귀 지원에 관한 법률」은 지원대상 국내복귀기업 선정의 조건으로 ① 국내사업장의 **신설·증설**, ② 해외사업장의 **청산·양도**, ③ 해외사업장의 **축소**를 두고 있음에 반하여, 개정안은 해외사업장의 축소를 감면요건으로 설정하고 있지 않으므로 이의 적절성에 대한 논의가 필요할 것으로 보임
  − **부칙:** 개정안은 이 법 시행 이후 지원대상 국내복귀기업을 선정하는 경우부터 적용함을 명확히 하기 위하여 적용례를 두고 있음

「해외진출기업의 국내복귀 지원에 관한 법률」제7조(지원대상 국내복귀기업의 선정) ③ 산업통상
자원부장관은 국내복귀가 진행 중인 기업의 경우에는 다음 각 호를 조건으로 하여 지원대상
국내복귀기업으로 선정할 수 있다. 이 경우 해당 기업은 제2항에 따른 국내복귀계획서에 조
건의 이행에 관한 내용을 포함하여야 한다.
1. 국내사업장의 신설·증설이 완료되지 아니한 기업의 경우 산업통상자원부장관이 정하는
   기한 내에 국내사업장의 신설·증설을 완료할 것
2. 해외사업장의 청산·양도가 완료되지 아니한 기업의 경우 산업통상자원부장관이 정하는
   기한 내에 해외사업장의 청산·양도를 완료할 것
3. 해외사업장의 축소가 완료되지 아니한 기업의 경우 산업통상자원부장관이 정하는 기한과
   기준에 따라 해외사업장을 축소할 것
4. 그 밖에 산업통상자원부장관이 국내복귀기업 지원제도의 정책목적 달성과 국내복귀기업에
   대한 효과적 지원을 위하여 필요하다고 인정하는 사항

○ **정부의견**
- 해외사업장 축소와 관련하여서는 지방세 감면이 지방재정에 영향을 미치는
  부분을 감안하여 해외기업의 완전한 복귀를 전제로 할 필요가 있으므로, 정
  부안을 반영할 필요

○ **의원의견**
- 해외진출기업의 국내복귀에 대한 감면 또는 법인 및 공장의 지방 이전에 따
  른 감면 등 일정한 지역으로 사업장·공장을 이전하는 경우에 대한 **종합적인
  지원방안**에 대한 **전략**을 **수립**할 필요

⇒ **원안의결** (정부안)

❑ **조문대비표**

현　　　행	개 정 내 용	비 고
〈신　설〉	제79조의2(해외진출기업의　국내복귀에 대한 감면) ① 「해외진출기업의 국내복귀 지원에 관한 법률」 제7조제3항에 따라 선정된 지원대상 국내복귀기업(이하 "지원대상 국내복귀기업"이라 한다)으로서 다음 각 호의 요건을 모두 충족하는 지원대상 국내복귀	○ 감면대상 「해외진출기업의 국내복귀 지원에 관한 법률」에 따라 선정된 지원대상 국내복귀기업

현　　행	개 정 내 용	비 고
	기업이 제3호에 따른 업종(「통계법」 제22조에 따라 통계청장이 고시하는 한국표준산업분류에 따른 세분류를 기준으로 한 업종을 말한다. 이하 이 조에서 같다)을 ~~영위하기 위하여 취득하는 사업~~ 용 부동산에 대해서는 **취득세의 100분의 50**을 2026년 12월 31일까지 경감하고, 과세기준일 현재 해당 용도로 직접 사용하는 부동산에 대해서는 재산세 납세의무가 최초로 성립한 날부터 **5년간 재산세의 100분의 75**를 경감한다. 1. **해외 사업장을 청산·양도할** 것 2. **과밀억제권역 외의 지역에서 사업장을 신설 또는 증설**할 것 3. **해외 사업장에서 영위하던 업종과 동일한 업종을 영위**할 것 ② 지방자치단체의 장은 제1항에 따라 취득세를 경감하는 경우 해당 지역의 재정여건 등을 고려하여 **100분의 50의 범위에서 조례로 정하는 율을 추가로 경감**할 수 있다. ③ 제1항 및 제2항에 따라 지방세를 경감받은 자가 다음 각 호의 어느 하나에 해당하는 경우 그 해당 부분에 대해서는 경감된 취득세 및 재산세를 추징한다. 1. 정당한 사유 없이 그 취득일부터 1년이 경과할 때까지 해당 용도로 직접 사용하지 아	○ 감면내용 　– 취득세 50% 　– 재산세 75% 　　(5년간) ○ 감면요건 1) 해외 사업장의 청산·양도 2) 과밀억제권역 외의 지역에서 사업장의 신·증설 3) 해외 사업장에서 영위하던 업종과 동일한 업종 영위

현 행	개 정 내 용	비 고
	니하는 경우	
	2. 해당 용도로 직접 사용한 기간이 2년 미만인 상태에서 매각·증여하거나 다른 용도로 사용하는 경우	
	3. 지원대상 국내복귀기업으로 선정된 날부터 4년 이내에 해외 사업장을 청산·양도하지 아니하는 경우	
	4. 지원대상 국내복귀기업으로 선정된 날부터 5년 이내에 국내 사업장 신설 또는 증설을 완료하지 아니하는 경우	
	5. 해당 사업용 부동산의 취득일부터 5년 이내에 지원대상 국내복귀기업 선정이 취소된 경우	

부   칙

제1조(시행일) 이 법은 2024년 1월 1일부터 시행한다.

제2조(일반적 적용례) 이 법은 이 법 시행 이후 납세의무가 성립하는 경우부터 적용한다.

제7조(지원대상 국내복귀기업의 감면에 관한 적용례) 제79조의2제1항 및 제2항의 개정규정은 이 법 시행 이후 지원대상 국내복귀기업을 선정하는 경우부터 적용한다.

기회발전특구 입주기업 등에 대한 지방세 감면 신설(제80의2 신설)

❑ **개정내용**

○ 기회발전특구 내 **창업** 기업과 비수도권 기회발전특구로 **이전**하는 기업, 기회발
전특구 내 공장을 **신·증설**하는 기업에 대하여 **취득세·재산세** 감면 특례를 **신설**

구 분		현 행	개정내용
기회발전특구로의 이전 등에 대한 감면 (§80의2)	감면 대상	〈신 설〉	① 특구내 창업 기업 ② 수도권 외 특구로 이전 기업 ③ 특구내 공장 신·증설 기업
	감면 내용		① 취 50%+50%(**조례**) 　재 100%(5년)+50%(5년, **조례**) 　* 수도권: 취 50%+25%(**조례**) 　　　　　　　재 100%(3년)+50%(2년) ② 취 50%+50%(**조례**) 　재 100%(5년)+50%(5년, **조례**) ③ 취 50%+25%(**조례**) 　재 75%(5년) 　* 수도권: 재 35%(5년)
	일몰 기한		~2026년

※ **기회발전특구** 개요

(개념) 지방에 기업의 대규모 투자를 유치하기 위해 세제·세정지원, 규제특례, 정
주여건 개선 등을 패키지로 지원하는 구역

(근거) 「지방자치분권 및 지역균형발전에 관한 특별법」

(대상지역) 지방정부가 투자기업과 협의하여 정한 비수도권 및 수도권 일부(인구감소
지역, 접경지역)

(지정절차) 지방정부(시·도지사)가 투자 예정기업과 협의하여 신청하면 지방시대위
원회에서 심의·의결하여 산업통상자원부장관이 기회발전특구로 지정·고시

(지정요건) 기업의 입주수요, 근로자 정주여건, 기반시설 및 전문인력 확보 가능성,
특구 개발의 경제성, 지역 주요산업과의 연계발전 가능성 등

❑ **입법취지**

○ 기회발전특구 입주기업 등에 대하여 지방세를 감면함으로써 지역균형발전을 통
한 지방시대 실현을 위해 도입하는 기회발전특구 제도의 성공적 정착 지원

❑ 논의과정

   ○ 관련 법률안

의안번호	제안자	제안일	주요내용
2121878	구자근의원 외 31인	2023.05.09.	비수도권 기회발전특구로 이전하거나, 수도권 외의 지역에서 공장을 신·증설하는 지방기업에 대하여 취득세·재산세·등록면허세를 면제
2125302	박성민의원 외 11인	2023.11.09.	기회발전특구 내 창업 기업과 비수도권 기회발전특구로 이전하는 기업, 기회발전특구 내 공장을 신·증설하는 기업에 대하여 취득세·재산세를 감면

   ○ 전문위원 검토의견

      – 지역 간 불균형을 해소하고, 지역의 특성에 맞는 자립적 발전 및 지방자치분권을 통해 지역이 주도하는 지역균형발전을 달성할 필요성을 감안할 때 개정안의 취지는 타당함

      – **감면 내용 비교:** 박성민의원안은 **구자근의원안**과 달리 **비수도권** 지역에 대한 **차등** 지원 및 **지방자치단체별 재정여건**에 따른 자율적인 지원이 가능하도록 **조례**에 의한 **추가**적인 **감면**의 여지를 두고 있는 점을 감안할 필요가 있음

      – **타법 개정 선행 필요:** 구자근의원안은 기회발전특구를 "**지방투자촉진 특별법**"에 따른 기회발전특구"로 정의하고 있는데, 동 법률안의 소관 상임위원회인 **산업통상자원중소벤처기업위원회의 논의 경과**[*]를 참고할 필요가 있을 것으로 보임

        * 2023. 7. 12. 전체회의 상정, 2023. 11. 22. 제1차 산업통상자원특허소위 상정

        ※ 박성민의원안은 "「지방자치분권 및 지역균형발전에 관한 특별법」 제23조에 따라 지정된 기회발전특구"로 정의

      – **박성민의원안과 유사 감면의 비교:** ① 특구 내 창업기업에 대한 감면과 관련하여 현행 **창업중소기업** 등에 대한 감면과 유사한바, **수도권** 특구의 경우 유사한 감면 수준이나, **비수도권** 특구의 경우 **조례**를 통한 **취득세 감면율** 및 **재산세 감면기간의 상향**을 통해 더 높은 수준의 지원이 가능함

        ② **비수도권 특구로 이전하는 기업**에 대한 감면과 관련하여 현행 **공장 및 법인의 지방 이전**에 따른 감면 수준과 **유사**하나 **등록면허세** 면제 혜택은 없

으며 **조례**를 통하여 50%의 범위에서 **5년**간 추가적인 **감면**이 가능하다는 차이가 있음

③ **특구내 공장을 신·증설하는 기업**에 대한 감면과 관련하여 현행 **산업단지 입주기업**에 대한 감면과 그 수준이 **동일함**

감면 대상	감면 내용	현행법상 유사 감면 제도
① 특구내 창업 기업 (수도권, 비수도권 특구 모두 적용)	① 취득세 50%+50%(조례) 재산세 100%(5년)+50%(5년, 조례) *수도권: 취득세 50%+25%(조례) 재산세 100%(3년)+50%(2년)	(창업중소기업 등에 대한 감면) 취득세 75% 재산세 100%(3년)+50%(2년)
② 수도권 외 특구로 이전 기업 (수도권→비수도권 특구로 이전)	② 취득세 50%+50%(조례) 재산세 100%(5년)+50%(5년, 조례)	(공장 및 법인의 지방 이전에 따른 감면) 취득세 100%, 등록면허세 100% 재산세 100%(5년)+50%(3년)
③ 특구내 공장 신· 증설 기업 (수도권, 비수도권 특구 모두 적용)	③ 취득세 50%+25%(조례) 재산세 75%(5년) *수도권: 재산세 35%(5년)	(산업단지 입주기업에 대한 감면) 취득세 50%+25%(조례) 재산세 75%(5년) *수도권: 재산세 35%(5년)

○ **정부의견**
 – 지방에 기업을 유치·유인하기 위한 적극적인 세제 지원 내용임을 고려할 때, 개정안을 바탕으로 한 논의 요청
⇒ **원안의결** (박성민의원안)
○ **법제사법위원회 수정사항**
 – 안 제80조의2 각 조항에서 「지방세특례제한법」에서 적용하는 감면의 일반적인 사항을 모두 규정하고 있으므로 추가로 감면을 적용하는 기준을 행정규칙에서 정할 필요가 없다는 점, 조세감면 적용 기준을 **행정규칙에 위임**하는 것은 **조세법률주의**에 따라 신중할 필요가 있는 점 등을 감안하여 안 제80조의2제4항[89]을 삭제할 필요
 – **법체계 정합성** 및 보다 **명확한 법해석**을 위해 기회발전특구로 이전하는 본점 등의 범위 등에 대한 요건도 행정안전부령에 위임할 필요

---

[89] 제80조의2(기회발전특구로의 이전 등에 대한 감면) ④ 제1항부터 제3항까지의 감면을 적용하는 기준 등 필요한 사항은 행정안전부장관이 정하여 고시할 수 있다.

⇒ **수정의결**(제80조의2제4항을 삭제하고, 기회발전특구로 이전하는 본점 등의 범위에 대한 요
  건을 행정안전부령으로 위임)

❏ 조문대비표

현 행	개 정 내 용	비 고

〈신 설〉	제80조의2(기회발전특구로의 이전 등에 대한 감면) ①「지방자치분권 및 지역균형발전에 관한 특별법」 제23조에 따라 지정된 기회발전특구(이하 이 조에서 "기회발전특구"라 한다)에서 창업(제58조의3제6항 각 호에 해당하지 아니하는 경우로서 같은 조 제4항 각 호의 업종을 영위하는 경우로 한정한다)하는 기업에 대해서는 다음 각 호에서 정하는 바에 따라 지방세를 감면한다.
	1. 창업하기 위하여 취득하는 사업용 부동산에 대해서는 2026년 12월 31일까지 **취득세의 100분의 50**을 경감하고, 과세기준일 현재 해당 용도로 직접 사용하는 그 사업용 부동산에 대해서는 재산세 납세의무가 최초로 성립한 날부터 5년간 재산세를 면제(수도권 지역에 있는 기회발전특구의 경우에는 3년간 재산세를 면제하며, 그 다음 2년간은 재산세의 100분의 50을 경감)한다. 다만, 다음 각 목의 어느 하나에 해당하는 경우 감면한 취득세를 추징한다.
	가. 정당한 사유 없이 부동산 취득일부터 3년이 경과할 때까지 해당 사업에 직접 사용하지 아니하거나 다른 용도로 사용하는 경우
	나. 해당 사업에 직접 사용한 기간이 2년 미만인 상태에서 매각·증여
		○ 특구 내 창업기업
		  취 50%＋50%(조례)
		  재 100%(5년)＋50%
		  (5년, 조례)
		* 수도권: 취 50%＋
		  25%(조례), 재 100%
		  (3년)＋50%(2년)

현 행	개 정 내 용	비 고
	하거나 다른 용도로 사용하는 경우 2. 지방자치단체의 장은 해당 지역의 재정 여건 등을 고려하여 제1호에 따라 취득세를 감면하는 경우에는 100분의 50(수도권 지역에 있는 기회발전특구의 경우에는 100분의 25) 범위에서 조례로 정하는 율을 추가로 경감할 수 있고, 재산세를 감면하는 경우에는 5년간 감면기간을 연장하여 100분의 50(수도권 지역에 있는 기회발전특구는 제외한다)의 범위에서 조례로 정하는 율에 따라 경감할 수 있다. ② 수도권(제75조의5에 따른 인구감소지역 또는 「접경지역 지원 특별법」 제2조제1호에 따른 접경지역을 제외한다)에서 본점 또는 주사무소를 설치하거나 공장시설을 갖추고 사업을 영위하는 기업이 해당 본점이나 주사무소 또는 공장을 폐쇄하고 수도권 외의 기회발전특구로 이전하는 경우 다음 각 호에서 정하는 바에 따라 지방세를 감면한다. 이 경우 이전하는 본점 또는 주사무소의 범위 및 공장의 범위, 업종, 규모 및 공장용 부동산의 요건은 **행정안전부령으로 정한다.** 1. 해당 사업에 직접 사용하기 위하여 취득하는 사업용 부동산에 대해서는 2026년 12월 31일까지 취득세의 100분의 50을 경감하고, 과세기준일 현재 해당 용도로 직접 사용하는 그 사업용 부동산에 대해서는 재산세 납세의무가 최초로 성립한	○ 수도권 외 특구 이전 기업 취 50%＋50%(조례) 재 100%(5년)＋50% (5년, 조례)

현　　　행	개 정 내 용	비　고
	날부터 5년간 재산세를 면제한다. 다만, 다음 각 목의 어느 하나에 해당하는 경우 감면한 취득세와 재산세를 추징한다. 가. 본점이나 주사무소 또는 공장을 이전하여 지방세를 감면받고 있는 기간에 수도권에서 이전하기 전에 하던 사업과 동일한 사업을 수행하는 본점, 주사무소, 공장을 수도권에 다시 설치하는 경우 나. 본점이나 주사무소 또는 공장을 이전하여 취득한 날부터 5년 이내에 해당 사업을 폐업한 경우 다. 정당한 사유 없이 부동산 취득일부터 3년이 경과할 때까지 해당 사업에 직접 사용하지 아니하거나 다른 용도로 사용하는 경우 라. 해당 사업에 직접 사용한 기간이 2년 미만인 상태에서 매각·증여하거나 다른 용도로 사용하는 경우 2. 지방자치단체의 장은 해당 지역의 재정 여건 등을 고려하여 제1호에 따라 취득세를 감면하는 경우에는 100분의 50의 범위에서 조례로 정하는 율을 추가로 경감할 수 있고, 재산세를 감면하는 경우에는 5년간 감면기간을 연장하여 100분의 50의 범위에서 조례로 정하는 율에 따라 경감할 수 있다. ③ 기회발전특구에서 공장을 신·증설하는 기업에 대해서는 다음 각 호에서 정하는 바에 따라 지방세를 감면한다. 이 경우 공장의 범위, 업종, 요건 등은	○ 특구 내 공장 신·증설 기업 취 50%＋25%(조례) 재 75%(5년) ＊수도권: 재 35%(5년)

현 행	개 정 내 용	비 고
	행정안전부령으로 정한다.	
	1. 해당 사업에 직접 사용하기 위하여 취득하는 사업용 부동산에 대해서는 2026년 12월 31일까지 취득세의 100분의 50을 경감하고, 과세기준일 현재 해당 용도로 직접 사용하는 그 사업용 부동산에 대해서는 재산세 납세의무가 최초로 성립한 날부터 5년간 재산세의 100분의 75(수도권 지역에 있는 기회발전특구의 경우에는 100분의 35)를 경감한다. 다만, 다음 각 목의 어느 하나에 해당하는 경우 감면한 취득세 및 재산세를 추징한다.	
	가. 공장을 신·증설하여 취득한 날부터 5년 이내에 해당 사업을 폐업한 경우	
	나. 정당한 사유 없이 부동산 취득일부터 3년이 경과할 때까지 해당 사업에 직접 사용하지 아니하거나 다른 용도로 사용하는 경우	
	다. 해당 사업에 직접 사용한 기간이 2년 미만인 상태에서 매각·증여하거나 다른 용도로 사용하는 경우	
	2. 지방자치단체의 장은 해당 지역의 재정 여건 등을 고려하여 제1호에 따라 취득세를 경감하는 경우 100분의 25의 범위에서 조례로 정하는 율을 추가로 경감할 수 있다.	

부　　칙

제1조(시행일) 이 법은 2024년 1월 1일부터 시행한다.

제2조(일반적 적용례) 이 법은 이 법 시행 이후 납세의무가 성립하는 경우부터 적용한다.

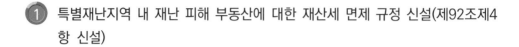

(9) 공공행정 등에 대한 지원

① 특별재난지역 내 재난 피해 부동산에 대한 재산세 면제 규정 신설(제92조제4항 신설)

❑ 개정내용

○「재난 및 안전관리 기본법」제60조에 따른 **특별재난지역** 내의 재산으로서 재난으로 피해를 입은 재산에 대하여 지방세를 지방자치단체의 **조례** 또는 **지방의회의 의결**을 얻어 감면할 수 있는 근거규정 신설

구 분		현 행	개정내용
재난피해 재산에 대한 지방세 감면 (§92④)	감면 대상	〈신 설〉	특별재난지역 내의 재산으로 「재난 및 안전관리 기본법」 제3조제1호에 따른 재난으로 피해를 입은 재산
	감면 내용		피해가 발생한 날이 속하는 회계연도의 지방세를 100분의 100 범위에서 조례 또는 지방의회 의결로써 감면 가능
	일몰 기한		없음

「재난 및 안전관리 기본법」

제60조(특별재난지역의 선포) ① 중앙대책본부장은 대통령령으로 정하는 규모의 재난이 발생하여 국가의 안녕 및 사회질서의 유지에 중대한 영향을 미치거나 피해를 효과적으로 수습하기 위하여 특별한 조치가 필요하다고 인정하거나 제3항에 따른 지역대책본부장의 요청이 타당하다고 인정하는 경우에는 중앙위원회의 심의를 거쳐 해당 지역을 특별재난지역으로 선포할 것을 대통령에게 건의할 수 있다.
② 제1항에 따라 특별재난지역의 선포를 건의받은 대통령은 해당 지역을 특별재난지역으로 선포할 수 있다.
③ 지역대책본부장은 관할지역에서 발생한 재난으로 인하여 제1항에 따른 사유가 발생한 경우에는 중앙대책본부장에게 특별재난지역의 선포 건의를 요청할 수 있다.

❑ 입법취지

○ 대규모 재난 상황으로 인한 피해지역의 부동산에 대한 재산세 부담을 경감하여 **피해 주민**에 대한 **지원 강화**

❑ **논의과정**

○ **관련 법률안**

의안번호	제안자	제안일	주요내용
2123414	강병원의원 외 14인	2023.07.24.	「재난 및 안전관리 기본법」제60조에 따른 특별재난지역 내의 부동산으로서 자연·사회재난으로 인한 침수·파손 등 일정한 피해를 입은 부동산에 대하여 재산세 면제 신설

○ **전문위원 검토의견**

- **지방자치단체에 감면 관련 재량 부여 방안 검토**: 개정안은 시행령으로 규정한 감면요건에 해당하는 경우 **감면의무**를 규정하고 있으나, 지방자치단체별 **피해의 정도·종류, 재정여건*, 집중호우 피해 가구에 대한 지원 여부** 및 정도 등이 다른 점을 고려하여 각 지방자치단체가 **자율적**으로 **지원여부·지원대상·감면세목** 등을 정할 수 있도록 하는 방법 고려할 필요

  * 재산세는 시군세 및 구세로서 기초지방자치단체의 주요 세입원임 (전체 세입원 중 재산세의 비중-시: 26.8%, 군: 21.1%, 구: 72.6%)

- **현행법 제4조**는, 지방자치단체가 ① 서민생활 지원·특정지역의 개발·감염병 발생으로 인하여 지방세의 감면이 필요하다고 인정되는 경우 **조례***를 통하여, ② 천재지변 등의 특수한 사유로 지방세의 감면이 필요하다고 인정되는 경우 **지방의회의 의결**을 통해 지방세 감면이 가능함을 규정하고 있으므로, 현행법에 따를 때도 동 조문을 통한 감면이 가능함

  * 정부안 제4조에 따를 경우 "효율적인 정책 추진" 등을 위해 필요한 경우로 조례 감면 범위를 확대

- **다만, '특별재난지역 선포'라는 대규모 재난**에 대해 **신속히 지원**하고자 한 개정안의 **취지**를 고려할 때 **개별 규정**에 그 **근거**를 두되, 재난피해의 범위나 정도, 해당 지방자치단체의 재정 여건 차이 등을 고려하여 **감면대상**이나 **지원규모**를 각 지방자치단체가 **조례** 등을 통해 **자율**적으로 **결정**하여 **지원**할 수 있도록 할 필요가 있을 것으로 보임

※ 참고: 조례 또는 지방의회 의결에 따른 지방세 감면 절차

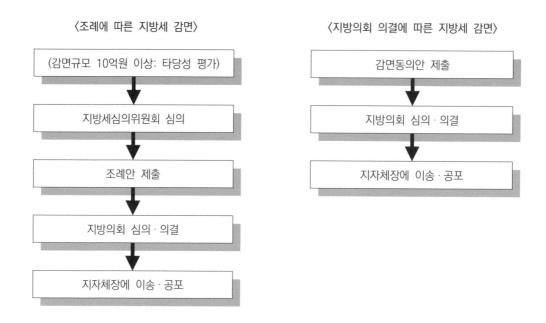

<조례에 따른 지방세 감면>

(감면규모 10억원 이상: 타당성 평가)

↓

지방세심의위원회 심의

↓

조례안 제출

↓

지방의회 심의·의결

↓

지자체장에 이송·공포

<지방의회 의결에 따른 지방세 감면>

감면동의안 제출

↓

지방의회 심의·의결

↓

지자체장에 이송·공포

- **일몰기한 및 감면기간**: 개정안의 내용을 조례가 아닌 **법률**로써 **규정**할 경우, **재난 상황의 지속적 발생가능성**을 고려하여 별도의 **일몰기한**을 규정하지 않은 것은 타당한 것으로 보이나, **감면기간**을 설정하지 않는 경우 한 번 재산세 감면대상에 해당할 경우 계속하여 감면받게 되는 점을 고려하여 **감면기간 설정**[*]할 필요

  * 예시) 재난 및 피해가 발생한 당해 연도에 한정하여 감면 등

- **부칙: (적용례)** 지난 7월 집중호우 피해지역 주민들이 **개정안 시행 전**부터 **소유**하고 있던 **피해 부동산**에 대하여도 재산세를 감면받을 수 있는 **적용례**를 두고 있는 것은 타당한 것으로 보여지나, 재산세 과세기준일인 6월 1일 이후부터 수해 발생 사이에 부동산의 소유권이 이전된 경우, **재산세 납세의무**를 부담하나 **피해 당시 부동산의 소유자**가 아닌 사람도 감면 대상에 해당할 수 있으므로 이러한 점에 대한 고려도 필요할 것으로 보임

○ **정부의견**

  - 전문위원 검토의견에 동의

○ 의원의견

　－ **기초지방자치단체**의 열악한 **재정상황**에 비추어 재산세 감면에 대하여는 신
　　중할 필요

　－ **특별재난지역**의 **선포 주체**가 **국가**인 점 등을 고려할 때, 현행법에 따라 지방
　　자치단체에게 감면 여부에 대한 **재량**을 부여할 필요

　－ 지방자치단체의 재정여건을 고려하였을 때, 특별재난지역 선포 관련 재난으
　　로 피해 입은 부동산에 대한 **중앙정부의 지원** 필요

　－ 특별재난지역 선포 시 국가 및 지자체가 각자의 책임을 다할 필요가 있으며,
　　법률상 중앙정부에서 지원할 수 없는 부분에 대하여는 지자체에 재량권을 부
　　여하는 방법 고려 필요

　－ 재난 피해 발생일 이후 **특별재난지역으로의 선포가 계속되는 기간**까지 지속
　　적 감면 지원 방안 고려 필요

⇒ **수정의결** (재난으로 피해를 입은 재산에 대한 지방세를 지방자치단체의 조례 또는 지방의회
　의 의결을 얻어 감면할 수 있도록 규정)

❑ **조문대비표**

현　　　행	개 정 내 용	비 고
제92조(천재지변 등으로 인한 **대체취득**에 대한 감면) ① ~ ③ (생 략)[90] 〈신　설〉	제92조(천재지변 등으로 인한 **피해**에 대한 감면) ① ~ ③ (현행과 같음) ④ 지방자치단체는 「재난 및 안전관리 기본법」 제60조에 따른 **특별재난지역 내의 재산**(부동산·차량·건설기계·선박·항공기를 말하며, 이하 이 항에서 같다)으로서 **같은 법 제3조 제1호에 따른 재난으로 피해를 입은 재산**에 대해서는 그 **피해가 발생한 날이 속하는 회계연도의 지방세를 100분의 100**의 범위에서 **조례**로 정하거나 해당 **지방의회의 의결**을 얻어 감면할 수 있다.	○ 감면대상 　특별재난지역 내 재난 피해를 입은 재산 ○ 감면내용 　지방세를 100분의 100범위에서 조례 또는 지방의회 의결로 감면 가능

현 행	개 정 내 용	비 고
제92조(천재지변 등으로 인한 **대체취득**에 대한 감면) ① ~ ③ (생 략)90)	제92조(천재지변 등으로 인한 **피해**에 대한 감면) ① ~ ③ (현행과 같음)	

부   칙

제1조(시행일) 이 법은 2024년 1월 1일부터 시행한다.

제2조(일반적 적용례) 이 법은 이 법 시행 이후 납세의무가 성립하는 경우부터 적용한다.

 특별재난지역 선포시 인적 피해자에 대한 지방세 감면신설(제92조제4항 신설)

❑ 개정내용

  ○ **특별재난지역**의 선포와 관련된 **재난**으로 **사망한 자** 및 그 **유족**에 대한 지방세 **면제** 특례를 신설

구 분	현 행	개정내용
특별재난지역 선포와 관련된 인적피해에 대한 지방세 면제 (§92④ 신설)	감면내용 〈신 설〉	[사망자] 사망한 연도의 지방세: 재산세(도시지역분 포함) 지역자원시설세 주민세(개인분등) 자동차세 100%

90) **제92조(천재지변 등으로 인한 대체취득에 대한 감면)** ① 천재지변, 그 밖의 불가항력으로 멸실 또는 파손된 건축물·선박·자동차 및 기계장비를 그 멸실일 또는 파손일부터 2년 이내에 다음 각 호의 어느 하나에 해당하는 취득을 하는 경우에는 취득세를 면제한다. 다만, 새로 취득한 건축물의 연면적이 종전의 건축물의 연면적을 초과하거나 새로 건조, 종류 변경 또는 대체취득한 선박의 톤수가 종전의 선박의 톤수를 초과하는 경우 및 새로 취득한 자동차 또는 기계장비의 가액이 종전의 자동차 또는 기계장비의 가액(신제품구입가액을 말한다)을 초과하는 경우에 그 초과부분에 대해서는 취득세를 부과한다.
1. 복구를 위하여 건축물을 건축 또는 개수하는 경우
2. 선박을 건조하거나 종류 변경을 하는 경우
3. 건축물·선박·자동차 및 기계장비를 대체취득하는 경우
② 천재지변, 그 밖의 불가항력으로 멸실 또는 파손된 건축물·선박·자동차·기계장비의 말소등기 또는 말소등록과 멸실 또는 파손된 건축물을 복구하기 위하여 그 멸실일 또는 파손일부터 2년 이내에 신축 또는 개축을 위한 건축허가 면허에 대해서는 등록면허세를 면제한다.
③ 천재지변·화재·교통사고 등으로 소멸·멸실 또는 파손되어 해당 자동차를 회수하거나 사용할 수 없는 것으로 시장·군수가 인정하는 자동차에 대해서는 자동차세를 면제한다.

구 분		현 행	개정내용
			[유족(배우자 · 부모 · 자녀)] 상동 + 상속으로 취득하는 경우 취득세
	일몰기한		없음

「재난 및 인선관리 기본법」

제60조(특별재난지역의 선포) ① 중앙대책본부장은 대통령령으로 정하는 규모의 재난이 발생하여 국가의 안녕 및 사회질서의 유지에 중대한 영향을 미치거나 피해를 효과적으로 수습하기 위하여 특별한 조치가 필요하다고 인정하거나 제3항에 따른 지역대책본부장의 요청이 타당하다고 인정하는 경우에는 중앙위원회의 심의를 거쳐 해당 지역을 특별재난지역으로 선포할 것을 대통령에게 건의할 수 있다.
② 제1항에 따라 특별재난지역의 선포를 건의받은 대통령은 해당 지역을 특별재난지역으로 선포할 수 있다.
③ 지역대책본부장은 관할지역에서 발생한 재난으로 인하여 제1항에 따른 사유가 발생한 경우에는 중앙대책본부장에게 특별재난지역의 선포 건의를 요청할 수 있다.

❑ **입법취지**
○ 특별재난지역 선포로 인적피해가 발생한 경우에 대한 지방세 면제 특례를 신설하여 신속하고 통일적인 지방세 지원체계를 구축

❑ **논의과정**
○ **관련 법률안**

의안번호	제안자	제안일	주요내용
2125175	정부	2023.10.25.	특별재난지역의 선포와 관련된 재난으로 사망한 자 및 그 유족에 대한 지방세 면제 특례를 신설

○ **전문위원 검토의견**
– 대규모의 **국가적 인적 재난 상황**이 발생하는 경우 현행법은 **인적 피해 지원의 근거**를 명시하고 있지 않아, 각 지방자치단체별 **조례** 제정이나 지방의회 **의결**을 통하여 지원 여부 등을 결정해온 상황으로, 인적 피해에 대하여도 **전국적으로 통일적인 지방세 감면**을 통한 **지원의 필요성**이 인정된다고 볼 수 있으므로 개정안의 내용은 타당한 것으로 보임

- 다만, (조제목 및 일부 자구 수정 필요) 유족에 대한 감면과 관련하여 "당해 재난으로 인한 **사망자의 재산**"을 상속으로 취득하는 경우 취득세가 면제됨을 **명확히 할 필요**가 있을 것으로 보이며, 개정대상 조문 제92조의 제목 "**천재지변 등으로 인한 대체취득에 대한 감면**"을 재난 상황에서 발생한 **인적 피해**에 대한 **감면** 내용이 포함될 수 있도록 일부 수정할 필요가 있을 것으로 보임
- **최소납부세제 배제**: 국가적인 재난 상황에서 지방세 감면을 통해 사망자 및 유족을 지원하려는 개정안의 취지를 고려할 때 공익성이 인정될 것으로 보이므로 최소납부세제를 배제하는 개정안의 내용은 타당한 것으로 보여짐
- **부칙**: 개정안은 이 법 시행 이후 「재난 및 안전관리 기본법」제60조에 따라 특별재난지역을 선포하는 경우부터 개정규정을 적용함을 명확히 하기 위하여 적용례를 두고 있음
○ **정부의견**
- 개정안은 재난으로 사망한 자와 그 유족들에 대한 지방세 면제를 명확히 하는 내용으로, 전문위원 검토의견에 동의

⇒ **수정의결** (조제목 및 일부 자구 수정)

[선보생각: 재난과 증세]

재난이 일상이 된 시대이다. 내년에도, 후년에도 대형 산불이 날 것이고, 대형 태풍이 한반도에 상륙할 것이다. 과연 어떻게 해야 하나? 알면서도 당할 것인가? 우리 민족은 신석기 시대부터 농사를 지었으니 약 1만 년 동안 보릿고개를 겪어야 했다. 작년에도 배고팠고 올해도 배고팠고 내년에도 배고플 텐데 아무런 대책도 없이 그저 보릿고개를 겪어왔다. 지금의 재난도 보릿고개와 별반 차이가 없다.

지방세를 감면하는 방식의 소극적 대응이 아니라 지방세를 신설하는 적극적 방식의 대응이 필요하지 않을까? 주민들이 **증세**를 반대하는 이유는 걷어간 세금이 어디에 쓰이는지 모르기 때문이다. 가칭) 재난 예방세를 만들어 재난을 예방하는 재원으로 쓴다면 과연 주민들이 반대만 하겠는가? 반대하는 지역과 찬성하는 지역이 있다면 찬성하는 지역부터 도입하도록 하면 될 것이다. 이것이 지방분권을 통한 재난 이기기가 아니겠는가?

❑ 조문대비표

현　　행	개 정 내 용	비 고
제92조(천재지변 등으로 인한 대체취득에 대한 감면)　①　~　③ (생　략)⁹¹⁾ 〈신　설〉	제92조(재난 피해 지원을 위한 감면)　①　~　③ (현행과 같음) ⑤ 「재난 및 안전관리 기본법」 제60조에 따른 **특별재난지역의 선포와 관련된 재난**으로 인하여 사망한 자(이하 이 항에서 "사망자"라 한다) 또는 사망자의 부모, 배우자 및 자녀(이하 이 항에서 "유족"이라 한다)에 대해서는 다음 각 호에서 정하는 바에 따라 지방세를 면제한다. 1. **사망자**의 경우에는 다음 각 목의 지방세(사망일이 속하는 회계연도로 한정한다)를 면제한다. 　가. **주민세**[개인분 및 사업소분(사업소분의 경우에는 「지방세법」 제81조제1항제1호가목에 따라 부과되는 세액으로 한정한다)] 　나. **자동차세**(「지방세법」 제125조제1항에 따른 자동차세로 한정한다) 　다. **재산세**(「지방세법」 제112조에 따른 부과액을 포함한다) 　라. **지역자원시설세**(「지방세법」 제146조제3항에 따른 지역자원시설세로 한정한다) 2. **유족**의 경우에는 다음 각 목의 지방세를 면제한다. 　가. **제1호가목부터 라목까지**	⊙ 규정내용사 특별재난지역의 선포와 관련된 재난으로 인한 사망자 및 사망자의 유족 ○ 감면내용 [사망자] － 재산세 － 지역자원시설세 － 주민세(개인분등) － 자동차세 [유족] － 재산세 － 지역자원시설세 － 주민세(개인분등) － 자동차세 － 상속으로 취득하는 경우 취득세

현 행	개 정 내 용	비 고
	의 규정에 따른 지방세 (사망자의 사망일이 속하는 회계연도로 한정한다) 나. **취득세**[당해 재난으로 인한 사망자 소유의 부동산등(「지방세법」 제7조에 따른 부동산등을 말한다)을 상속으로 취득하는 경우로 한정한다]	

부   칙

제1조(시행일) 이 법은 2024년 1월 1일부터 시행한다.

제2조(일반적 적용례) 이 법은 이 법 시행 이후 납세의무가 성립하는 경우부터 적용한다.

제8조(재난으로 인한 사망자 및 그 유족의 지방세 면제에 관한 적용례) 제92조제4항의 개정규정은 이 법 시행 이후 「재난 및 안전관리 기본법」 제60조에 따라 특별재난지역을 선포하는 경우부터 적용한다.

---

91) **제92조(천재지변 등으로 인한 대체취득에 대한 감면)** ① 천재지변, 그 밖의 불가항력으로 멸실 또는 파손된 건축물·선박·자동차 및 기계장비를 그 멸실일 또는 파손일부터 2년 이내에 다음 각 호의 어느 하나에 해당하는 취득을 하는 경우에는 취득세를 면제한다. 다만, 새로 취득한 건축물의 연면적이 종전의 건축물의 연면적을 초과하거나 새로 건조, 종류 변경 또는 대체취득한 선박의 톤수가 종전의 선박의 톤수를 초과하는 경우 및 새로 취득한 자동차 또는 기계장비의 가액이 종전의 자동차 또는 기계장비의 가액(신제품구입가액을 말한다)을 초과하는 경우에 그 초과부분에 대해서는 취득세를 부과한다.
1. 복구를 위하여 건축물을 건축 또는 개수하는 경우
2. 선박을 건조하거나 종류 변경을 하는 경우
3. 건축물·선박·자동차 및 기계장비를 대체취득하는 경우
② 천재지변, 그 밖의 불가항력으로 멸실 또는 파손된 건축물·선박·자동차·기계장비의 말소등기 또는 말소등록과 멸실 또는 파손된 건축물을 복구하기 위하여 그 멸실일 또는 파손일부터 2년 이내에 신축 또는 개축을 위한 건축허가 면허에 대해서는 등록면허세를 면제한다.
③ 천재지변·화재·교통사고 등으로 소멸·멸실 또는 파손되어 해당 자동차를 회수하거나 사용할 수 없는 것으로 시장·군수가 인정하는 자동차에 대해서는 자동차세를 면제한다.

③ 그 밖의 일몰기한 연장 사항

연번	감면대상	주요 내용	일몰기한 연장	연장 취지	비고
1	신용협동조합, 새마을금고 (제87조)	신용협동조합, 새마을금고의 신용 · 복지사업 등에 대한 취득세 · 재산세 면제	~2026년 (3년)	서민금융 기능 지원 및 지역 기반 상호금융기관 유성	

(10) 지방소득세 특례

① 지방소득세 특례 개관

❏ **법인지방소득세**

2014년 지방소득세를 독립세로 전환하면서 법인지방소득세에는 세액공제 · 감면을 적용하지 않고 있음

❏ **개인지방소득세**

현행법 **제167조의2제1항**은 「**소득세법**」 또는 「**조세특례제한법**」에 따라 소득세가 **세액공제 · 감면**이 되는 경우(「조세특례제한법」 제144조에 따른 세액공제액의 이월공제를 포함). **이 장에서 규정하는 개인지방소득세 세액공제 감면 내용과 이 법 제180조에도 불구하고 그 공제 · 감면되는 금액**(「조세특례제한법」 제127조부터 제129조까지, 제132조 및 제133조가 적용되는 경우에는 이를 적용한 최종 금액)의 **100분의 10에 해당하는 개인지방소득세를 공제 · 감면**하도록 규정하고 있어, 개인지방소득세에 대한 **별도 특례 신설의 실익이 적음**

「지방세특례제한법」

제167조의2(개인지방소득세의 세액공제 · 감면 등) ① 「소득세법」 또는 「조세특례제한법」에 따라 소득세가 세액공제 · 감면이 되는 경우(「조세특례제한법」 제144조에 따른 세액공제액의 이월공제를 포함한다)에는 이 장에서 규정하는 개인지방소득세 세액공제 · 감면 내용과 이 법 제

180조에도 불구하고 그 공제·감면되는 금액(「조세특례제한법」 제127조부터 제129조까지, 제132조 및 제133조가 적용되는 경우에는 이를 적용한 최종 금액을 말한다)의 100분의 10에 해당하는 개인지방소득세를 공제·감면한다.

② 「조세특례제한법」에 따라 소득세가 이월과세를 적용받는 경우에는 이 장에서 규정하는 개인지방소득세의 이월과세 내용에도 불구하고 그에 해당하는 개인지방소득세에 대하여 이월과세를 적용한다.

③ 「소득세법」 또는 「조세특례제한법」에 따라 세액공제·감면받거나 이월과세를 적용받은 소득세의 추징사유가 발생하여 소득세를 납부하는 경우에는 제1항 및 제2항에 따라 세액공제·감면받거나 이월과세를 적용받은 개인지방소득세도 납부하여야 한다. 이 경우 납부하는 소득세에 「소득세법」 또는 「조세특례제한법」에서 이자상당가산액을 가산하는 경우에는 그 가산하는 금액의 100분의 10에 해당하는 금액을 개인지방소득세에 가산한다.

제180조(중복 특례의 배제) 동일한 과세대상의 동일한 세목에 대하여 둘 이상의 지방세 특례 규정이 적용되는 경우에는 그 중 감면되는 세액이 큰 것 하나만을 적용한다. 다만, 제66조제1항, 제73조, 제74조의2제1항, 제92조 및 제92조의2와 다른 지방세 특례 규정이 함께 적용되는 경우에는 해당 특례 규정을 모두 적용하되, 제66조제1항, 제73조, 제74조의2제1항 및 제92조 간에 중복되는 경우에는 그 중 감면되는 세액이 큰 것 하나만을 적용한다.

② 개인지방소득세 공제·감면에 대한 유효기간 연장(법률 제12955호 부칙 제2조)

❑ 개정내용

○ 국세인 **소득세**를 **세액공제·감면**하면 **개인지방소득세**도 그 공제·감면되는 금액의 **10%**를 공제·감면하도록 하는 **특례의 유효기한**을 **연장**

구 분	현 행	개정내용
개인지방소득세에 대한 유효기간 (법률 제12955호, 부칙 제2조)	2023년 12월 31일까지 적용	2026년 12월 31일까지 적용

「지방세특례제한법」

제167조의2(개인지방소득세의 세액공제·감면) ① 「소득세법」 또는 「조세특례제한법」에 따라 소득세가 세액공제·감면이 되는 경우(「조세특례제한법」 제144조에 따른 세액공제액의 이월공제를 포함한다)에는 이 장에서 규정하는 개인지방소득세 세액공제·감면 내용과 이 법 제180조에도 불구하고 그 공제·감면되는 금액(「조세특례제한법」 제127조부터 제129조까지,

제132조 및 제133조가 적용되는 경우에는 이를 적용한 최종 금액을 말한다)의 100분의 10
에 해당하는 개인지방소득세를 공제 · 감면한다.
② 「조세특례제한법」에 따라 소득세가 이월과세를 적용받는 경우에는 이 장에서 규정하는 개
인지방소득세의 이월과세 내용에도 불구하고 그에 해당하는 개인지방소득세에 대하여 이월과
세를 적용한다.
법률 제12955호 지방세특례제한법 일부개정법률 부칙 제2조(개인지방소득세에 대한 유효기간)
제167조의2제1항 및 제2항의 개정규정은 2023년 12월 31일까지 적용한다.

❑ **입법취지**

○ 「소득세법」·「조세특례제한법」에 따른 세액 · 감면이 개인지방소득세 공제 · 감
면에도 동일하게 적용되도록 함으로써 영세 개인사업자 · 근로자 등의 경제적
부담을 완화

❑ **논의과정**

○ **관련 법률안:** 개정내용대로 정부안 제출(의안번호 2125175)

○ **전문위원 검토의견**

– 개정안의 내용이 입법에 반영될 경우 **2026년 12월 31일**까지 개인지방소득
세의 세액공제 · 감면은 현행법이 아닌 **「소득세법」** 및 **「조세특례제한법」**에 의
하여 결정되게 됨

– 신고세목인 개인지방소득세의 **원활한 징수** 가능성, **영세 개인사업자** 등의
경제적 부담 완화 및 **국세와의 통일된 지원** 필요성 등을 감안할 때 유효기간
연장의 필요성이 인정될 것으로 보임

⇒ **원안의결** (정부안)

❑ **조문대비표**

현　　행	개 정 내 용	비　고
법률 제12955호 지방세특례제한법 일부개정법률 부칙(법률 제14477호 지방세특례제한법 일부개정법률, 법률 제16865호 지방세특례제한법 일부개정법률, 법률 제17771호 지방세특례제한법 일부개정법률 및 법률 제18656호 지방세특례제한법 일	법률 제12955호 지방세특례제한법 일부개정법률 부칙(법률 제14477호 지방세특례제한법 일부개정법률, 법률 제16865호 지방세특례제한법 일부개정법률, 법률 제17771호 지방세특례제한법 일부개정법률 및 법률 제18656호 지방세특례제한법 일	

현 행	개 정 내 용	비 고
부개정법률에 따라 개정된 내용을 포함한다) 제2조(개인지방소득세에 대한 유효기간) 제167조의2제1항 및 제2항의 개정규정은 <u>2023년 12월 31일</u>까지 적용한다.	부개정법률에 따라 개정된 내용을 포함한다) 제2조(개인지방소득세에 대한 유효기간) ─ ─ ─ ─ ─ ─ ─ ─ ─ ─ ─ ─ ─ ─ **2026년 12월 31일** ─ ─ ─ ─ ─ ─ ─ ─ ─ ─ ─ .	○ 유효기간 3년 연장 (2023년→ 2026년)

다. 감면 종료 사항

연번	감면대상	주요 내용	일몰기한	비고
1	5세대 이동통신 무선국 등록면허세 (제49조의2)	아이엠티이천이십(IMT-2020, 5세대 이동통신) 서비스 제공을 위하여 과밀억제권역 외의 지역에 개설한 무선국의 면허에 대한 등록면허세 50% 감면	~2023년	
2	창업보육센터 입주기업 (제60조제3항제2호)	창업보육센터 입주기업이 창업보육센터용으로 직접 사용하기 위하여 취득하는 부동산에 대한 취득세·등록면허세·재산세 중과배제	~2023년	
3	지능형해상교통정보 무선국 (제64조의2)	지능형 해상교통정보서비스 송·수신 단말기 설치하여 개설한 무선국에 대한 등록면허세 면제	~2023년	

PART 7

논의 후 주요 미개정 사항

Part 7

/

논의 후 주요 미개정 사항

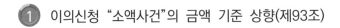

가. 「지방세기본법」

① 이의신청 "소액사건"의 금액 기준 상향(제93조)

❑ 개정안 주요내용

이의신청 대리인을 전문자격사(세무사 · 변호사 등)가 아닌 친족 등(배우자, 4촌 이내 혈족, 배우자의 4촌 이내 혈족)으로 선임할 수 있는 **"소액사건"의 금액 기준 상향**

구 분	현 행	개정안
소액사건 기준	이의신청 금액이 <u>1,000만원</u> 미만	이의신청 금액이 <u>2,000만원</u> 미만

※ **이의신청**: 위법·부당한 세법상 처분을 받거나 필요한 처분을 받지 못함으로써 권리 또는 이익의 침해를 받은 자가 과세관청에 처분의 취소·변경이나 필요한 처분을 청구하는 불복절차

임의 절차로서, 이를 거치지 않고 행정심판(조세심판 등) 청구 가능

❑ **개정안의 취지**

소액사건의 경우 이의신청 대리인을 친족 등으로 선임할 수 있게 한 현행 규정의 취지는 영세한 이의신청인의 대리인 비용 부담을 완화시켜 적극적으로 권리 구제를 요청하도록 하려는 것

⇒ 소액사건의 범위를 확대(기준금액을 상향)하여 당초 입법취지를 더욱 강화하려는 것

❑ **논의과정**

○ **관련 법률안**: 개정안 주요내용대로 정부안 제출(의안번호 2125186)

○ **전문위원 검토의견**

행정심판은 모든 사건에 대해 친족 선임이 가능하고, 민사소송은 기준이 1억원으로 높다는 점을 고려할 때, 지방세 이의신청의 소액사건 금액 기준을 상향하는 것은 **타당**

※ **조세불복·행정심판·민사소송의 친족관계 대리인 선임 가능 범위**

구 분		법령상 근거	친족관계 대리인 선임 가능 범위
조세불복 (현행 기준)	국세	「국세기본법 시행령」 제62조	3,000만원 이하 소액사건 ※ 2024년부터 5,000만원
	지방세	「지방세기본법」 제93조	1,000만원 이하 소액사건
행정심판		「행정심판법」 제18조	모든 사건
민사소송		「민사소송규칙」 제15조	1억원 이하 일부 단독사건 (법원 허가 필요)

⇒ **미개정** (전문위원 검토의견 등을 반영하여 원안 의결하기로 의견이 모였으나, 행안부가 '관련 단체에서 동 개정내용에 반대하는 관계로 법제사법위원회에서 다른 개정내용이 함께 계류될 가능성이 있음'을 우려하며 동 개정내용의 의결 보류를 요청하여 미개정)

[선보생각: 공부하는 이유 - 자격증의 가치]

 개정안이 좌초된 안타까운 현실을 여기에 다 담을 수가 없다. 그러기에 더욱 씁쓸하다. 우리가 공부하는 이유는 공부하지 못한 사람들에게 억울함이 없도록 돕고자 하는 것이지 공부한 사람들끼리 잘 먹고 잘 살기 위함이 아니다. 자격증은 공부를 하지 못한 사람들의 억울함을 도울 수 있다는 하나의 징표이지 자격증 소지자를 통하지 않고서는 억울함을 해소할 수 없다는 뜻은 아니다.

 지방세에 억울함이 있는 사람이 자신보다 전문성을 가지고 있는 사람에게 도움을 받는 것은 자연스럽다. 그 사람이 자격증이 있는 사람이든, 그렇지 않던 선택은 억울함이 있는 사람이 선택할 문제이다. 이 지극히 상식적 선택의 가능 금액의 상한을 높이려는 지극히 상식적 개정 내용이었다. 그런데 이 상식에 반대의견을 내는 사람들은 과연 어떤 사람들일까? 그들이 주장하는 논리는 또한 얼마나 그럴듯할 것인가? 공부하는 이유에 대해 나 자신을 돌아보게 하였다.

❏ 조문대비표

현 행	개 정 안	비 고
제93조(이의신청 등의 대리인) ① 이의신청인과 처분청은 변호사, 세무사 또는 「세무사법」에 따른 세무사등록부 또는 공인회계사 세무대리업무등록부에 등록한 공인회계사를 대리인으로 선임할 수 있다.	제93조(이의신청의 대리인) ① (현행과 같음)	
② 이의신청인은 <u>신청 또는 청구금액이 **1천만원**</u> 미만인 경우에는 그의 배우자, 4촌 이내의 혈족 또는 그의 배우자의 4촌 이내 혈족을 대리인으로 선임할 수 있다.	② − − − − − − − <u>신청의 대상금액이 **2천만원**</u> −.	○ 소액사건 기준 상향
부 칙		
제1조(시행일) 이 법은 2024년 1월 1일부터 시행한다. 제4조(이의신청의 대리인에 관한 적용례) 제93조제2항의 개정규정은 이 법 시행 이후 이의신청을 하는 경우부터 적용한다.		

나. 「지방세법」

 징발재산 등 토지 분할시 취득세 비과세(제9조제8항 신설)

❑ **개정안 주요내용**

국가와 민간이 공유하고 있는 징발재산·국가동원재산을 분할·취득하는 경우의
취득세를 비과세

구 분	현 행	개정안
공유물 분할·취득시 취득세	○ 시가표준액의 <u>0.3% 취득세 부과</u>	○ <u>징발재산·국가동원재산 분할·취득</u> 시에는 취득세 <u>비과세</u>

※ **징발:** 「징발법」[92])에 따라 전시·사변 또는 이에 준하는 비상사태 하에서 군작전
을 수행하기 위하여 필요한 토지·물자·시설·권리를 국가가 일정한 보상·사용
료를 지급하고 강제로 모아 사용하는 행위

1970년 1월 1일 「징발재산 정리에 관한 특별조치법」을 통해 군이 계속 사용할
필요가 있는 징발재산(주로 군부대용 토지)을 매수함

※ **국가동원:** 「국가보위에관한특별조치법」[93])에 따라 비상사태하에서 국방상 목적
을 위하여 필요한 경우 대통령은 국무회의의 심의를 거쳐 전국에 걸치거나 또
는 일정한 지역을 정하여 인적, 물적자원을 효율적으로 동원하거나 통제운영하
는 행위

1971년 12월 31일 「국가보위에관한특별조치법제5조제4항에의한동원대상지역내
의토지의수용·사용에관한특별조치령」을 통해 군이 계속 사용할 필요가 있는
동원재산(주로 군부대용 토지)을 수용함

---

92) 「**징발법**」
　　제1조(목적) 이 법은 전시·사변 또는 이에 준하는 비상사태하에서 군작전을 수행하기 위하여 필요한 토지, 물자,
　　시설 또는 권리의 징발(徵發)과 그 보상에 관한 사항을 규정함을 목적으로 한다.
93) 「**국가보위에관한특별조치법**」
　　제5조 (국가동원령) ①비상사태하에서 국방상의 목적을 위하여 필요한 경우 대통령은 국무회의의 심의를 거쳐 전
　　국에 걸치거나 또는 일정한 지역을 정하여 인적, 물적자원을 효율적으로 동원하거나 통제운영하기 위하여 국가동
　　원령을 발할 수 있다.

❏ **개정안의 취지**

1필지의 징발·국가동원 토지 중 일부만을 국가가 매수·수용하여 국가·민간 공유물이 된 경우, 이를 소유권대로 분할하려면 0.3%의 취득세가 부과

⇒ 징발·국가동원재산 분할·취득시에는 취득세 비과세

❏ **논의과정**

○ **관련 법률안:** 개정안 주요내용대로 안규백의원 대표발의안 제출(의안번호 2124985)

○ **전문위원 검토의견**

① 국가의 행위(토지를 징발·동원한 후 일부만 매수·수용)로 국민의 재산권 행사에 제약이 발생(공유물 상태 초래)한 것이고, ② 공유 징발·국가동원재산의 총 시가표준액은 160.7억원 수준으로 그에 대한 분할·취득 취득세를 전액 감면해도 감세액은 4,821만원에 불과하다는 점에서 타당

※ 국가·민간 공유 징발재산·국가동원재산 현황(2023.9. 기준)

필지수	면적	공유자수	공시가격
1,247필지	23,133천㎡	1,846명	160.7억원

주) 면적·공시가격은 민간 소유 지분만을 집계

○ **정부의견**

국가가 필요해 의해 징발한 재산이므로 국방부가 재정을 투입해 문제를 해결해야하며, 이를 지방세 비과세로 해결하는 것은 부담을 지자체에 전가하는 것이라는 이유로 반대

○ **의원의견**

민간인 입장에서 억울함이 있는데 약 4,800만원의 소액을 가지고 부담 주체를 따지는 것이 타당한지 재고해볼 필요가 있다는 의견 제시

⇒ **미개정** (정부 반대의견을 고려하여 보류 후 계속 심사)

❑ 조문대비표

현 행	개 정 안	비 고
제9조(비과세) ① ~ ⑦ (생 략)94) 〈신 설〉	제9조(비과세) ① ~ ⑦ (현행과 같음) ⑧ 「징발재산 정리에 관한 특별조치법」95)에 따른 **징발재산** 또는 「국가보위에 관한 특별조치법 폐지법률」 부칙 제2항96)에 따라 **수용·사용된 동원대상지역** 내의 토지 중 「민법」 제262조97)에 따라 **공유된 토지의 분할**에 의한 부동산의 취득에 대해서는 **취득세를 부과하지 아니한다.**	○ 징발·국가동원재산 분할·취득시 취득세 비과세

부 칙

제1조(시행일) 이 법은 공포한 날부터 시행한다.

제2조(비과세에 관한 적용례) 제9조제8항의 개정규정은 이 법 시행 이후 취득하는 분부터 적용한다.

---

94) 「지방세법」

　　제9조(비과세) ① 국가 또는 지방자치단체(다른 법률에서 국가 또는 지방자치단체로 의제되는 법인은 제외한다. 이하 같다), 「지방자치법」 제176조제1항에 따른 지방자치단체조합(이하 "지방자치단체조합"이라 한다), 외국정부 및 주한국제기구의 취득에 대해서는 취득세를 부과하지 아니한다. (단서 생략)

　　② 국가, 지방자치단체 또는 지방자치단체조합(이하 이 항에서 "국가등"이라 한다)에 귀속 또는 기부채납(「사회기반시설에 대한 민간투자법」 제4조제3호에 따른 방식으로 귀속되는 경우를 포함한다. 이하 이 항에서 "귀속등"이라 한다)을 조건으로 취득하는 부동산 및 「사회기반시설에 대한 민간투자법」 제2조제1호 각 목에 해당하는 사회기반시설에 대해서는 취득세를 부과하지 아니한다. (단서 생략)

　　③ 신탁(「신탁법」에 따른 신탁으로서 신탁등기가 병행되는 것만 해당한다)으로 인한 신탁재산의 취득으로서 다음 각 호의 어느 하나에 해당하는 경우에는 취득세를 부과하지 아니한다. (단서 생략)

　　④ 「징발재산정리에 관한 특별조치법」 또는 「국가보위에 관한 특별조치법 폐지법률」 부칙 제2항에 따른 동원대상지역 내의 토지의 수용·사용에 관한 환매권의 행사로 매수하는 부동산의 취득에 대하여는 취득세를 부과하지 아니한다.

　　⑤ 임시흥행장, 공사현장사무소 등(제13조제5항에 따른 과세대상은 제외한다) 임시건축물의 취득에 대하여는 취득세를 부과하지 아니한다. (단서 생략)

　　⑥ 「주택법」 제2조제3호에 따른 공동주택의 개수(「건축법」 제2조제1항제9호에 따른 대수선은 제외한다)로 인한 취득 중 대통령령으로 정하는 가액 이하의 주택과 관련된 개수로 인한 취득에 대해서는 취득세를 부과하지 아니한다.

　　⑦ 다음 각 호의 어느 하나에 해당하는 차량에 대해서는 상속에 따른 취득세를 부과하지 아니한다.

　　　1. 상속개시 이전에 천재지변·화·교통사고·폐차·차령초과(車齡超過) 등으로 사용할 수 없게 된 차량으로서 대통령령으로 정하는 차량

　　　2. 차령초과로 사실상 차량을 사용할 수 없는 경우 등 대통령령으로 정하는 사유로 상속으로 인한 이전등록을 하지 아니한 상태에서 폐차함에 따라 상속개시일부터 3개월 이내에 말소등록된 차량

95) 「징발재산 정리에 관한 특별조치법」

　　제1조(목적) 이 법은 징발법 시행당시 징발된 재산(이하 "徵發財産"이라 한다)을 1973년 12월 31일까지 매수보상 및 징발해제를 하기 위하여 필요한 사항을 규정함을 목적으로 한다.

② 주택 취득세 중과 완화 또는 폐지(제11조제4항 및 제13조의2)

❏ 개정안 주요내용

다주택자·법인에 대한 주택 유상승계취득의 취득세 중과 세율 하향 조정 등

구 분		조정대상지역	非조정대상지역
개인 (1세대당)	1주택	미개정 (현행 1~3%)	
	2주택	– 현행: 8% – 추경호의원안: 1~3% – 구자근의원안: 1~3%	미개정 (현행 1~3%)
	3주택	– 현행: 12% – 추경호의원안: 1~3% – 구자근의원안: 6%	– 현행: 8% – 추경호의원안: 1~3% – 구자근의원안: 4%
	4주택 이상	– 현행: 12% – 추경호의원안: 4% – 구자근의원안: 6%	
법인		– 현행: 12% – 추경호의원안: 1~3% – 구자근의원안: 6%	

---

96) 「법률 제3470호 국가보위에관한특별조치법」 부칙

②(명령등에 관한 경과조치) 이 법 시행당시 종전의 국가보위에관한특별조치법 제2조 및 제5조제1항, 제2항의 규정과 동조제4항의 규정에 의하여 각각 발하여진 명령은 관계법률로 대체될 때까지 그 효력을 지속하며 이 경우 동 명령에 위반한 자에 대하여는 동법 제11조제2항의 규정이 적용된다.

「국가보위에관한특별조치법」

제2조 (국가비상사태의 선포) 국가안전보장(이하 "國家安保"라 한다)에 대한 중대한 위협에 효율적으로 대처하고 사회의 안녕질서를 유지하여 국가를 보위하기 위하여 신속한 사전대비조치를 취할 필요가 있을 경우 대통령은 국가안전보장회의의 자문과 국무회의의 심의를 거쳐 국가비상사태(이하 "非常事態"라 한다)를 선포할 수 있다.

제5조 (국가동원령) ①비상사태하에서 국방상의 목적을 위하여 필요한 경우 대통령은 국무회의의 심의를 거쳐 전국에 걸치거나 또는 일정한 지역을 정하여 인적, 물적자원을 효율적으로 동원하거나 통제운영하기 위하여 국가동원령을 발할 수 있다.

②동원대상, 동원인원 및 동원물자, 동원의 종류, 기간과 이를 위한 조사, 기타 필요한 사항은 대통령령으로 정한다.

③대통령은 동원물자의 생산, 처분, 유통, 이용 및 그 수출입등에 관하여 이를 통제하는데 필요한 명령을 발할 수 있다.

④대통령은 동원대상지역내의 토지 및 시설의 사용과 수용에 대한 특별조치를 할 수 있다. 이에 대한 보상은 징발법에 준하되 그 절차는 대통령령으로 정한다.

⑤본조의 국가동원령을 발한 때에는 대통령은 지체없이 국회에 통고하여야 한다.

97) 「민법」

제262조(물건의 공유) ①물건이 지분에 의하여 수인의 소유로 된 때에는 공유로 한다.

②공유자의 지분은 균등한 것으로 추정한다.

※ 정부는 2022.12.21. 발표한 "취득세 중과 완화 방침"에 따라 다음 2가지 사항을 함께 심사하여줄 것을 요청

구 분	정부 요청사항 (정부 취득세 중과 완화 방침)
소급적용 여부	<u>소급 적용</u> (2022.12.21. 이후 취득한 주택부터 적용)
조정대상지역내 시가표준액 3억원 이상 주택 무상승계취득시 중과 규정 (제13조의2제2항) 개정 여부	<u>개정</u> – 중과세율: <u>12% → 6%</u> – 중과대상행위: <u>증여·기부 등 → 증여만</u> – 중과예외사유: <u>1세대 1주택을 배우자·직계존비속이 취득 → 1세대 1~2주택을 취득</u>

❑ **논의과정**

○ **관련 법률안:** 개정안 주요내용대로 추경호의원 대표발의안 및 구자근의원 대표발의안 제출(의안번호 2107758 및 2120296)

○ **전문위원 검토의견**

– (유상승계취득 중과 개정) 조세부담의 적정성, 투기 수요 억제 필요성 및 지난 소위 논의 결과 등을 종합적으로 고려하여 결정할 필요

※ **소급적용 여부:** ① 국회 결정사항을 정부에서 선제적으로 발표한 후 이를 정부 수정의견으로 제시한 것이 적절한지 여부, ② 취득세 중과 완화 소급적용시 환급예상액 규모(2023.10.31. 기준 3,394억원)를 참고하여 결정할 필요

「행정안전부 보도자료: 정부, 취득세 중과 완화한다!(2022.12.21.)」 p. 2. 소급적용 관련 내용

□ 이번 조치의 시행시기는 중과완화 발표일인 2022년 12월 21일부터이며, 취득한 주택의 잔금지급일이 12월 21일 이후인 경우 중과완화 적용을 받는다.
○ 다만, 취득세 중과완화는 법률개정 사항으로 정부는 내년 초(2월 예상) 「지방세법」 개정안의 국회 입법 시 2022년 12월 21일부터 소급 적용할 계획이라고 밝혔다.

– (무상승계취득 중과 개정)

• **중과세율 개정(12% → 6%):** 유상승계취득 중과세율 개정 여부 및 수준과 연동하여 개정 필요

- **중과대상행위 개정(증여·기부 등 → 증여만)**: 현재는 상속을 제외하고 증여·기부 등 모든 무상승계취득(현행법 제11조제1항제2호에 따른 무상취득)에 중과하는 것을 증여에만 중과하도록 개정하는 것인데, 2020년 8월 12일 무상승계취득 중과 규정을 신설한 취지가 당시 도입된 "조정대상지역 다주택자 양도소득세 중과"를 회피하기 위한 편법 증여를 방지하기 위한 것이었음에도 **기부 등 다른 행위까지 중과되는 상황이 발생**하여 이를 보완하기 위한 것이므로 타당성 인정

- **중과예외사유 개정(1세대 1주택을 배우자·직계존비속이 취득시 중과 예외 → 1세대 1~2주택을 누구나 취득시 중과 예외)**: 2주택에 대한 취득세 중과 폐지를 전제한 개정 사항으로서, 연동하여 심사 필요

○ **정부의견**

2주택에 대한 중과세율이라도 완화해주기를 요청

○ **의원의견**

- 소급 적용과 같이 수천억원이 소요되는 정책을 입법권을 무시하고 정부가 일방적으로 발표한 것은 부적절하다는 의견 제시

- 취득세 중과 완화가 부동산 시장을 활성화할 수 있을지 불명확한 상황에서, 지방세수를 감소시키는 정책을 정부가 일방적으로 발표하는 것은 신중할 필요가 있다는 의견 제시

- 2주택의 경우에는 정부 요청대로 완화하자는 의견과 조정대상지역을 조정함으로써 중과를 배제할 수 있으므로 입법을 통한 완화 필요성이 크지 않다는 의견이 동시에 제시

⇒ **미개정** (의원·정부간 간에 의견이 상이하므로 보류 후 계속 심사)

❑ 조문대비표

현 행	추경호의원안	구자근의원안	비 고
제11조(부동산 취득의 세율) ① ~ ③ (생략)	제11조(부동산 취득의 세율) ① ~ ③ (현행과 같음)	제11조(부동산 취득의 세율) ① ~ ③ (현행과 같음)	
④ 주택을 신축 또는 증축한 이후 해당 주거용 건축물의 소유자(배우자 및 직계존비속을 포함한다)가 해당 주택의 부속토지를 취득하는 경우에는 제1항제8호를 적용하지 아니한다.	④ 다음 각 호의 어느 하나에 해당하는 경우에는 제1항제8호를 적용하지 아니한다. 1. 주택을 신축 또는 증축한 이후 해당 주거용 건축물의 소유자(배우자 및 직계존비속을 포함한다)가 해당 주택의 부속토지를 취득하는 경우 2. 대통령령으로 정하는 **1세대 4주택 이상**에 해당하는 **주택을 취득**하는 경우	④ (현행과 같음)	○ 주택 취득 세율을 1~3%로 통일하고 4주택 이상만 4% 적용 (추경호 의원안)
제13조의2(**법인의 주택 취득 등 중과**) ① 주택(제11조제1항제8호에 따른 주택을 말한다. 이 경우 주택의 공유지분이나 부속토지만을 소유하거나 취득하는 경우에도 주택을 소유하거나 취득한 것으로 본다. 이하 이 조 및 제13조의3에서 같다)을 유	〈삭 제〉	제13조의2(법인의 주택 취득 등 중과) ① - ------------ ---------- ---------- ---------- ---------- ---------- ---------- ---------- ---------- ---------- ----------	○ 현행 중과 규정 삭제 (추경호 의원안)

현 행	추경호의원안	구자근의원안	비 고
상거래를 원인으로 취득하는 경우로서 다음 각 호의 어느 하나에 해당하는 경우에는 제11조제1항 제8호에도 불구하고 다음 각 호에 따른 세율을 적용한다.		— .—	
1. **법인**(「국세기본법」 제13조에 따른 법인으로 보는 단체, 「부동산등기법」 제49조제1항제3호에 따른 법인 아닌 사단·재단 등 개인이 아닌 자를 포함한다. 이하 이 조 및 제151조에서 같다)이 주택을 취득하는 경우: 제11조제1항제7호나목의 세율을 표준세율로 하여 해당 세율에 **중과기준세율의 100분의 400**을 합한 세율		1. — **중과기준세율**을 합한 세율	○ 중과세율을 각각 1/2로 감경 (구자근 의원안) ○ 3주택이상 조정지역 및 4주택이상 비조정지역 중과세율: 12% → 6% (구자근 의원안 및 정부 수정의견)
2. **1세대 2주택**(대통령령으로 정하는 일시적 2주택은 제외한다)에 해당하는 주택으로서 「주택법」 제63조의2제1항제1호에 따른 **조정대상지역**(이하		2. **1세대 3주택**에 해당하는 주택으로서 **조정대상지역 외의 지역**에 있는 주택을 취득하는 경우: **제11조제1항제7호나목의 세율**	

현 행	추경호의원안	구자근의원안	비 고
이 장에서 "조정대상지역"이라 한다)에 있는 주택을 취득하는 경우 또는 1세대 3주택에 해당하는 주택으로서 조정대상지역 외의 지역에 있는 주택을 취득하는 경우: 제11조제1항제7호 나목의 세율을 표준세율로 하여 해당 세율에 중과기준세율의 100분의 200을 합한 세율 <u>3.</u> 1세대 3주택 이상에 해당하는 주택으로서 조정대상지역에 있는 주택을 취득하는 경우 또는 1세대 4주택 이상에 해당하는 주택으로서 조정대상지역 외의 지역에 있는 주택을 취득하는 경우: 제11조제1항제7호나목의 세율을 표준세율로 하여 해당 세율에 중과기준세율의 100분의 400을 합한 세율 ② 조정대상지역에 있는 주택으로서 대통		3. ─ 중과기 준세율을 합한 세 율 ② (현행과 같음)	

현 행	추경호의원안	구자근의원안	비 고
령령으로 정하는 일정가액 이상의 주택을 제11조제1항제2호에 따른 무상취득(이하 이 조에서 "무상취득"이라 한다)을 원인으로 취득하는 경우에는 제11조제1항제2호에도 불구하고 같은 항 제7호나목의 세율을 표준세율로 하여 해당 세율에 중과기준세율의 100분의 400을 합한 세율을 적용한다. 다만, 1세대 1주택자가 소유한 주택을 배우자 또는 직계존비속이 무상취득하는 등 대통령령으로 정하는 경우는 제외한다.			
③ 제1항 또는 제2항과 제13조제5항이 동시에 적용되는 과세물건에 대한 취득세율은 제16조제5항에도 불구하고 제1항 각 호의 세율 및 제2항의 세율에 중과기준세율의 100분의 400을 합한 세율을 적용한다.		③ (현행과 같음)	
④ 제1항부터 제3항까지를 적용할 때 조정대상지역 지정고시		④ (현행과 같음)	

현 행	추경호의원안	구자근의원안	비 고
일 이전에 주택에 대한 매매계약(공동주택 분양계약을 포함한다)을 체결한 경우(다만, 계약금을 지급한 사실 등이 증빙서류에 의하여 확인되는 경우에 한정한다)에는 조정대상지역으로 지정되기 전에 주택을 취득한 것으로 본다. ⑤ 제1항부터 제4항까지 및 제13조의3을 적용할 때 주택의 범위 포함 여부, 세대의 기준, 주택 수의 산정방법 등 필요한 세부 사항은 대통령령으로 정한다.		⑤ (현행과 같음)	
	부 칙 제1조(시행일) 이 법은 공포한 날부터 시행한다. 제2조(부동산 취득의 세율에 관한 적용례) 제11조제4항의 개정규정은 이 법 시행 이후 취득하는 분부터 적용한다.	부 칙 제1조(시행일) 이 법은 공포한 날부터 시행한다. 제2조(법인의 주택 취득 등 중과에 관한 적용례) 제13조의2제1항의 개정규정은 이 법 시행 이후 취득하는 주택부터 적용한다.	○ 시행일: 공포한 날 ○ 정부는 2022. 12.21. 이후 취득하는 분부터 소급적용하여 줄 것 요청

③ 일시적 2주택 미처분시 가산세 부담 완화(제20조제2항, 제21조제1항)

❏ 개정안 주요내용

현행법은 일시적 2주택자*가 종전 주택 등을 처분기간(3년)** 내에 처분하지 못한 경우 ① 중과세율 적용, ② 과소신고가산세 및 ③ 납부지연가산세 부과(취득시점으로 소급 부과)

* 일시적 2주택: 「지방세법 시행령」 제28조의5상 이사 · 학업 · 취업 · 직장이전 등의 사유로 주택 추가 취득 후 3년 이내에 종전 주택 등을 매각하는 경우

** 2022년 이후 주택시장 위축을 고려하여 다음과 같이 일시적 2주택의 종전 주택 등 처분기간 확대

구 분	2020.8.12.~	2022.6.30.~	2023.2.28.~
조정대상지역	1년	2년	3년
非조정대상지역	3년		

⇒ **개정안**은 처분기간이 경과한 날부터 60일 이내에 신고하면 ① 중과세율 적용만 남기고 ② 과소신고가산세 및 ③ 납부지연가산세는 면제

※ 참고: 일시적 2주택 신고 후 미처분 시 부과되는 본세 및 가산세

① 본세 = 취득가액 × {중과세율(8%) − 일반세율(1~3%)}
  * 1주택으로 취득세를 기납부한 경우 전제
② 과소신고가산세 = ①에 따라 산출된 가액 × 10%
③ 납부지연가산세 = ①에 따라 산출된 가액 × 지연일수 × 0.022%

❏ 논의과정

○ **관련 법률안**: 개정안 주요내용대로 2022년 정부안 제출(의안번호 2117783)

○ **전문위원 검토의견**

 − **가산세 면제의 타당성 여부**: ① 가산세 면제로 일시적 2주택 규정의 악용 사례가 증가할 수 있고, ② 개정안 시행 전 2주택 처분기간이 경과하여 가산세를 부과받은 사람과의 형평성 문제 발생 가능하다는 점 고려 필요

 − **신고제를 통한 가산세 면제의 타당성 여부**: ① 신고기간(처분기간 경과 후 60일)을 놓친 사람의 상대적 박탈감, ② 신고제도를 인지하지 못하거나 신고할

여력이 안되는 고령자, 등 사회적 약자의 형평성 문제 등이 발생 가능하다는 점 고려 필요

⇒ **미개정** (전문위원 검토의견 반영)

[선보생각: 일시적 2주택]

　전국민 대상 재난지원금을 나누어 주면서 60일 이내에 재난지원금을 받겠다고 신청한 국민에 한해서 지원하겠다고 하는 것과 무엇이 다른가? 알면 당연히 신청할 사항을 굳이 신청해야 준다고 함으로써 신청 못한 사람에게 피해를 주는 개정 내용이다.

　한 번 상황을 재현해 보자. 나이 많으신 어르신이 61일째 되는 날 일시적 2주택 가산세 면제를 위한 신청을 하러 주민센터를 찾아갔다. 주민센터 직원이 어르신에게 이런다.

　"너무 죄송스럽지만 어제만 오셨어도 가산세 1천만을 내시지 않았어도 되는데 하루 늦으셔서 내셔야 해요. 법이 그렇게 되어 있어서 우리도 어쩔 수 없어요."

　이런 말을 들은 어르신은 과연 어떤 말을 했을까? 그래 다 내 탓이야 하면서 수긍하셨을까 아니면 뭐 이런 X같은 경우가 있냐고 버럭 소리를 질렀을까.

　더구나 지방정부는 일시적 2주택자에 대한 과세 정보를 가지고 있다. 알면서 굳이 신청하라고 하는 것은 무슨 이유인가? 분양권 등 예외적인 경우에만 신청을 하라고 하면 될 것이다. 향후 이 제도는 먼저 중과를 부과한 후 법정기한 내에 1주택자가 되었을 때 환급해 주는 방식으로 개선해야 법이 의도하는 바를 달성할 수 있을 것이다.

❏ **조문대비표**

현　　행	개 정 안	비 고
제20조(신고 및 납부) ① (생 략)98)	제20조(신고 및 납부) ① (현행과 같음)	○ 일시적 2주택 미처분시 신고 전제 가산세 완화
② 취득세 과세물건을 취득한 후에 그 과세물건이 <u>제13조제1항부터 제7항까지</u>의 세율의 적용대상이 되었을 때에는 대통령령으로 정하는 날부터 60일 이내에 제13	② ------------ ------ <u>제13조제1항부터 제7항까지 또는 제13조의2제1항제2호</u>99)(같은 호에 따라 **일시적 2주택으로 신고하였으나 그**	

현 행	개 정 안	비 고
조제1항부터 제7항까지의 <u>세율(제16조제6항제2호에 해당하는 경우에는 제13조의2제3항의 세율)</u>을 적용하여 산출한 세액에서 이미 납부한 세액(가산세는 제외한다)을 공제한 금액을 세액으로 하여 대통령령으로 정하는 바에 따라 신고하고 납부하여야 한다. ③ ~ ⑥ (생 략)100)	취득일부터 대통령령으로 정하는 기간 내에 대통령령으로 정하는 종전 주택을 처분하지 못하여 1주택으로 되지 아니한 경우만 해당한다) ----- <u>세율(제16조제6항제2호에 해당하는 경우에는 제13조의2제3항의 세율) 또는 제13조의2제1항제2호의 세율</u> --. ③ ~ ⑥ (현행과 같음)	
제21조(부족세액의 추징 및 가산세) <u>① 다음 각 호의 어느 하나에 해당하는 경우에는</u> 제10조의2부터 제10조의7까지, 제11조부터 제13조까지, 제13조의2, 제13조의3, 제14조 및 제15조의 규정에 따라 산출한 세액(이하 이 장에서 "산출세액"이라 한다) 또는 그 부족세액에 「지방세기본법」 제53조부터 제55조까지의 규정에 따라 산출한 가산세를 합한 금액을 세액으로 하여 보통징수의 방법으로 징수한다. <u>1. 취득세 납세의무자가 제20조에 따른 신고 또는 납부의무를 다하지 아니한 경우</u> 2. 삭 제 <u>3. 제13조의2제1항제2호에 따라 일시적 2주택으로 신고하였으나 그 취득일로부터 대통령령으로 정하는 기간 내에 대통령령으로 정하는 종전 주택을 처분하지 못하여 1주택으로 되지 아니한 경우</u>	제21조(부족세액의 추징 및 가산세) <u>① 취득세 납세의무자가 제20조에 따른 신고 또는 납부의무를 다하지 아니한 경우에는</u> 제10조의2부터 제10조의7까지, 제11조부터 제13조까지, 제13조의2, 제13조의3, 제14조 및 제15조의 규정에 따라 산출한 세액(이하 이 장에서 "산출세액"이라 한다) 또는 그 부족세액에 「지방세기본법」 제53조부터 제55조까지의 규정에 따라 산출한 가산세를 합한 금액을 세액으로 하여 보통징수의 방법으로 징수한다.	○ 일시적 2주택 미처분시 일괄 가산세 부과 폐지

현 행	개 정 안	비 고
② · ③ (생 략)¹⁰¹⁾	② · ③ (현행과 같음)	

부 칙

제5조(일시적 2주택 신고자의 종전 주택 처분의무 불이행에 따른 세액의 신고 · 납부에 관한 적용례) 제20조제2항의 개정규정은 이 법 시행 전에 제13조의2제1항제2호에 따라 일시적 2주택으로 신고한 주택으로서 이 법 시행 당시 종전의 제21조제1항제3호에 따른 기간이 경과되지 아니한 주택에 대해서도 적용한다.

제10조(일시적 2주택 신고자의 종전 주택 처분의무 불이행에 따른 세액 및 가산세 추징에 관한 경과조치) 이 법 시행 전에 종전의 제21조제1항제3호에 해당한 자에 대해서는 법률 제18655호 지방세법 일부개정법률 제21조제1항의 개정규정에도 불구하고 종전의 규정에 따라 그 세액 및 가산세를 징수한다.

---

98) 「지방세법」
　　제20조(신고 및 납부) ① 취득세 과세물건을 취득한 자는 그 취득한 날(「부동산 거래신고 등에 관한 법률」 제10조제1항에 따른 토지거래계약에 관한 허가구역에 있는 토지를 취득하는 경우로서 같은 법 제11조에 따른 토지거래계약에 관한 허가를 받기 전에 거래대금을 완납한 경우에는 그 허가일이나 허가구역의 지정 해제일 또는 축소일을 말한다)부터 60일[무상취득(상속은 제외한다)으로 인한 경우는 취득일이 속하는 달의 말일부터 3개월, 상속으로 인한 경우는 상속개시일이 속하는 달의 말일부터, 실종으로 인한 경우는 실종선고일이 속하는 달의 말일부터 각각 6개월(외국에 주소를 둔 상속인이 있는 경우에는 각각 9개월)] 이내에 그 과세표준에 제11조부터 제13조까지, 제13조의2, 제13조의3, 제14조 및 제15조의 세율을 적용하여 산출한 세액을 대통령령으로 정하는 바에 따라 신고하고 납부하여야 한다.
99) 제13조의2(법인의 주택 취득 등 중과) ① 주택(제11조제1항제8호에 따른 주택을 말한다. 이 경우 주택의 공유지분이나 부속토지만을 소유하거나 취득하는 경우에도 주택을 소유하거나 취득한 것으로 본다. 이하 이 조 및 제13조의3에서 같다)을 유상거래를 원인으로 취득하는 경우로서 다음 각 호의 어느 하나에 해당하는 경우에는 제11조제1항제8호에도 불구하고 다음 각 호에 따른 세율을 적용한다.
　　2. 1세대 2주택(대통령령으로 정하는 일시적 2주택은 제외한다)에 해당하는 주택으로서 「주택법」 제63조의2제1항제1호에 따른 조정대상지역(이하 이 장에서 "조정대상지역"이라 한다)에 있는 주택을 취득하는 경우 또는 1세대 3주택에 해당하는 주택으로서 조정대상지역 외의 지역에 있는 주택을 취득하는 경우: 제11조제1항제7호 나목의 세율을 표준세율로 하여 해당 세율에 중과기준세율의 100분의 200을 합한 세율
100) 「지방세법」
　　제20조(신고 및 납부) ③ 이 법 또는 다른 법령에 따라 취득세를 비과세, 과세면제 또는 경감받은 후에 해당 과세물건이 취득세 부과대상 또는 추징 대상이 되었을 때에는 제1항에도 불구하고 그 사유 발생일부터 60일 이내에 해당 과세표준에 제11조부터 제15조까지의 세율을 적용하여 산출한 세액[경감받은 경우에는 이미 납부한 세액(가산세는 제외한다)을 공제한 세액을 말한다]을 대통령령으로 정하는 바에 따라 신고하고 납부하여야 한다.
　　④ 제1항부터 제3항까지의 신고 · 납부기한 이내에 재산권과 그 밖의 권리의 취득 · 이전에 관한 사항을 공부(公簿)에 등기하거나 등록[등재(登載)를 포함한다. 이하 같다]하려는 경우에는 등기 또는 등록 신청서를 등기 · 등록관서에 접수하는 날까지 취득세를 신고 · 납부하여야 한다.
　　⑤ 「부동산등기법」 제28조에 따라 채권자대위권에 의한 등기신청을 하려는 채권자(이하 이 조 및 제30조에서 "채권자대위자"라 한다)는 납세의무자를 대위하여 부동산의 취득에 대한 취득세를 신고납부할 수 있다. 이 경우 채권자대위자는 행정안전부령으로 정하는 바에 따라 납부확인서를 발급받을 수 있다.
　　⑥ 지방자치단체의 장은 제5항에 따른 채권자대위자의 신고납부가 있는 경우 납세의무자에게 그 사실을 즉시

④ 과밀억제권역 내 이전에 대한 취득세 중과 제외(제13조제8항)

❏ 개정안 주요내용

개정안은 과밀억제권역 안에서 기존 본점·주사무소용 건축물 및 공장을 이전하기 위해 이를 신축·증축(신설·증설)하는 경우 기존 연면적 범위에서 취득세 중과를 제외

구 분	현 행	개정안
과밀억제권역 취득세 중과	○ 과밀억제권역 내에서 본점·주사무소용 건축물 신축·증축 - 취득세 중과	○ 과밀억제권역 내에서 본점·주사무소용 건축물 신축·증축, 공장 신설·증설시 - 권역 내에서 동일 연면적으로 이전하기 위해 신축·신설하는 경우는 중과 면제

※ **과밀억제권역:**「수도권정비계획법」제6조에 따라 수도권(서울·인천·경기)을 구분하는 3개의 권역 중 하나로서 "인구와 산업이 지나치게 집중되었거나 집중될 우려가 있어 이전하거나 정비할 필요가 있는 지역"

❏ 개정안의 취지

과밀억제권역 내에서 본점·공장 등을 이전하는 것은 인구·경제 집중을 새롭게 유발하는 것이 아님에도 권역 밖에서 이전해오는 경우와 동일하게 취득세를 중과하는 것은 입법 취지상 불필요

⇒ 권역 내에서 이전하는 경우 기존 연면적 범위에서 중과 제외

❏ 논의과정

○ **관련 법률안:** 개정안 주요내용대로 김영진의원 대표발의안 제출(의안번호 2124379)

○ **전문위원 검토의견**

- (공장) 이미 「지방세법 시행규칙」 제7조제2항제2호[102])에 따라 권역 내 이전

통보하여야 한다.

101)「지방세법」

제21조(부족세액의 추징 및 가산세) ② 납세의무자가 취득세 과세물건을 사실상 취득한 후 제20조에 따른 신고를 하지 아니하고 매각하는 경우에는 제1항 및 「지방세기본법」 제53조, 제55조에도 불구하고 산출세액에 100분의 80을 가산한 금액을 세액으로 하여 보통징수의 방법으로 징수한다. 다만, 등기·등록이 필요하지 아니한 과세물건 등 대통령령으로 정하는 과세물건에 대하여는 그러하지 아니하다.

③ 제1항에도 불구하고 납세의무자가 제20조에 따른 신고기한까지 취득세를 시가인정액으로 신고한 후 지방자치단체의 장이 세액을 경정하기 전에 그 시가인정액을 수정신고한 경우에는 「지방세기본법」 제53조 및 제54조에 따른 가산세를 부과하지 아니한다.

(나목)뿐 아니라 취득 5년이 경과한 후의 신설·증설(바목)까지 **중과세 제외 중**

- **(본점·주사무소)** 과밀억제권역 중과 제도의 본래 입법취지를 고려할 때 타당한 측면 존재

⇒ 다만, **지자체들의 상충되는 입장 고려** 필요

구 분		입 장
찬성	서울	수도권 글로벌 경쟁력 강화를 위해 규제 완화 필요
	경기	수도권 역차별 해소를 위해 개정 필요
반대	대전	개정안은 정부의 지방소멸 위기 극복 정책에 역행
	경남	개정안이 수도권 집중을 심화시켜 현행 제도의 취지 훼손

○ **정부의견**

과밀억제권역으로의 이전에 대한 중과를 제외하면 권역 외로 이전할 유인이 감소하고, 여러 지자체에서 반대 의견을 제시하고 있으므로 신중하게 심사할 필요가 있다는 의견 제시

○ **의원의견**

현행 중과세 제도의 취지를 유지할 필요가 있다는 의견 제시

⇒ **미개정** (일부 의원 및 정부 반대의견을 고려)

---

102) 「지방세법 시행규칙」

제7조(공장의 범위와 적용기준) ② 법 제13조제8항에 따른 공장의 중과세 적용기준은 다음 각 호와 같다.

2. 다음 각 목의 어느 하나에 해당하는 경우에는 제1호에도 불구하고 중과세 대상에서 제외한다.

가. 기존 공장의 기계설비 및 동력장치를 포함한 모든 생산설비를 포괄적으로 승계취득하는 경우

나. 해당 과밀억제권역에 있는 기존 공장을 폐쇄하고 해당 과밀억제권역의 다른 장소로 이전한 후 해당 사업을 계속 하는 경우. 다만, 타인 소유의 공장을 임차하여 경영하던 자가 그 공장을 신설한 날부터 2년 이내에 이전하는 경우 및 서울특별시 외의 지역에서 서울특별시로 이전하는 경우에는 그러하지 아니하다.

다. 기존 공장(승계취득한 공장을 포함한다)의 업종을 변경하는 경우

라. 기존 공장을 철거한 후 1년 이내에 같은 규모로 재축(건축공사에 착공한 경우를 포함한다)하는 경우

마. 행정구역변경 등으로 새로 과밀억제권역으로 편입되는 지역은 편입되기 전에 「산업집적활성화 및 공장설립에 관한 법률」 제13조에 따른 공장설립 승인 또는 건축허가를 받은 경우

바. 부동산을 취득한 날부터 5년 이상 경과한 후 공장을 신설하거나 증설하는 경우

사. 차량 또는 기계장비를 노후 등의 사유로 대체취득하는 경우. 다만, 기존의 차량 또는 기계장비를 매각하거나 폐기처분하는 날을 기준으로 그 전후 30일 이내에 취득하는 경우만 해당한다.

❑ 조문대비표

현 행	개 정 안	비 고
제13조(과밀억제권역 안 취득 등 중과) ① ~ ⑦ (생 략)103) <u>〈신 설〉</u>	제13조(과밀억제권역 안 취득 등 중과) ① ~ ⑦ (현행과 같음) ⑧ 제1항을 적용할 때 본점이나 주사무소를 이전하기 위하여 「수도권정비계획법」 제6조에 따른 과밀억제권역 안에 있는 기존 건축물(부속토지를 포함한다. 이하 이 항에서 같다)을 **매각·철거 등 대통령령으로 정하는 방법으로 처분한 후 본점이나 주사무소의 사업용 건축물을 신축하여 취득**하는 경우와 공장을 이전하기 위하여 「수도권정비계획법」 제6조에 따른 과밀억제권역(「산업집적활성화 및 공장설립에 관한 법률」을 적용받는 산업단지·유치지역 및 「산업집적활성화 및 공장설립에 관한 법률」을 적용받는 공업지역은 제외한다) 안에 있는 기존 공장을 **매각·철거 등 대통령령으로 정하는 방법으로 처분한 후 공장을 신설하여 취득**하는 경우에는 **기존 건축물 및 공장의 연면적을 초과하는 부분에 대해서만 제11조 및 제12조의 세율에 중과기준세율의 100분의 200을 합한 세율을 적용**한다.	○ 권역내 이전에 대해서는 기존 연면적 범위에서 중과 면제
⑧ (생 략)	⑨ (현행 제8항과 같음)	

부 칙

제1조(시행일) 이 법은 공포한 날부터 시행한다.

제2조(과밀억제권역 안 취득 등 중과에 관한 적용례) 제13조제8항의 개정 규정은 이 법 시행 이후 취득하는 분부터 적용한다.

103) 「지방세법」
　　제13조(과밀억제권역 안 취득 등 중과) ① 「수도권정비계획법」 제6조에 따른 과밀억제권역에서 대통령령*으로
　　정하는 본점이나 주사무소의 사업용으로 신축하거나 증축하는 건축물(「신탁법」에 따른 수탁자가 취득한 신탁재
　　산 중 위탁자가 신탁기간 중 또는 신탁종료 후 위탁자의 본점이나 주사무소의 사업용으로 사용하기 위하여 신축
　　하거나 증축하는 건축물을 포함한다)과 그 부속토지를 취득하는 경우와 같은 조에 따른 과밀억제권역(「산업집적
　　활성화 및 공장설립에 관한 법률」을 적용받는 산업단지 · 유치지역 및 「국토의 계획 및 이용에 관한 법률」을 적
　　용받는 공업지역은 제외한다)에서 공장을 신설하거나 증설하기 위하여 사업용 과세물건을 취득하는 경우의 취득
　　세율은 제11조 및 제12조의 세율에 중과기준세율의 100분의 200을 합한 세율을 적용한다.

> * 시행령 제25조(본점 또는 주사무소의 사업용 부동산) 법 제13조제1항에서 "대통령령으로 정하는 본점
> 이나 주사무소의 사업용 부동산"이란 법인의 본점 또는 주사무소의 사무소로 사용하는 부동산과 그 부대시설
> 용 부동산(기숙사, 합숙소, 사택, 연수시설, 체육시설 등 복지후생시설과 예비군 병기고 및 탄약고는 제외한
> 다)을 말한다.

　　② 다음 각 호의 어느 하나에 해당하는 부동산(「신탁법」에 따른 수탁자가 취득한 신탁재산을 포함한다)을 취득하
　　는 경우의 취득세는 제11조제1항의 표준세율의 100분의 300에서 중과기준세율의 100분의 200을 뺀 세율(제
　　11조제1항제8호에 해당하는 주택을 취득하는 경우에는 제13조의2제1항제1호에 해당하는 세율)을 적용한다. 다
　　만, 「수도권정비계획법」 제6조에 따른 과밀억제권역(「산업집적활성화 및 공장설립에 관한 법률」을 적용받는 산업
　　단지는 제외한다. 이하 이 조 및 제28조에서 "대도시"라 한다)에 설치가 불가피하다고 인정되는 업종으로서 대
　　통령령으로 정하는 업종(이하 이 조에서 "대도시 중과 제외 업종"이라 한다)에 직접 사용할 목적으로 부동산을
　　취득하는 경우의 취득세는 제11조에 따른 해당 세율을 적용한다.
　　1. 대도시에서 법인을 설립[대통령령으로 정하는 휴면(休眠)법인(이하 "휴면법인"이라 한다)을 인수하는 경우를
　　　　포함한다. 이하 이 호에서 같다]하거나 지점 또는 분사무소를 설치하는 경우 및 법인의 본점 · 주사무소 · 지
　　　　점 또는 분사무소를 대도시 밖에서 대도시로 전입(「수도권정비계획법」 제2조에 따른 수도권의 경우에는 서울
　　　　특별시 외의 지역에서 서울특별시로의 전입도 대도시로의 전입으로 본다. 이하 이 항 및 제28조제2항에서
　　　　같다)함에 따라 대도시의 부동산을 취득(그 설립 · 설치 · 전입 이후의 부동산 취득을 포함한다)하는 경우
　　2. 대도시(「산업집적활성화 및 공장설립에 관한 법률」을 적용받는 유치지역 및 「국토의 계획 및 이용에 관한 법
　　　　률」을 적용받는 공업지역은 제외한다)에서 공장을 신설하거나 증설함에 따라 부동산을 취득하는 경우
　　③ 제2항 각 호 외의 부분 단서에도 불구하고 다음 각 호의 어느 하나에 해당하는 경우 그 해당 부분에 대하여
　　는 제2항 본문을 적용한다.
　　1. 제2항 각 호 외의 부분 단서에 따라 취득한 부동산이 다음 각 목의 어느 하나에 해당하는 경우. 다만, 대도
　　　　시 중과 제외 업종 중 대통령령으로 정하는 업종에 대하여는 직접 사용하여야 하는 기한 또는 다른 업종이나
　　　　다른 용도에 사용 · 겸용이 금지되는 기간을 3년 이내의 범위에서 대통령령으로 달리 정할 수 있다.
　　　　가. 정당한 사유 없이 부동산 취득일부터 1년이 경과할 때까지 대도시 중과 제외 업종에 직접 사용하지 아니
　　　　　　하는 경우
　　　　나. 부동산 취득일부터 1년 이내에 다른 업종이나 다른 용도에 사용 · 겸용하는 경우
　　2. 제2항 각 호 외의 부분 단서에 따라 취득한 부동산이 다음 각 목의 어느 하나에 해당하는 경우
　　　　가. 부동산 취득일부터 2년 이상 해당 업종 또는 용도에 직접 사용하지 아니하고 매각하는 경우
　　　　나. 부동산 취득일부터 2년 이상 해당 업종 또는 용도에 직접 사용하지 아니하고 다른 업종이나 다른 용도에
　　　　　　사용 · 겸용하는 경우
　　④ 제3항을 적용할 때 대통령령으로 정하는 임대가 불가피하다고 인정되는 업종에 대하여는 직접 사용하는 것으
　　로 본다. 〈신설 2010. 12. 27.〉
　　⑤ 다음 각 호의 어느 하나에 해당하는 부동산등을 취득하는 경우(고급주택 등을 구분하여 그 일부를 취득하는
　　경우를 포함한다)의 취득세는 제11조 및 제12조의 세율과 중과기준세율의 100분의 400을 합한 세율을 적용하
　　여 계산한 금액을 그 세액으로 한다. 이 경우 골프장은 그 시설을 갖추어 「체육시설의 설치 · 이용에 관한 법률」
　　에 따라 체육시설업의 등록(시설을 증설하여 변경등록하는 경우를 포함한다. 이하 이 항에서 같다)을 하는 경우
　　뿐만 아니라 등록을 하지 아니하더라도 사실상 골프장으로 사용하는 경우에도 적용하며, 고급주택 · 고급오락장에
　　부속된 토지의 경계가 명확하지 아니할 때에는 그 건축물 바닥면적의 10배에 해당하는 토지를 그 부속토지로
　　본다.
　　1. 삭제
　　2. 골프장: 「체육시설의 설치 · 이용에 관한 법률」에 따른 회원제 골프장용 부동산 중 구분등록의 대상이 되는

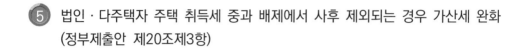

⑤ 법인·다주택자 주택 취득세 중과 배제에서 사후 제외되는 경우 가산세 완화
 (정부제출안 제20조제3항)

□ 개정안 주요내용

법인·다주택자 주택 취득세 중과에서 배제되었으나 추후 배제 요건을 충족하지
못하게 되어 배제 제외되는 경우, 배제 제외사유 발생 후 60일 이내에 신고하면
본세차액(중과세액−당초납부세액)만 추가 납부하도록 하고 가산세는 면제

구 분	현 행	개정안

법인·다주택자 주택 취득세 중과 배제 후 사후 배제제외시	○ 다음 금액이 부과
	  − 본세차액: 중과세액−기납부세액
	  − 과소신고가산세: 본세차액 10%
	  − 납부지연가산세: 본세차액 × 지연일 수 × 0.022%
		○ 다음 금액이 부과
		  − 본세차액: 중과세액−기납부세액
		  − 과소신고가산세: 본세차액 10%
		  − 납부지연가산세: 본세차액 × 지연일 수 × 0.022%
		
		※ 60일 이내 신고시 가산세는 면제

　　토지와 건축물 및 그 토지 상(上)의 입목
　3. 고급주택: 주거용 건축물 또는 그 부속토지의 면적과 가액이 대통령령으로 정하는 기준을 초과하거나 해당
　　건축물에 67제곱미터 이상의 수영장 등 대통령령으로 정하는 부대시설을 설치한 주거용 건축물과 그 부속토
　　지. 다만, 주거용 건축물을 취득한 날부터 60일[상속으로 인한 경우는 상속개시일이 속하는 달의 말일부터,
　　실종으로 인한 경우는 실종선고일이 속하는 달의 말일부터 각각 6개월(납세자가 외국에 주소를 둔 경우에는
　　각각 9개월)] 이내에 주거용이 아닌 용도로 사용하거나 고급주택이 아닌 용도로 사용하기 위하여 용도변경공
　　사를 착공하는 경우는 제외한다.
　4. 고급오락장: 도박장, 유흥주점영업장, 특수목욕장, 그 밖에 이와 유사한 용도에 사용되는 건축물 중 대통령령
　　으로 정하는 건축물과 그 부속토지. 다만, 고급오락장용 건축물을 취득한 날부터 60일[상속으로 인한 경우는
　　상속개시일이 속하는 달의 말일부터, 실종으로 인한 경우는 실종선고일이 속하는 달의 말일부터 각각 6개월
　　(납세자가 외국에 주소를 둔 경우에는 각각 9개월)] 이내에 고급오락장이 아닌 용도로 사용하거나 고급오락장
　　이 아닌 용도로 사용하기 위하여 용도변경공사를 착공하는 경우는 제외한다.
　5. 고급선박: 비업무용 자가용 선박으로서 대통령령으로 정하는 기준을 초과하는 선박
　⑥ 제1항과 제2항이 동시에 적용되는 과세물건에 대한 취득세율은 제16조제5항에도 불구하고 제11조제1항에
　따른 표준세율의 100분의 300으로 한다.
　⑦ 제2항과 제5항이 동시에 적용되는 과세물건에 대한 취득세율은 제16조제5항에도 불구하고 제11조에 따른
　표준세율의 100분의 300에 중과기준세율의 100분의 200을 합한 세율을 적용한다. 다만, 제11조제1항제8호에
　따른 주택을 취득하는 경우에는 해당 세율에 중과기준세율의 100분의 600을 합한 세율을 적용한다.
　⑧ 제2항에 따른 중과세의 범위와 적용기준, 그 밖에 필요한 사항은 대통령령으로 정하고, 제1항과 제2항에 따
　른 공장의 범위와 적용기준은 행정안전부령으로 정한다.

※ **법인·다주택자 주택 취득세 중과 배제 후 배제 제외가 가능한 경우**

주택 유형 (지방세법 시행령 제28조의2)	중과 배제 제외사유
「공공주택특별법」에 따른 공공매입임대주택(제2호 가목)	- 취득 후 2년 이상 미공급 - 3년 이내 매각·증여·목적외사용
「노인복지법」에 따른 노인복지주택(제3호)	- 취득 후 1년 이상 미사용 - 3년 이내 매각·증여·목적외사용
「민간임대주택에 관한 특별법」에 따른 공공지원민간임대주택 (제5호)	- 취득 후 2년 이상 미공급 - 3년 이내 매각·증여·목적외사용
「영유아보육법」에 따른 가정어린이집용 주택(제6호)	- 취득 후 1년 이상 미사용 - 3년 이내 매각·증여·목적외사용
멸실 목적으로 취득하는 주택(제8호 나목 6))	- 취득 후 1~3년 이상 미멸실 등
공사대금 대신 취득한 미분양 주택(제9호)	- 타인 거주 기간이 1년 이상
은행 등이 채권변제 등으로 취득한 주택(제10호)	- 취득 후 3년 이상 미처분

❑ **논의과정**

○ **관련 법률안:** 개정내용대로 정부안 제출(의안번호 2125185)

○ **전문위원 검토의견**

신고를 전제로 가산세를 면제하면 ① 신고기간을 놓친 사람의 상대적 박탈감 및 ② 신고제도를 인지하지 못하거나 신고 여력이 안되는 고령자, 치매 환자 등 사회적 약자에 대한 형평성 문제 등이 발생 가능하다는 점은 검토 필요거나 신고할 여력이 안되는 고령자, 등 사회적 약자의 형평성 문제 등이 발생 가능하다는 점 고려 필요

○ **정부의견**

홍보 강화 등을 통해 전문위원 검토의견에서 우려하는 문제가 발생하지 안도록 하겠음

○ **의원의견**

－ 홍보를 강화해도 정보 비대칭으로 신고를 하지 못하는 사람은 발생할 수밖에 없어 형평성 문제가 우려된다는 의견 제시

－ 주택 취득세 중과 배제에서 제외되는 경우에 대한 가산세를 면제하면, 중과 배제 제도를 악용하는 사람도 발생할 우려가 있다는 의견 제시

⇒ **미개정** (의원의견, 전문위원 검토의견 등 반영)

❑ **조문대비표**

현 행	개 정 안	비 고
제20조(신고 및 납부) ① (생략)104)	제20조(신고 및 납부) ① (개정내용 생략)	○ 제1항은 목차 취득세 – ③에서 소개
② 취득세 과세물건을 취득한 후에 그 과세물건이 제13조제1항부터 제7항까지의 세율의 적용대상이 되었을 때에는 대통령령으로 정하는 날부터 60일 이내에 제13조제1항부터 제7항까지의 세율(제16조제6항제2호105)에 해당하는 경우에는 제13조의2제3항의 세율)을 적용하여 산출한 세액에서 이미 납부한 세액(가산세는 제외한다)을 공제한 금액을 세액으로 하여 대통령령으로 정하는 바에 따라 신고하고 납부하여야 한다.	② (현행과 같음)	
③ 이 법 또는 다른 법령에 따라 취득세를 비과세, <u>과세면제</u> 또는 경감받은 후에 해당 과세물건이 취득세 부과대상 또는 추징대상이 되었을 때에는 발생일부터 60일 이내에 해당 과세표준에 제11조부터 제15조까지의 세율을 적용하여 산출한 세액[경감받은 경우에는 이미 납부한 세액(가산세는 제외한다)을 공제한 세액을 말한다]을 대통령령으로 정하는 바에 따라 신고하고 납부하여야 한다.	③ ――――――――― ――――――― <u>과세면제 (제13조의2제1항106) 각 호 외의 부분에 따른 주택으로서 대통령령으로 정하는 주택의 취득에 대한 중과세 배제를 포함한다)</u> ――――――――――― ――――――――――― ――――――――――― ――――――――――― ――――――――――― ――――――――――― ―――――.	

부 칙

제1조(시행일) 이 법은 2024년 1월 1일부터 시행한다.

제2조(중과세 배제대상에서 제외되는 주택의 취득세 추징에 따른 신고·

현 행	개 정 안	비 고
납부에 관한 적용례) 제20조제3항의 개정규정은 이 법 시행 전에 같은 개정규정에 따른 주택을 취득하여 이 법 시행 이후 중과세율을 적용한 취득세 추징 대상에 해당하게 된 경우에도 적용한다.		

104) 「지방세법」
　제20조(신고 및 납부) ① 취득세 과세물건을 취득한 자는 그 취득한 날(「부동산 거래신고 등에 관한 법률」 제10조제1항에 따른 토지거래계약에 관한 허가구역에 있는 토지를 취득하는 경우로서 같은 법 제11조에 따른 토지거래계약에 관한 허가를 받기 전에 거래대금을 완납한 경우에는 그 허가일이나 허가구역의 지정 해제일 또는 축소일을 말한다)부터 60일[무상취득(상속은 제외한다)으로 인한 경우는 취득일이 속하는 달의 말일부터 3개월, 상속으로 인한 경우는 상속개시일이 속하는 달의 말일부터, 실종으로 인한 경우는 실종선고일이 속하는 달의 말일부터 각각 6개월(외국에 주소를 둔 상속인이 있는 경우에는 각각 9개월)] 이내에 그 과세표준에 제11조부터 제13조까지, 제13조의2, 제13조의3, 제14조 및 제15조의 세율을 적용하여 산출한 세액을 대통령령으로 정하는 바에 따라 신고하고 납부하여야 한다.
105) 「지방세법」
　제16조(세율 적용) ① 토지나 건축물을 취득한 후 5년 이내에 해당 토지나 건축물이 다음 각 호의 어느 하나에 해당하게 된 경우에는 해당 각 호에서 인용한 조항에 규정된 세율을 적용하여 취득세를 추징한다.
　　1. 제13조제1항에 따른 본점이나 주사무소의 사업용 부동산(본점 또는 주사무소용 건축물을 신축하거나 증축하는 경우와 그 부속토지만 해당한다)
　　2. 제13조제1항에 따른 공장의 신설용 또는 증설용 부동산
　　3. 제13조제5항에 따른 골프장, 고급주택 또는 고급오락장
　　⑥ 취득한 부동산이 다음 각 호의 어느 하나에 해당하는 경우에는 제5항에도 불구하고 다음 각 호의 세율을 적용하여 취득세를 추징한다.
　　1. 제1항제1호 또는 제2호와 제4항이 동시에 적용되는 경우: 제13조제6항의 세율
　　2. 제1항제3호와 제13조의2제1항 또는 같은 조 제2항이 동시에 적용되는 경우: 제13조의2제3항의 세율
106) 「지방세법」
　제13조의2(법인의 주택 취득 등 중과) ① 주택(제11조제1항제8호에 따른 주택을 말한다. 이 경우 주택의 공유지분이나 부속토지만을 소유하거나 취득하는 경우에도 주택을 소유하거나 취득한 것으로 본다. 이하 이 조 및 제13조의3에서 같다)을 유상거래를 원인으로 취득하는 경우로서 다음 각 호의 어느 하나에 해당하는 경우에는 제11조제1항제8호에도 불구하고 다음 각 호에 따른 세율을 적용한다.
　　1. 법인(「국세기본법」 제13조에 따른 법인으로 보는 단체, 「부동산등기법」 제49조제1항제3호에 따른 법인 아닌 사단ㆍ재단 등 개인이 아닌 자를 포함한다. 이하 이 조 및 제151조에서 같다)이 주택을 취득하는 경우: 제11조제1항제7호나목의 세율을 표준세율로 하여 해당 세율에 중과기준세율의 100분의 400을 합한 세율
　　2. 1세대 2주택(대통령령으로 정하는 일시적 2주택은 제외한다)에 해당하는 주택으로서 「주택법」 제63조의2제1항제1호에 따른 조정대상지역(이하 이 장에서 "조정대상지역"이라 한다)에 있는 주택을 취득하는 경우 또는 1세대 3주택에 해당하는 주택으로서 조정대상지역 외의 지역에 있는 주택을 취득하는 경우: 제11조제1항제7호나목의 세율을 표준세율로 하여 해당 세율에 중과기준세율의 100분의 200을 합한 세율
　　3. 1세대 3주택 이상에 해당하는 주택으로서 조정대상지역에 있는 주택을 취득하는 경우 또는 1세대 4주택 이상에 해당하는 주택으로서 조정대상지역 외의 지역에 있는 주택을 취득하는 경우: 제11조제1항제7호나목의 세율을 표준세율로 하여 해당 세율에 중과기준세율의 100분의 400을 합한 세율

⑥ 리모델링 진행 주택에 대해 토지에 해당하는 재산세 부과(제106조)

❑ **개정안 주요내용**

리모델링이 진행 중인 공동주택은 주택 부분이 철거·멸실된 것으로 보아 '주택'이 아닌 '토지'에 대한 재산세를 과세

구 분	현 행	개정안
리모델링 주택 재산세	○ 주택에 대한 재산세 과세	○ 토지에 대한 재산세 과세 ***별도합산과세**

※ **리모델링**: 「주택법」 제2조제25호상 "건축물의 노후화 억제 또는 기능 향상 등을 위한 대수선 등의 행위"

「주택법」상 리모델링은 공동주택만을 대상으로 하기 때문에 개정안은 공동주택의 경우만을 규정한 것으로 보임

❑ **개정안의 취지**

리모델링이 진행중인 공동주택은 실제 거주할 수 없음에도 주택으로 인정되고 있으므로, 이를 토지로 보아 재산세 부담을 완화

❑ **논의과정**

○ **관련 법률안:** 개정안 주요내용대로 김병욱의원 대표발의안 제출(의안번호 2119628)

○ **전문위원 검토의견**

① 리모델링은 지붕·기둥·벽 등 건축물의 주요 구성요소를 철거하지 않은 채 공사를 하는 것으로서 일반적인 철거·멸실과는 다른 측면이 있고, ② 재산가액에 따라 주택에 대한 재산세율이 토지에 대한 재산세율 보다 낮은 구간이 많아 **입법 의도와 상충**될 수 있다는 점 등을 고려하여 판단할 필요

* 주택에 대해서는 부속토지도 주택 재산세 세율 부과

* 토지·주택 재산세 세율 비교

구 분	6천만원 이하	6천만원 ~ 1.5억원	1.5억원 ~ 2억원	2억원 ~ 3억원	3억원 ~ 9억원	9억원 ~ 10억원	10억원 초과
주택 (9억이하 1주택자)	0.05%	0.10%	0.20%	0.20%	0.35%	–	–

구 분	6천만원 이하	6천만원 ~ 1.5억원	1.5억원 ~ 2억원	2억원 ~ 3억원	3억원 ~ 9억원	9억원 ~ 10억원	10억원 초과
주택 (기타)	0.10%	0.15%	0.25%	0.25%	0.40%	0.40%	0.40%
토지 (별도합산)	0.20%	0.20%	0.20%	0.30%	0.30%	0.30%	0.40%

○ **정부의견**

다주택자는 주택에 대한 재산세 부담이 높기 때문에 이를 토지로 해석하면 혜택을 보는 반면 1주택자는 재산세 부담이 낮기 때문에 토지로 해석할 경우 오히려 부담이 증가하는 문제가 발생할 수 있으므로, 신중하게 심사할 필요가 있다는 의견 제시

○ **의원의견**

개정안에 일부 오해가 있었을 수 있으나, 개정안의 취지를 살려 리모델링 주택에 대한 재산세를 경감하는 방안을 정부가 마련할 필요가 있다는 의견 제시

⇒ **미개정** (재건축·재개발·리모델링 등의 경우 재산세 부담을 완화할 수 있는 방안을 정부가 마련할 것을 요구)

❏ **조문대비표**

현　　행	개　정　안	비　고
제106조(과세대상의 구분 등) ① 토지에 대한 재산세 과세대상은 다음 각 호에 따라 종합합산과세대상, 별도합산과세대상 및 분리과세대상으로 구분한다. 〈후단 신설〉	제106조(과세대상의 구분 등) ① ――――――――――― ――――――――――― ――――――――――― ――――――――――. 이 경우 「주택법」 제66조[107]에 따라 리모델링의 허가를 받고 **리모델링이 진행 중인 공동주택으로서 대통령령으로 정하는 주택**(이하 이 장에서 "리모델링중주택"이라 한다)은 **철거·멸실된 것으로 보아 토지에 대한 재산세 과세대상으**	○ 리모델링 중인 공동주택은 토지에 대한 재산세 부과

현 행	개 정 안	비 고
	로 한다.	
1. (생 략)108)	1. (현행과 같음)	
2. 별도합산과세대상: 과세기준일 현재 납세의무자가 소유하고 있는 토지 중 다음 각 목의 어느 하나에 해당하는 토지.	2. ─.	
가.·나. (생 략)109)	가.·나. (현행과 같음)	
다. 철거·멸실된 건축물 또는 주택의 부속토지로서 대통령령110)으로 정하는 부속토지	다. ─ ─ ─ ─ ─ ─ ─ ─ ─ ─ 주택(**리모델링중주택**을 포함한다) ─ ─ ─ ─ ─ ─ ─ ─ ─ ─	
3. (생 략)111)	3. (현행과 같음)	
②·③ (생 략)112)	②·③ (현행과 같음)	

부　칙

제1조(시행일) 이 법은 공포한 날부터 시행한다.

제2조(리모델링 중인 주택에 대한 재산세 과세에 관한 적용례) 제106조제 1항의 개정규정은 이 법 시행 전에 리모델링의 허가를 받고 리모델링 이 완료되지 아니한 분에 대해서도 적용한다.

---

107) 「주택법」
　　제66조(리모델링의 허가 등) ① 공동주택(부대시설과 복리시설을 포함한다)의 입주자·사용자 또는 관리주체가 공동주택을 리모델링하려고 하는 경우에는 허가와 관련된 면적, 세대수 또는 입주자 등의 동의 비율에 관하여 대통령령으로 정하는 기준 및 절차 등에 따라 시장·군수·구청장의 허가를 받아야 한다.

108) 1. 종합합산과세대상: 과세기준일 현재 납세의무자가 소유하고 있는 토지 중 별도합산과세대상 또는 분리과세대상 이 되는 토지를 제외한 토지

109) 가. 공장용 건축물의 부속토지 등 대통령령으로 정하는 건축물의 부속토지
　　나. 차고용 토지, 보세창고용 토지, 시험·연구·검사용 토지, 물류단지시설용 토지 등 공지상태(空地狀態)나 해당 토지의 이용에 필요한 시설 등을 설치하여 업무 또는 경제활동에 활용되는 토지로서 대통령령으로 정하는 토지

110) 「지방세법 시행령」
　　제103조의2(철거·멸실된 건축물 또는 주택의 범위) 법 제106조제1항제2호다목에서 "대통령령으로 정하는 부속토지"란 과세기준일 현재 건축물 또는 주택이 사실상 철거·멸실된 날(사실상 철거·멸실된 날을 알 수 없는 경우에는 공부상 철거·멸실된 날을 말한다)부터 6개월이 지나지 아니한 건축물 또는 주택의 부속토지를 말한 다. 이 경우 「건축법」 등 관계 법령에 따라 허가 등을 받아야 하는 건축물 또는 주택으로서 허가 등을 받지 않 은 건축물 또는 주택이거나 사용승인을 받아야 하는 건축물 또는 주택으로서 사용승인(임시사용승인을 포함한다) 을 받지 않은 경우는 제외한다.

111) 3. 분리과세대상: 과세기준일 현재 납세의무자가 소유하고 있는 토지 중 국가의 보호·지원 또는 중과가 필요한 토지로서 다음 각 목의 어느 하나에 해당하는 토지
　　가. 공장용지·전·답·과수원 및 목장용지로서 대통령령으로 정하는 토지

⑦ 승용자동차의 소유분 자동차세 과세표준을 배기량에서 자동차가액으로 변경 (제127조)

❏ 개정안 주요내용

승용자동차의 소유분 자동차세 과세표준을 **'배기량'**에서 **'자동차가액'**으로 변경

〈현행 과세표준 및 세율〉

영업용		비영업용	
1,600cc 이하	cc당 18원	1,000cc 이하	cc당 80원
2,500cc 이하	cc당 19원	1,600cc 이하	cc당 140원
2,500cc 초과	cc당 24원	1,600cc 초과	cc당 200원

〈의원안별 과세표준 및 세율〉

구분	이용우의원안		장경태의원안		구자근의원안	
	가액	세율	가액	세율	가액	세율
	1천만원 이하	0.2%	4천6백만 ~	0.15%	3천만원 이하	0.15%

나. 산림의 보호육성을 위하여 필요한 임야 및 종중 소유 임야로서 대통령령으로 정하는 임야

다. 제13조제5항에 따른 골프장용 토지와 같은 항에 따른 고급오락장용 토지로서 대통령령으로 정하는 토지

라. 「산업집적활성화 및 공장설립에 관한 법률」 제2조제1호에 따른 공장의 부속토지로서 개발제한구역의 지정이 있기 이전에 그 부지취득이 완료된 곳으로서 대통령령으로 정하는 토지

마. 국가 및 지방자치단체 지원을 위한 특정목적 사업용 토지로서 대통령령으로 정하는 토지

바. 에너지 · 자원의 공급 및 방송 · 통신 · 교통 등의 기반시설용 토지로서 대통령령으로 정하는 토지

사. 국토의 효율적 이용을 위한 개발사업용 토지로서 대통령령으로 정하는 토지

아. 그 밖에 지역경제의 발전, 공익성의 정도 등을 고려하여 분리과세하여야 할 타당한 이유가 있는 토지로서 대통령령으로 정하는 토지

112) ② 주거용과 주거 외의 용도를 겸하는 건물 등에서 주택의 범위를 구분하는 방법, 주택 부속토지의 범위 산정은 다음 각 호에서 정하는 바에 따른다.

1. 1동(棟)의 건물이 주거와 주거 외의 용도로 사용되고 있는 경우에는 주거용으로 사용되는 부분만을 주택으로 본다. 이 경우 건물의 부속토지는 주거와 주거 외의 용도로 사용되는 건물의 면적비율에 따라 각각 안분하여 주택의 부속토지와 건축물의 부속토지로 구분한다.

2. 1구(構)의 건물이 주거와 주거 외의 용도로 사용되고 있는 경우에는 주거용으로 사용되는 면적이 전체의 100분의 50 이상인 경우에는 주택으로 본다.

2의2. 건축물에서 허가 등이나 사용승인(임시사용승인을 포함한다. 이하 이 항에서 같다)을 받지 아니하고 주거용으로 사용하는 면적이 전체 건축물 면적(허가 등이나 사용승인을 받은 면적을 포함한다)의 100분의 50 이상인 경우에는 그 건축물 전체를 주택으로 보지 아니하고, 그 부속토지는 제1항제1호에 해당하는 토지로 본다.

3. 주택 부속토지의 경계가 명백하지 아니한 경우 주택 부속토지의 범위 산정에 필요한 사항은 대통령령으로 정한다.

③ 재산세의 과세대상 물건이 토지대장, 건축물대장 등 공부상 등재되지 아니하였거나 공부상 등재현황과 사실상의 현황이 다른 경우에는 사실상의 현황에 따라 재산세를 부과한다. 다만, 재산세의 과세대상 물건을 공부상 등재현황과 달리 이용함으로써 재산세 부담이 낮아지는 경우 등 대통령령으로 정하는 경우에는 공부상 등재현황에 따라 재산세를 부과한다.

구분	이용우의원안		장경태의원안		구자근의원안	
	가액	세율	가액	세율	가액	세율
영업용	1천만원 ~ 3천만원	1천만원 초과 0.1%	4천6백만원 ~ 1억5천만원	4천6백만원 초과 0.35%	3천만원 ~ 5천만원	3천만원 초과 0.17%
	3천만원 ~ 5천만원	3천만원 초과 0.1%	1억5천만원 초과	1억5천만원 초과 0.4%	5천만원 ~ 1억원	5천만원 초과 0.2%
	5천만원 초과	5천만원 초과 0.1%	–	–	1억원 초과	1억원 초과 0.22%
비영업용	1천만원 이하	1%	1천2백만 이하	0.6%	1천만원 이하	0.3%
	1천만원 ~ 2천만원	1천만 초과 1.5%	1천2백만 ~ 4천6백만원	1천2백만원 초과 1.5%	1천만원 ~ 3천만원	1천만원 초과 0.5%
	2천만원 ~ 3천만원	2천만 초과 1%	4천6백만 ~ 8천8백만	4천6백만원 초과 2.4%	3천만원 ~5천만원	3천만원 초과 0.7%
	3천만원 ~ 5천만원	3천만 초과 0.5%	8천8백만~ 1억5천만	8천8백만원 초과 3.5%	5천만원 ~ 1억원	5천만원 초과 1%
	5천만원 초과 7천만원 이하	5천만 초과 1.5%	1억5천만~ 3억원	1억5천만원 초과 3.8%	1억원 초과	5천만원 초과 1.5%
	7천만원 초과	7천만원 초과 1.5%	3억원 초과	3억원 초과 4%	–	–
기타사항	• 연세액 200만원 한도 • 친환경차는 50% 범위 세율 인하 • CO_2 배출기준 초과 1%p 가산		• 현행 '배기량' 기준과 '자동차가액' 기준을 50%씩 적용		• 연세액 200만원 한도 • 경형·장애인용·친환경차 50% 범위 세율 인하 가능	

□ **개정안의 취지**

현행 소유분 자동차세는 배기량을 기준으로 부과되고 있는데, 고성능 저배기량 자동차가 빠르게 성장하면서 고가의 자동차를 소유함에도 자동차세를 적게 내는 **조세의 역진성** 발생

⇒ 소유분 자동차세 과세표준에 **자동차 가액** 요소 반영

□ **논의과정**

○ **관련 법률안**: 개정안 주요내용대로 이용우의원·장경태의원·구자근의원 대표발의안 제출(의안번호 2108726·2110096·2110819)

○ **전문위원 검토의견**

2023년 10월 정부가 자동차세 소유분 과세표준을 자동차 가액 등으로 변경을 검토하겠다는 계획을 발표하고, 세부사항에 대한 연구를 진행중이므로 그 경과를 지켜볼 필요

* 정부 계획상, 2024년 중 구체적인 개편안이 발표되고 이르면 2024년 정부 지방세관계법 개정안에 포함될 예정

⇒ **미개정** (정부 개정안 도출 후 논의)

❏ **조문대비표**

현 행	이용우의원안	장경태의원안	구자근의원안
제127조(과세표준과세율) ① 자동차세의 표준세율은 다음 각 호의 구분에 따른다.	제127조(과세표준과세율) ① ----------------------------------.	제127조(과세표준과세율) ① ---------------------------------.	제127조(과세표준과세율) ① ---------------------------------.
1. 승용자동차 다음 표의 구분에 따라 **배기량에 시시당 세액을 곱하여 산정한 세액**을 자동차 1대당 연세액(年稅額)으로 한다. ※ **표 생략**	1. 승용자동차 다음 표의 구분에 따라 대통령령으로 정하는 **자동차의 가액**(이하 이 조에서 "자동차가액"이라 한다)**에 표준세율을 적용하여 산정한 세액**을 자동차 1대당 연세액(年稅額)으로 한다. 다만, **산정한 세액이 200만원을 초과하는 경우에는 200만원**을 자동차 1대당 연세액으	1. 승용자동차 다음 표 1의 구분에 따라 **배기량에 시시당 세액을 곱하여 산정한 금액의 100분의 50**과 다음 표 2의 구분에 따라 대통령령으로 정하는 **자동차의 가액**(이하 이 조에서 "자동차가액"이라 한다)에 세율을 적용하여 산정한 금액의 100분의 50을 합산한 세액을 자동차 1대당 연	1. 승용자동차 다음 표의 구분에 따라 대통령령으로 정하는 **자동차의 가액**(이하 이 조에서 "자동차가액"이라 한다)**에 표준세율을 적용하여 산정한 세액**을 자동차 1대당 연세액(年稅額)으로 한다. 다만, **산정한 세액이 2백만원을 초과하는 경우에는 2백만원**을 자동차 1대당 **연세액**으로 한

현 행	이용우의원안	장경태의원안	구자근의원안
	로 한다. ※ 표 생략	세액(年稅額) 으로 한다. ※ 표 생략	다. ※ 표 생략
2. 제1호에 따른 비영업용 승용 자동차 중 대통령령으로 정하는 차령(이하 이 호에서 "차령" 이라 한다)이 3년 이상인 자동차에 대하여는 제1호에도 불구하고 다음의 계산식에 따라 산출한 해당 자동차에 대한 제1기분(1월부터 6월까지) 및 제2기분(7월부터 12월까지) 자동차세액을 합산한 금액을 해당 연도의 그 자동차의 연세액으로 한다. 이 경우 차령이 12년을 초과하는 자동차에 대하여는 그 차령을 12년으로 본다. 자동차 1대의 각 기분세액 = A/2 - (A/2 ×	〈삭 제〉	2. ~ 7. (현행과 같음)	2. ~ 7. (현행과 같음)

현 행	이용우의원안	장경태의원안	구자근의원안
<u>5/100) (n − 2)</u> <u>A: 제1호에 따른</u> 　<u>연세액</u> <u>n: 차령(2 ≤ n ≤</u> 　<u>12)</u> <u>3. 그 밖의 승용자</u> 　<u>동차</u> 　<u>다음의 세액을</u> <u>자동차 1대당 연</u> <u>세액으로 한다.</u>	〈삭　제〉		
영업용 / 비영업용 20,000원 / 100,000원			
4. ~ 7. (생 략)	4. ~ 7. (현행과 　같음)		
② (생 략)	② (현행과 같음)	② (현행과 같음)	② (현행과 같음)
〈신 설〉	③ 다음 각 호의 어느 하나에 해당 하는 승용자동차에 대해서는 제1항제 1호에 따른 **세율** **을 그 세율의 100** **분의 50의 범위에** **서** 대통령령으로 정하는 바에 따라 **인하**할 수 있다. 1. **배기량 1천시시** 　**미만**으로서 대 　통령령으로 정 　하는 규모의 승 　용자동차 2. 「환경친화적 자		③ 다음 각 호의 어느 하나에 해당 하는 승용자동차에 대하여는 제1항제 1호에 따른 **세율** **을 그 세율의 100** **분의 50의 범위에** **서** 대통령령으로 정하는 바에 따라 **인하**할 수 있다. 1. **배기량 1천시시** 　**미만**으로서 대 　통령령으로 정 　하는 규모의 승 　용자동차 2. 대통령령으로

현 행	이용우의원안	장경태의원안	구자근의원안
	동차의 개발 및 보급 촉진에 관한 법률」제2조 제2호에 따른 **환경친화적 자동차에 해당하는 승용자동차**		정하는 **장애인이 보철용·생업활동용으로 사용**하는 대통령으로 정하는 규모의 승용자동차 3.「환경친화적 자동차의 개발 및 보급 촉진에 관한 법률」제2조 제2호에 따른 **환경친화적 자동차에 해당하는 승용자동차** 4. 그 밖에 **제1호부터 제3호까지에 준하는 것**으로서 대통령령으로 정하는 승용자동차
③ 지방자치단체의 장은 제1항에도 불구하고 조례로 정하는 바에 따라 자동차세의 세율을 **배기량** 등을 고려하여 제1항의 표준세율의 100분의 50까지 초과하여 정할 수 있다. 〈신 설〉	⑤ ─ **자동차가액** ─. ④ 대통령령으로 정하는 **이산화탄소 배출량이 1킬**	③ ─ **배기량, 자동차가액** ─ ─ ─ ─ ─ ─ ─ ─ ─ ─ ─ ─ ─ ─ ─ ─. 	④ ─ ─ ─ ─ ─ ─ ─ ─제1항 및 제3항에도 ─ ─ ─ ─ ─ ─ ─ ─ ─ ─ **자동차가액** ─ ─ ─ ─ ─ ─ ─ 제1항 및 제3항에 따른 세율 ─ ─ ─ ─ ─ ─ ─ ─ ─ ─ ─.

현 행	이용우의원안	장경태의원안	구자근의원안
	로미터당 190그램을 초과하는 승용자동차에 대해서는 제1항제1호에 따른 세율에 1천분의 10을 더한 세율을 적용한다.		

다. 「지방세특례제한법」

① 사권 제한토지 등에 대한 감면(제84조제4항 신설)

❑ 개정안 주요내용

전원개발사업 실시계획에 포함된 **송전철탑·송전선로 부지**로서 **지상권** 또는 **구분지상권**이 설정된 부지에 대하여 재산세 50% 감면을 **신설** (일몰기한: 2032년)

구 분		현 행	개정안
송전철탑·송전선로 부지로서 지상권 또는 구분지상권이 설정된 부지 (§84④ 신설)	감면내용	〈신 설〉	재산세 50%
	일몰기한		~2032년

「민법」

제279조(지상권의 내용) 지상권자는 타인의 토지에 건물 기타 공작물이나 수목을 소유하기 위하여 그 토지를 사용하는 권리가 있다.

제289조의2(구분지상권) ① 지하 또는 지상의 공간은 상하의 범위를 정하여 건물 기타 공작물을 소유하기 위한 지상권의 목적으로 할 수 있다. 이 경우 설정행위로써 지상권의 행사를 위하여 토지의 사용을 제한할 수 있다.

② 제1항의 규정에 의한 구분지상권은 제3자가 토지를 사용·수익할 권리를 가진 때에도 그 권리자 및 그 권리를 목적으로 하는 권리를 가진 자 전원의 승낙이 있으면 이를 설정할 수 있다. 이 경우 토지를 사용·수익할 권리를 가진 제3자는 그 지상권의 행사를 방해하여서는 아니된다.

❑ 개정안의 취지

전원개발사업 실시계획에 포함된 송전철탑·송전선로 부지로서 지상권 또는 구분지상권이 설정되어 사권 행사가 제한되는 토지 소유자에게 토지에 대한 재산세 경감의 특례를 부여

❑ 논의과정

ㅇ **관련 법률안**: 개정안 주요내용대로 권명호의원 대표발의안 제출(의안번호 2116500)

○ **전문위원 검토의견**

- 현행법은 「**국토의 계획 및 이용에 관한 법률**」에 따라 장기 미집행된 도시·군계획시설 등과 「**철도안전법**」에 따라 건축 등이 제한된 토지에 대해 재산세 감면 혜택을 부여하고 있는데, 전력의 공급을 위한 **전원개발사업** 실시계획에 포함된 **송전철탑·송전선로** 부지로서 지상권 또는 구분지상권이 설정된 부지의 경우에는 건축 등 사권의 행사가 제한됨에도 불구하고 별도의 재산세 감면규정을 두고 있지 않다는 점, 현행 「**송·변전설비 주변지역의 보상 및 지원에 관한 법률**」에서 규정하는 토지에 대한 **재산적 보상 청구**(§4)와 **주택매수 청구**(§5)의 경우 각각 **인근 지역 거주**와 주택 **매각** 등의 조건이 필요하다는 점, 전국 송전철탑 등의 부지로서 지상권 등이 설정된 토지는 **22만 필지**에 이르므로 지방재정에 미치는 영향 등을 종합적으로 고려하여 결정하여야 할 것으로 보임

- **(일몰기한 설정)** 구체적인 일몰기한의 설정에 대해서는 통상적으로 **3년** 이내의 기간을 정해왔음을 참고하여 결정할 필요가 있을 것으로 보임

○ **정부의견**

- 이미 임대료 성격의 보상금이 지급되고 있는 점과 저율의 분리과세가 적용이 되고 있는 점, 한국전력공사는 송전철탑·송전선로 부지에 대한 토지수용·매수 청구 등이 있으면 지체 없이 매수할 의무가 있는 점 등을 참고하여 신중한 검토 필요

○ **의원의견**

- 송전철탑이나 송전선로 지하의 토지 등 소유자 또는 거주자가 받는 소유권 제한 및 질병 발생 우려 등의 피해에 비해 보상금의 액수가 과소한 점, 도시의 확장으로 인해 송전선로 밑 주거지 조성 추세 등에 비추어볼 때 재산세 감면을 통한 정부의 지원 필요

⇒ **미개정** (2024년 개정 대상 조문의 일몰이 도래함에 따라 지방세 감면 방안을 정부가 마련할 것을 요구)

❏ **조문대비표**

현　　　행	개 정 안	비　고
제84조(사권 제한토지 등에 대한 감면) ① ～ ③ (생 략)[113] 〈신 설〉	제84조(사권 제한토지 등에 대한 감면) ① ～ ③ (현행과 같음) ④ 「전원개발촉진법」 제5조에 따른 전원개발사업 실시계획에 포함된 송전철탑·송전선로 부지로서 지상권 또는 구분지상권이 설정된 부지의 경우 해당 부분에 대해서는 재산세의 100분의 50을 2032년 12월 31일까지 경감한다.	○ 감면내용 　재산세 50% ○ 일몰기한 　～2032년

---

113) **제84조(사권 제한토지 등에 대한 감면)** ① 「국토의 계획 및 이용에 관한 법률」 제2조제7호에 따른 도시·군계획시설로서 같은 법 제32조에 따라 지형도면이 고시된 후 10년 이상 장기간 미집행된 토지, 지상건축물, 「지방세법」 제104조제3호에 따른 주택(각각 그 해당 부분으로 한정한다)에 대해서는 2024년 12월 31일까지 재산세의 100분의 50을 경감하고, 「지방세법」 제112조에 따라 부과되는 세액을 면제한다.
　② 「국토의 계획 및 이용에 관한 법률」 제2조제13호에 따른 공공시설을 위한 토지(주택의 부속토지를 포함한다)로서 같은 법 제30조 및 제32조에 따라 도시·군관리계획의 결정 및 도시·군관리계획에 관한 지형도면의 고시가 된 후 과세기준일 현재 미집행된 토지의 경우 해당 부분에 대해서는 재산세의 100분의 50을 2024년 12월 31일까지 경감한다.
　③ 「철도안전법」 제45조에 따라 건축 등이 제한된 토지의 경우 해당 부분에 대해서는 재산세의 100분의 50을 2024년 12월 31일까지 경감한다.

책을 맺으며: 감사의 말씀

지방세와의 전쟁에 임함에 나에게는 천군만마와 같은 윤여문 조사관, 최한슬 조사관이 있었다. 감사의 마음을 전한다. 지난 해에 수고해 준 전성민 조사관에게도 이 자리를 빌어 감사의 마음을 전한다. 수고 많았다. 지방세를 맡은 조사관들은 「지방재정법」, 「새마을금고법」 등 다른 법안들도 하면서 남들이 올해 농사 다 지었다고 땀을 식힐 때 지방세 관련 법안을 본격적으로 검토해야 했다. 나는 우리가 힘들수록 억울한 사람, 지역, 단체 등이 줄어든다며 밀어 붙였다. 아마 울고 싶을 정도로 힘든 순간도 있었을 것이다. 몸도 마음도 많이 지쳤을 텐데 잘 견뎌주었다. 보고서가 완성도 높은 예술작품이어야 한다는 허황된 목표를 지닌 수석전문위원을 만나 고생많았다. 훗날 수석전문위원이 되면 가끔 내 생각이 날 것이다. 반드시 나보다 더 허황된 수석전문위원이 되기를 바란다.

행안부 지방세 담당 공무원들에게도 감사의 마음을 전한다. 수고 많았다. 서로 치열하게 논쟁하고 싸우기도 했지만 막무가내의 백병전이 아니라 다들 논리라는 무기로 합리적 대안이라는 고지를 점령하기 위해 노력했다. 아직도 새벽에 국회로텐다에서 고개를 푹 숙이고 자료를 검토하던 조영진 국장의 모습이 눈에 선하다. 새벽 3시까지 별일 아니라는 듯 서로의 의견을 조율해준 입법조사관과 행정사무관 등 실무 입법 및 행정 관료들에게 다시 한 번 감사의 말씀을 드린다. 최선을 다하는 모습은 언제나 아름답다.

누구보다도 감사의 말씀을 드려야 할 분들은 우리 행정안전위원회 의원님들이다. 여기서 한 분 한 분의 성함을 언급하면서 감사의 말씀을 드리고 싶지만 꾸욱 참겠다. 여야를 떠나 개성있는 시각과 뜨거운 열정을 가지고 참의 값을 찾기 위해 끊임없이 토론하고 논쟁하셨다. 정말 멋진 한 편의 드라마를 완성시켜 주셨다. 진심으로 감사드린다.

국회 행정안전위원회 수석전문위원 유상조

감사할 수 있음에 감사하여 씀

공저자 주요 약력

유상조

[학력]
고려대학교 정치외교학 학사
미국 인디애나주립대학교 법학 석사
서울시립대학교 도시행정학 박사

[경력]
1995년 입법고시 13회 합격
2015년 국회예결특위 입법심의관
2017년 국회외통위 전문위원
2019년 국회국토위 전문위원
2020년 국회사무처 의정연수원장
2022년 국회입법조사처 정치행정조사실장(1급)
2022년 국회행안위 수석전문위원(차관보급)

[저서]
2010년 첫 발자국: 유상조의 미국 여행기(좋은땅)
2017년 늦은 불혹의 다릿돌(좋은땅)
2022년 행복을 주고받는 집: 지역사회권에서 주택정책의 희망을 보다(한국학술정보)

윤여문

[학력]
서울대학교 서양사학 학사

[경력]
2011년 입법고시 27회 합격
2011년 국회사무처 국토교통법제과 법제관
2014년 국회국토위 입법조사관
2016년 국회사무처 기획조정실 조직담당
2018년 국회예산정책처 예산분석실 총괄서기관
2021년 국회예결특위 예산결산조사관
2023년 국회행안위 입법조사관

최한슬

[학력]
이화여자대학교 보건관리학 학사

[경력]
2021년 입법고시 37회 합격
2021년 국회행안위 입법조사관

2024년 지방세 이렇게 달라진다

초판발행	2024년 3월 25일
지은이	유상조·윤여문·최한슬
펴낸이	안종만·안상준
편 집	김선민
기획/마케팅	김한유
표지디자인	유지수
제 작	고철민·조영환
펴낸곳	(주) **박영사**
	서울특별시 금천구 가산디지털2로 53, 210호(가산동, 한라시그마밸리)
	등록 1959. 3. 11. 제300-1959-1호(倫)
전 화	02)733-6771
f a x	02)736-4818
e-mail	pys@pybook.co.kr
homepage	www.pybook.co.kr
ISBN	979-11-303-4694-6 93360

정 가	20,000원